CORAÇÃO
TÃO BRANCO

CORAÇÃO TÃO BRANCO

Javier Marías

Tradução
EDUARDO BRANDÃO

Martins Fontes
São Paulo 1995

Esta obra foi publicada originalmente em espanhol com o título
CORAZÓN TAN BLANCO
por Editorial Anagrama, Barcelona, em 1992
Copyright © Javier Marías, 1992
Copyright © Livraria Martins Fontes Editora Ltda., São Paulo, 1995,
para a presente edição

1ª edição: julho de 1995

Tradução: Eduardo Brandão
Revisão gráfica:
Luzia Aparecida dos Santos
Celia Regina Faria Menin

Produção gráfica: Geraldo Alves
Paginação: Antonio Neuton Alves Quintino

Capa – Projeto: Katia H. Terasaka
Ilustração: Detalhe de "Rolla", de Henri Gervex, 1878,
Museu de Belas-Artes de Bordeaux

Dados Internacionais de Catalogação na Publicação (CIP)
(Câmara Brasileira do Livro, SP, Brasil)

Marías, Javier
 Coração tão branco / Javier Marías ; tradução Eduardo
Brandão. – São Paulo : Martins Fontes, 1995.

Título original: Corazón tan blanco.
ISBN 85-336-0437-8

1. Romance espanhol I. Título

95-2906   CDD-863.6

Índices para catálogo sistemático:
1. Romances : Século 20 : Literatura espanhola   863.6
2. Século 20 : Romances : Literatura espanhola   863.6

Todos os direitos para a língua portuguesa reservados à
LIVRARIA MARTINS FONTES EDITORA LTDA.
Rua Conselheiro Ramalho, 330/340 – Tel.: 239-3677
01325-000 – São Paulo – SP – Brasil

Javier Marías (Madri, 1951) é autor dos romances *Los dominios del lobo, Travesía del horizonte, El monarca del tiempo, El siglo, El hombre sentimental* (Prêmio Herralde de Romance, 1986), *Todas las almas* (Prêmio Cidade de Barcelona, 1989), *Corazón tan blanco* (Prêmio da Crítica, 1993) e, em 1994, *Mañana en la batalla piensa en mí*. Também é autor do livro de contos *Mientras ellas duermen*, das coleções de ensaios e artigos *Pasiones pasadas* e *Literatura y fantasma*, do volume de breves biografias *Vidas escritas* e da antologia *Cuentos únicos*. Entre suas muitas traduções, cabe destacar *Tristram Shandy*, de Sterne (Prêmio Nacional de Tradução, 1979). Foi professor da Universidade de Oxford, nos Estados Unidos, e na Universidade Complutense de Madri, cidade onde vive hoje.

Suas obras foram publicadas na França, Reino Unido, Alemanha, Holanda, Itália, Portugal, Áustria, Dinamarca e Grécia com excelente repercussão de crítica e público.

"Um escritor maravilhosamente talentoso... As aventuras da inteligência e do pensamento são tão romanescas, tão apaixonantes, tão divertidas e tão dramáticas quanto as dos sentimentos e da ação. Talvez isso nunca tenha sido demonstrado de maneira tão virtuosa" (*Le Monde*).

EDUARDO BRANDÃO é o autor desta tradução. Carioca, nascido em 1946, foi jornalista do *Correio da Manhã* e iniciou sua carreira como tradutor em 1970, na França, onde viveu cerca de dez anos, fazendo traduções técnico-científicas (do português e espanhol para o francês e vice-versa). A partir de 84 vem se dedicando mais à tradução de textos literários, campo propício para a sua linguagem fluente e seu estilo refinado. Traduziu recentemente, para esta editora *O quadro flamengo* e *O clube Dumas* de Arturo Perez-Reverte.

para Julia Altares
em que pese a Julia Altares

e a Lola Manera, de Havana,
in memoriam

*"My hands are of your colour;
but I shame to wear a heart so white."*
　　　　　　　　　　Shakespeare

　　　　　　　ou

*"Minhas mãos são de tua cor;
mas me envergonha trazer um coração tão branco."*

Eu não quis saber, mas soube que uma das meninas, quando já não era menina e não fazia muito voltara de sua viagem de lua-de-mel, entrou no banheiro, pôs-se diante do espelho, abriu a blusa, tirou o sutiã e procurou o coração com a ponta da pistola do próprio pai, que estava na sala de almoço com parte da família e três convidados. Quando se ouviu a detonação, uns cinco minutos depois da menina ter abandonado a mesa, o pai não se levantou de imediato, mas ficou alguns segundos paralisado com a boca cheia, sem se atrever a mastigar nem a engolir nem, menos ainda, a devolver o bocado ao prato; quando por fim se levantou e correu para o banheiro, os que o seguiram viram como, enquanto descobria o corpo ensangüentado da filha e levava as mãos à cabeça, ia passando o bocado de carne de um lado ao outro da boca, sem saber ainda o que fazer com ele. Levava o guardanapo na mão e não o soltou até que ao cabo de um instante reparou no sutiã

2

atirado no bidê e aí cobriu-o com o pano que tinha à mão ou tinha na mão e que seus lábios haviam manchado, como se lhe envergonhasse mais a visão da peça íntima do que a do corpo caído e seminu com o qual a peça estivera em contato até há muito pouco tempo: o corpo sentado à mesa ou se afastando pelo corredor ou em pé. Antes, com gesto automático, o pai havia fechado a torneira da pia, a da água fria, que estava aberta com muita pressão. A filha estivera chorando enquanto se punha diante do espelho, abria a blusa, tirava o sutiã e procurava o coração, porque, estendida no chão frio do banheiro enorme, tinha os olhos cheios de lágrimas, que não tinham sido vistas durante o almoço nem podiam ter brotado depois de cair sem vida. Contra seu costume e o costume geral, não tinha passado o ferrolho, o que levou o pai a pensar (mas brevemente e quase sem pensar, enquanto engoliu) que talvez sua filha, enquanto chorava, estivesse esperando ou desejando que alguém abrisse a porta e a impedisse de fazer o que tinha feito, não pela força, mas com sua simples presença, pela contemplação de sua nudez em vida ou com uma mão no ombro. Ninguém no entanto (exceto ela agora, e porque já não era uma menina) ia ao banheiro durante o almoço. O seio que não tinha sofrido o impacto estava bem visível, maternal e branco e ainda firme, e foi para ele que se dirigiram instintivamente os primeiros olhares, mais do que nada para evitar dirigir-se ao outro, que já não existia ou era só sangue. Fazia muitos anos que o pai não via aquele seio, deixou de vê-lo quando se transformou ou começou a ser maternal, e por isso não se sentiu apenas espantado, mas também perturbado. A outra menina, a irmã, que ela sim o havia visto mudado em sua adolescência e talvez depois, foi a primeira a tocá-la, e com uma toalha (sua própria toalha azul-pálida, que era a que tendia a pegar) pôs-se a secar-lhe as lágrimas do rosto misturadas com suor e com água, já que, antes de fecharem a torneira, o jorro ricocheteava contra a louça e haviam caído umas gotas sobre as faces, o peito branco e a saia amarrotada de sua irmã no chão. Também quis, apressadamente, secar-lhe o sangue, como se isso pudesse curá-la, mas a toalha se empapou num instante e ficou imprestável para a tarefa, também se tingiu. Em vez de deixá-la empapar-se e cobrir o tórax com ela, retirou-a imediatamente ao vê-la tão vermelha (era sua própria toalha) e deixou-a pendurada no rebordo da banheira, de onde gotejou. Falava, mas a única coisa que conseguia dizer era o nome da irmã, e repeti-lo. Um dos convidados não pôde evitar de olhar-se no espelho à distância e arrumar os cabelos um segundo, o tempo suficiente para notar que o sangue e a água (mas não o suor) tinham salpicado a superfície, portanto também qualquer reflexo que produzisse, inclusive o seu enquanto se olhou. Estava no umbral, sem entrar, como os outros dois convidados, como se apesar do esquecimento das regras sociais naquele momento considerassem que apenas os membros da família tinham o direito de cruzá-lo. Os três tão-somente assomavam a cabeça, mantendo o tronco inclinado como adultos escutando crianças, sem dar o passo adiante por nojo ou respeito, talvez por nojo, embora um deles fosse médico (o que se olhou no espelho) e o normal teria sido que houvesse aberto passagem com segurança e examinado o corpo da filha, ou pelo menos, joelhos no chão, lhe tivesse aplicado dois dedos no pescoço. Não o fez, nem mesmo quando o pai, cada vez mais pálido e instável, virou-se para ele e, apontando para o corpo da filha, lhe disse "Doutor", em tom de súplica mas sem nenhuma ênfase, dando-lhe em seguida as costas, sem esperar para ver se o médico respondia a seu chamado. Não apenas a ele e aos outros deu as costas, mas também às filhas, à viva e à que não se atrevia ainda a dar por morta, e, com os cotovelos sobre a pia e as mãos sustentando a testa, começou a vomitar o que comera, inclusive o pedaço de carne que acabava de engolir sem mastigar. Seu filho, o irmão, que era bem mais moço que as duas meninas, aproximou-se dele, mas a título de ajuda só conseguiu agarrar-lhe as abas do paletó, como para segurá-lo e para que não cambaleasse com as golfadas, mas aos que o viram pareceu antes um gesto que procurava amparo no momento em que o pai não o podia dar. Ouviu-se alguém assobiar um pouco. O rapaz do armazém, que às vezes se atrasava com a encomenda até a hora do almoço e estava descarregando suas caixas quando soou o estampido, também assomou a cabeça assobiando, como costumam fazer os garotos ao andar, mas logo se interrompeu (era da mesma idade do filho mais moço) quando viu os sapatos de salto meio descalçados ou que só tinham se soltado dos calcanhares e uma saia um tanto erguida e manchada – coxas manchadas –, pois de sua posição era o que se conseguia ver da filha caída. Como não podia perguntar nem passar, e ninguém lhe dava atenção e não sabia se tinha de levar os cascos vazios, voltou à cozinha assobiando outra vez (mas agora para dissipar o medo ou aliviar a impressão), supondo que cedo ou tarde tornaria a aparecer por ali a criada, que normalmente lhe dava instruções e não se encontrava agora em sua zona nem com os do corredor, ao contrário da cozinheira, que, como membro agregado da família, tinha um pé dentro do banheiro, o outro fora e limpava as mãos com o avental, ou talvez se persignasse com ele. A criada, que no momento do disparo tinha largado sobre a mesa de mármore da copa as travessas que acabava de trazer, e por isso o havia confundido com seu próprio e simultâneo estrépito, estivera pondo depois numa bandeja, com muito cuidado e pouco jeito – enquanto o rapaz esvaziava suas caixas também fazendo barulho –, a torta de sorvete que a tinham mandado comprar naquela manhã por causa dos convidados; e, uma vez pronta e montada a torta e tendo calculado que teriam terminado na sala o segundo prato, levara-a até lá e a depositara numa mesa em que, para seu desconcerto, ainda havia restos de carne e talheres e guardanapos largados de qualquer maneira sobre a toalha e nenhum comensal (só havia um prato totalmente limpo, como se alguém, a filha mais velha, tivesse comido mais depressa e ainda raspado o prato com pão, ou nem sequer se tivesse servido de carne). Percebeu então que, como sempre, havia cometido o erro de levar a sobremesa antes de tirar os pratos e pôr outros novos, mas não se atreveu a recolher aqueles e empilhá-los, pois os comensais ausentes poderiam não ter acabado e querer repetir (talvez devesse ter trazido frutas também). Como lhe tinham ordenado que não andasse pela casa durante as refeições e se limitasse a movimentar-se entre a cozinha e a sala de almoço, para não importunar nem distrair a atenção, também não se atreveu a juntar-se ao burburinho do grupo amontoado à porta do banheiro, por um motivo que ainda não sabia, e ficou esperando, as mãos às costas e as costas apoiadas no aparador, fitando com apreensão a torta de sorvete que acabava de deixar no centro da mesa deserta e perguntando-se se não deveria levá-la já de volta para a geladeira, dado o calor. Cantarolou um pouco, levantou um saleiro caído, serviu vinho num cálice vazio, o da mulher do médico, que bebia rápido. Depois de alguns minutos contemplando como a torta começava a perder consistência e sem se achar capaz de tomar uma decisão, ouviu a campainha da porta de entrada e, como uma de suas atribuições era atendê-la, arrumou a touca, endireitou o avental, verificou se suas meias não estavam tortas e dirigiu-se ao corredor. Lançou um olhar fugaz à esquerda, em direção ao grupo cujos murmúrios e exclamações ouvira intrigada, mas não se entreteve nem se aproximou, e foi para a direita, como era sua obrigação. Ao abrir deu com riscos que terminavam e com um forte cheiro de água-de-colônia (a entrada estava às escuras) procedente do filho mais velho da família ou do recente cunhado que havia voltado de sua viagem de lua-de-mel não fazia muito, pois os dois chegavam ao mesmo tempo, possivelmente porque tinham se encontrado na rua ou no portão (sem dúvida vinham tomar café, mas ninguém ainda tinha feito café). A criada quase riu por contágio, afastou-se e deixou-os passar, e ainda teve tempo de ver como a expressão do rosto deles logo se alterava e como se apressavam pelo corredor até o banheiro da multidão. O marido, o cunhado, corria atrás muito pálido, com a mão no ombro do irmão, como se quisesse freá-lo para que não visse o que podia ver, ou para se agarrar a ele. A criada não voltou à sala de almoço, mas seguiu-os, apertando também o passo por assimilação, e quando chegou à porta do banheiro voltou a notar, mais forte ainda, o cheiro de água-de-colônia fina de um dos cavalheiros, talvez dos dois, como se um frasco se tivesse derramado ou um repentino suor o houvesse acentuado. Ficou ali sem entrar, com a cozinheira e os convidados, e viu com o canto dos olhos que o rapaz do armazém agora passava assobiando da cozinha à sala de almoço, seguramente a procurando; mas estava assustada demais para chamá-lo ou repreendê-lo ou dar-lhe atenção. O rapaz, que tinha visto bastante anteriormente, sem dúvida permaneceu um bom momento na sala e depois foi embora sem dizer até-logo nem levar os cascos vazios, pois, quando horas depois a torta derretida foi por fim tirada da mesa e jogada no lixo enrolada em papel, faltava-lhe uma considerável porção que nenhum dos comensais tinha comido, e o cálice da mulher do médico estava de novo sem vinho. Todo o mundo disse que Ranz, o cunhado, o marido, meu pai, tivera muito azar, pois enviuvava pela segunda vez.

Isso foi há muito tempo, quando eu ainda não tinha nascido nem tinha a menor possibilidade de nascer, e mais, só a partir de então tive a possibilidade de nascer. Agora estou casado e não faz nem um ano que voltei de minha viagem de lua-de-mel com Luisa, minha mulher, que conheço há apenas vinte e dois meses, um casamento rápido, bastante rápido para o muito que sempre se diz que é preciso pensar, inclusive nestes tempos precipitados que não têm nada a ver com aqueles, embora não estejam muito distantes (separa-os, por exemplo, uma só vida incompleta ou talvez já pela metade, minha própria vida, ou a de Luisa), em que tudo era refletido e pausado, em que tudo tinha peso, até as besteiras, não digamos as mortes, e as mortes pela própria mão, como essa morte de quem deveria ter sido minha tia Teresa e ao mesmo tempo nunca poderia ter sido e foi apenas Teresa Aguilera, sobre a qual fui sabendo aos poucos, nunca através de sua irmã mais moça, minha mãe, que quase sempre se calava durante minha infância e minha adolescência e que depois também morreu e se calou para sempre, mas através de pessoas mais distantes ou acidentais, por fim através de Ranz, o marido de ambas e também de outra mulher estrangeira com a qual não tenho parentesco.

A verdade é que se em tempos recentes quis saber o que aconteceu há muito foi justamente por causa de meu casamento (melhor dizendo, não quis mas acabei sabendo). Desde que o contraí (é um verbo em desuso, mas muito gráfico e útil) comecei a ter toda sorte de pressentimentos de desastre, de forma semelhante a quando se contrai uma doença, das que nunca se sabe com certeza quando vai ser possível se curar. A frase feita *mudar de estado*, que normalmente se emprega com ligeireza e por isso quer dizer muito pouco, é a que me parece mais adequada e precisa em meu caso, e lhe confiro gravidade, indo contra o costume. Do mesmo modo que uma doença muda tanto nosso estado a ponto de nos obrigar às vezes a parar com tudo e ficar de cama durante dias incalculáveis e só ver o mundo a partir de nosso travesseiro, meu casamento veio suspender meus hábitos, até mesmo minhas convicções e, o que é mais decisivo, também minha apreciação do mundo. Talvez por ter sido um casamento um tanto tardio, minha idade era de trinta e quatro anos quando o contraí.

O problema maior e mais comum no começo de um casamento razoavelmente convencional é que, apesar de se mostrarem tão frágeis em nossos dias e das facilidades que têm os contraentes para se separar, por tradição é inevitável experimentar uma desagradável sensação de chegada, por conseguinte de ponto final, ou, melhor dizendo (já que os dias continuam se sucedendo impassíveis e não há fim), de que chegou o momento de se dedicar a outra coisa. Sei bem que essa

sensação é perniciosa e errônea e que sucumbir a ela ou dá-la por certa é o motivo pelo qual tantos casais promissores fracassam mal começam a existir como tais. Sei bem que o que se deve fazer é evitar essa sensação imediata e, longe de se dedicar a outra coisa, dedicar-se precisamente a ele, ao casamento, como se fosse a construção e a tarefa mais importantes que se tem diante de si, mesmo quando se acredite que a tarefa já está cumprida e a construção erigida. Sei bem disso tudo, no entanto, quando me casei, durante a própria viagem de lua-de-mel (fomos a Miami, Nova Orleans e ao México, depois a Havana), tive duas sensações desagradáveis, e ainda me pergunto se a segunda foi e é apenas uma fantasia, inventada ou encontrada para paliar a primeira ou para combatê-la. Esse primeiro mal-estar é o que já mencionei, aquele que, pelo que se ouve, pelo tipo de piadas que se faz com os que vão se casar e pelos muitos refrões negativos que existem a respeito em minha língua, deve ser comum a todos os noivos (sobretudo aos homens) nesse início de algo que incompreensivelmente se vê e se vive como o fim desse algo. Esse mal-estar se resume numa frase aterradora, e ignoro o que farão os demais para superá-la: "E agora?"
   Essa *mudança de estado*, como a doença, é incalculável e interrompe tudo, ou pelo menos não permite que nada continue como até então: não permite, por exemplo, que depois de ir jantar ou ir ao cinema cada um vá para sua casa e nos separemos, que eu deixe Luisa de carro ou de táxi em seu portão e, depois, uma vez deixada, dê uma volta sozinho pelas ruas semivazias e sempre molhadas, pensando nela seguramente, e no futuro, sozinho em direção à minha casa. Uma vez casados, ao sair do cinema os passos se encaminham juntos para o mesmo lugar (ressoando em contratempo porque são quatro os pés que caminham), mas não porque eu tenha decidido acompanhá-la nem mesmo porque tenha o costume de fazê-lo e me pareça justo e

educado fazê-lo, mas porque agora os pés não hesitam sobre o calçamento molhado, nem deliberam, nem mudam de idéia, nem podem arrepender-se nem escolher: agora não há dúvida de que vamos para o mesmo lugar, queiramos ou não esta noite, ou talvez tenha sido ontem à noite que eu não quis.

Já na viagem de lua-de-mel, quando essa mudança de estado começou a se produzir (não é muito exato dizer que começou, é uma mudança violenta e que não deixa tempo para respirar), me dei conta de que me era muito difícil pensar nela, e totalmente impossível pensar no futuro, que é um dos maiores prazeres concebíveis para qualquer pessoa, se não a diária salvação de todos: pensar vagamente, errar com o pensamento posto no que há de vir ou pode vir, perguntar-se sem muita concretude nem interesse pelo que será de nós amanhã mesmo ou dentro de cinco anos, pelo que não prevemos. Já na viagem de núpcias era como se houvesse sido perdido e não existisse o futuro abstrato, que é o que importa, porque o presente não o pode tingir nem assimilar. Essa mudança, pois, obriga a que nada continue a ser como até então, e mais ainda se, como costuma acontecer, a mudança foi precedida e anunciada por um esforço comum, cuja principal manifestação visível é a artificiosa preparação de uma casa comum, uma casa que não existia nem para um nem para outro, mas que deve ser inaugurada pelos dois, artificiosamente. Nesse mesmo costume ou prática, muito difundida pelo que sei, está a prova de que na realidade, ao contrair-se, os dois contraentes estão se exigindo uma mútua abolição ou aniquilamento, a abolição daquele que cada um era e pelo qual cada um se apaixonou ou de quem talvez tenha visto as vantagens, já que nem sempre há um apaixonamento prévio, às vezes é posterior e às vezes não ocorre nem depois nem antes. Não pode ocorrer. O aniquilamento de cada um, daquele que se conheceu, que se freqüentou e que se quis, traz consigo o desaparecimento das respectivas casas, ou nela fica simbolizado. De tal maneira que duas pessoas que tinham o costume de ser cada uma por sua conta e estar num lugar cada uma, acordar só e freqüentemente também se deitar só, se encontram de repente artificialmente unidas em seu sono e em seu despertar, em seus passos pelas ruas semivazias em direção única ou subindo juntos no elevador, não mais um de visita e o outro como anfitrião, não mais um indo buscar o outro ou este descendo para ir encontrar-se com aquele que espera no carro ou a bordo de um táxi, mas ambos sem escolha, com aposentos, elevador e portão que não pertenciam a ninguém e agora são dos dois, com um travesseiro comum pelo qual se verão obrigados a brigar em sonhos e a partir do qual, como o doente, também acabarão vendo o mundo.

Como eu disse, já senti esse primeiro mal-estar na primeira etapa da viagem de lua-de-mel, em Miami, cidade asquerosa mas com ótimas praias para recém-casados, e se acentuou em Nova Orleans, no México e mais ainda em Havana, e desde faz quase um ano, desde que regressamos dessa viagem e inauguramos nossa casa de maneira tão artificiosa, ele continuou aumentando ou se instalou em mim, talvez em nós. Mas o segundo mal-estar apareceu com força lá pelo fim da viagem, isto é, apenas em Havana, de onde em certo sentido provenho, mais precisamente um quarto de mim, pois lá nasceu e de lá veio para Madri minha avó materna quando era menina, a mãe de Teresa e Juana Aguilera. Foi no hotel em que nos alojamos por três noites (também não tínhamos muito dinheiro e as estadas em cada cidade foram curtas), uma tarde em que Luisa sentiu-se mal enquanto passeávamos, tão mal de repente que interrompemos nossa caminhada e voltamos imediatamente ao quarto, para que ela se deitasse. Tinha calafrios e um pouco de náusea. Não podia parar em pé, literalmente. Sem dúvida alguma coisa que co-

mera lhe fizera mal, mas então não o sabíamos com suficiente certeza, de modo que no mesmo instante me perguntei se não teria contraído no México alguma dessas doenças que lá atacam tão facilmente os europeus, algo grave como uma ameba. Os pressentimentos de desastre que tacitamente me acompanharam desde a cerimônia de casamento iam adquirindo diferentes formas, e uma delas foi esta (a menos muda, ou não foi tácita), a ameaça da doença ou a repentina morte de quem ia compartilhar comigo a vida, o futuro concreto e o futuro abstrato, embora eu não tivesse a impressão de que este último houvesse acabado e minha vida já estivesse pela metade; talvez a dos dois, unidos. Não quisemos chamar logo um médico, preferindo ver se aquilo passava, e a pus na cama (nossa cama de hotel e de casal), e deixei-a dormir, como se aquilo pudesse curá-la. Pareceu adormecer e eu me mantive em silêncio para que descansasse, e a melhor maneira de me manter em silêncio sem me aborrecer nem me ver tentado a fazer barulho ou falar com ela foi pôr-me à sacada e olhar para fora, olhar a gente havanesa passar, observar seu andar e suas roupas, ouvir suas vozes ao longe, um murmúrio. Mas olhava para fora com o pensamento dentro, às minhas costas, na cama em que Luisa ficara na diagonal, atravessada, de modo que nada exterior podia chamar sua atenção. Eu olhava para fora como quem chega a uma festa em que sabe que não estará a única pessoa que lhe interessa, que ficou em casa com o marido. Essa única pessoa estava na cama, doente, velada pelo marido e às minhas costas.
No entanto, ao cabo de uns minutos de olhar sem ver, notei uma pessoa. Notei-a porque, ao contrário das demais, durante todos aqueles minutos não se movera nem passara ou desaparecera de meu campo visual, mas permanecera parada no mesmo lugar, uma mulher de uns trinta anos vista de longe, com uma blusa amarela de decote arredondado, uma saia branca e sapatos

de salto alto também brancos, levando no braço uma grande bolsa preta, como as que as mulheres usavam em Madri na minha infância, bolsas grandes penduradas no braço e não no ombro, como agora. Estava esperando alguém, sua atitude era de espera inequívoca, porque de vez em quando dava dois ou três passos para um lado ou outro, e no último passo arrastava ligeiramente e com celeridade o salto no chão, um gesto de contida impaciência. Não se encostava na parede, como costumam fazer os que esperam para não atrapalhar os que não esperam e passam; mantinha-se no meio da calçada, sem se mexer além de seus três passos medidos que a levavam de volta sempre ao mesmo lugar, e por isso tinha problemas para esquivar os transeuntes, um lhe disse alguma coisa e ela respondeu com raiva e ameaçou-o com a volumosa bolsa. De vez em quando olhava para trás flexionando uma perna e com a mão alisava a saia justa, como se temesse que alguma prega lhe enfeiasse a bunda, ou talvez ajustasse a calcinha insubmissa através do tecido que a cobria. Não olhava para o relógio, não usava relógio, talvez se orientasse pelo do hotel, que estaria acima da minha cabeça, invisível para mim, com rápidas olhadas que eu não percebia. Pode ser que o hotel não tivesse relógio dando para a rua e ela nunca soubesse a hora. Pareceu-me mulata, mas eu não podia garantir de onde me encontrava.

    De repente a noite caiu, quase sem aviso, como acontece nos trópicos, e, embora o número de passantes não tenha diminuído de imediato, a perda da luz me fez vê-la mais solitária, mais isolada e mais condenada a esperar em vão. Quem ela esperava não chegaria. Com os braços cruzados, apoiava os cotovelos nas mãos, como se a cada segundo que passava aqueles braços pesassem mais, ou talvez fosse a bolsa que aumentasse de peso. Tinha pernas robustas, adequadas para a espera, que se cravavam no pavimento com seus saltos muito finos e altos ou agulha, mas as pernas eram tão fortes e atraentes que assimilavam aqueles saltos e eram elas que se cravavam solidamente – como faca em madeira molhada – cada vez que tornavam a se deter no ponto escolhido após o mínimo deslocamento para a direita ou para a esquerda. Os calcanhares sobressaíam dos sapatos. Ouvi um leve murmúrio, ou era um gemido, procedente da cama às minhas costas, de Luisa doente, de minha mulher recém-contraída que tanto me interessava, era minha incumbência. Mas não virei a cabeça porque era um gemido que vinha do sono, aprende-se a distinguir logo o som adormecido da pessoa com quem se dorme. Nesse momento a mulher da rua ergueu os olhos para o terceiro andar em que eu me encontrava e acreditei que fixava sua vista em mim pela primeira vez. Espiou como se fosse míope ou estivesse com lentes de contato sujas e olhou desconcertada, fixando a vista em mim e desviando-a um pouco e piscando os olhos para ver melhor e de novo fixando-a e desviando-a. Então levantou um braço, o braço livre da bolsa, num gesto que não era de saudação nem de aproximação, quero dizer de aproximação a um estranho, mas de apropriação e reconhecimento, coroado por um remoinho veloz dos dedos: era como se com aquele gesto do braço e o volteio dos dedos rápidos quisesse segurar-me, mais segurar-me do que atrair-me até ela. Gritou algo que eu não podia ouvir devido à distância e tive a certeza de que gritava para mim. Pelo movimento dos lábios apenas adivinhados pude entender a primeira palavra, e essa palavra era "Ei!", pronunciada com indignação, como o resto da frase que não chegava a mim. Enquanto falava pôs-se a andar; para se aproximar, tinha de atravessar a rua e percorrer a ampla esplanada que de nosso lado separava o hotel da rua, afastando-o e salvaguardando-o assim um pouco do trânsito. Ao dar mais passos do que os que dera repetidamente durante sua espera vi que andava com dificuldade e lentidão, como se não esti-

vesse acostumada com os saltos, ou suas pernas robustas não fossem feitas para eles, ou a bolsa a desequilibrasse ou estivesse enjoada. Caminhava um pouco como Luisa tinha caminhado depois de sentir-se mal, ao entrar no quarto para deixar-se cair na cama, onde eu lhe tirara parte da roupa e a introduzira nos lençóis (eu a cobrira apesar do calor). Mas naquele andar desajeitado também se adivinhava a graça, perdida naquele momento: quando estivesse descalça a mulher mulata caminharia com graça, a saia ondularia, quebrando-se ritmicamente contra as coxas. Meu quarto estava às escuras, ninguém acendera a luz ao cair a noite, Luisa dormia indisposta, eu não me mexera daquela sacada, olhava os havaneses e depois aquela mulher que continuava se aproximando com passo trôpego e continuava gritando para mim o que agora já ouvia:
– Ei! Você o que faz aí?
Tive um sobressalto ao entender o que estava dizendo, não tanto porque o dissesse para mim quanto pelo modo de fazê-lo, cheio de confiança, furioso, como de quem se dispõe a acertar as contas com a pessoa mais próxima ou a quem está amando, que a irrita continuamente. Não era que se tivesse sentido observada por um desconhecido de uma sacada de um hotel para estrangeiros e viesse reclamar de minha contemplação impune de sua figura e de sua humilhante espera, mas sim que reconhecera de repente em mim, ao levantar a vista, a pessoa que estava esperando sabe lá havia quanto tempo, sem dúvida desde muito antes de eu a notar. Ainda estava à distância, atravessara a rua evitando os poucos carros sem procurar um semáforo e se achava no começo da esplanada, onde parara, talvez para descansar os pés e as pernas tão salientes ou para alisar outra vez a saia, agora com maior afinco, já que por fim se encontrava diante de quem devia julgar ou apreciar sua queda, a da saia. Continuava me fitando e desviando um pouco a vista, como se tivesse algum

problema de estrabismo, seus olhos escapavam momentaneamente para minha esquerda. Talvez tivesse parado e ficado longe para mostrar sua irritação e que não estava disposta a deixar o encontro se consumar assim sem mais nem menos uma vez que me avistara, como se ela não tivesse sofrido ou não tivesse sido destratada até dois minutos antes. Então disse outras frases, todas elas acompanhadas do gesto inicial do braço e dos dedos móveis, o gesto de segurar, como se com ele dissesse "Venha cá" ou "Você é meu". Mas com a voz dizia, uma voz vibrante, impostada e desagradável, como de apresentador de tevê, político num discurso ou professor dando aula (mas parecia iletrada):
– Você o que faz aí? Não me viu que o estava esperando faz uma hora? Por que não me disse que já você tinha subido?
Creio que dizia assim, com essa leve alteração na ordem das palavras e abuso dos pronomes em comparação com o que eu teria dito, ou qualquer pessoa de meu país, suponho. Embora eu continuasse sobressaltado, e além disso comecei a temer que os gritos daquela mulata acordassem Luisa às minhas costas, pude observar melhor o rosto, que de fato era de uma mulata bem clara, talvez tivesse uma quarta parte de negra, mais visível nos lábios grossos e no nariz um tanto achatado do que na cor, não muito distinta da cor de Luisa na cama, que passara vários dias bronzeando-se nas praias para recém-casados. Os olhos piscantes da mulher me pareceram claros, cinzentos ou verdes, pelo menos cor-de-limão, mas talvez, pensei, tenha ganho de presente umas lentes de contato coloridas, causa de sua visão deficiente. Tinha narinas veementes, alargadas pela ira (tinha cara de velocidade portanto), e mexia a boca em excesso (agora eu teria lido sem dificuldade em seus lábios, se precisasse), com esgares parecidos com os das mulheres de meu país, isto é, de substancial desprezo. Continuou se aproximando, cada

vez mais indignada por não receber resposta, sempre repetindo o mesmo gesto do braço, como se não tivesse outro recurso expressivo além desse, um longo braço nu que dava um golpe seco no ar, os dedos dançando simultaneamente por um instante como para agarrar-me e depois arrastar-me, uma garra. "Você é meu" ou "Eu te mato".
 – Você está abobalhado ou o que foi? Inda por cima ficou mudo? Mas por que você não me responde?
 Já estava bem perto, avançara pela esplanada uns dez ou doze passos, suficientes para que agora sua voz estridente não só se ouvisse, mas começasse a troar no quarto; suficientes também, achei, para que me visse sem incerteza por mais míope que fosse, portanto parecia indubitável que eu era a pessoa com quem marcara um encontro importante, que a angustiara com meu atraso e a ofendera da sacada com minha vigilância calada que continuava ofendendo-a. Mas eu não conhecia ninguém em Havana, mais ainda, era a primeira vez que estava em Havana, em minha viagem de lua-de-mel com minha mulher tão recente. Virei-me por fim e vi Luisa erguida na cama, com os olhos fixos em mim mas sem ainda me conhecer nem reconhecer onde estava, aqueles olhos febris do doente que acorda assustado e sem ter recebido aviso prévio de seu despertar no sono. Estava levantada, e o sutiã saíra do lugar enquanto dormia, ou então no movimento brusco que acabava de fazer ao erguer-se: estava torcido, tinha descoberto um ombro e quase um seio, com certeza a estava incomodando, devia tê-lo prendido com seu próprio corpo esquecido no mal-estar e no adormecimento.
 – Que está acontecendo? – perguntou apreensiva.
 – Nada – respondi. – Volte a dormir.
 Mas não me atrevi a achegar-me e acariciar seus cabelos para tranqüilizá-la de verdade e para que voltasse ao torpor, como teria feito em qualquer outra circunstância, porque naquele instante eu não me atrevia era a

abandonar meu lugar na sacada, nem a desviar os olhos por pouco que fosse daquela mulher que estava convencida de ter estado comigo, nem a evitar por mais tempo o diálogo abrupto que da rua se impunha a mim. Era uma pena que falássemos a mesma língua e eu a compreendesse, porque o que ainda não era diálogo já se tornava violento, talvez porque não o fosse, não fosse diálogo.

– Eu te mato, filho da puta! Juro que eu te mato aqui mesmo! – gritava a mulher da rua.

Gritava aquilo do chão e sem poder me encarar, porque, justo no momento em que eu me virara para dizer a Luisa quatro palavras, um sapato tinha saído do pé da mulata e ela caíra, sem se machucar mas sujando na hora a saia branca. Gritava isto, "Eu te mato", e ia se levantando, um tombo, a bolsa sempre pendurada no braço, não a soltara, aquela bolsa ela não soltaria nem que a esfolassem, tentava sacudir-se ou limpar a saia com a mão e estava com um pé descalço, erguido no ar, como se não quisesse de maneira nenhuma pousá-lo e sujar também sua planta, nem as pontas dos dedos sequer, o pé que poderia ver o homem que ela tinha encontrado, vê-lo de perto, em cima, e tocá-lo, mais tarde. Senti-me culpado para com ela, pela espera, por sua queda e por meu silêncio, e também culpado para com Luisa, minha mulher recém-contraída que estava precisando de mim pela primeira vez desde a cerimônia, ainda que apenas um segundo, o necessário para secar o suor que lhe empapava a testa e os ombros e para ajustar ou tirar o sutiã para que não a incomodasse e fazê-la regressar com palavras ao sono que a curaria. Aquele segundo eu não podia dar-lhe naquele momento, como era possível, notava com força as duas presenças que quase me paralisavam e emudeciam, uma fora e outra dentro, diante de meus olhos e diante das minhas costas, como era possível, sentia-me obrigado para com ambas, tinha de haver um erro ali, eu não podia me sentir culpado para com minha mulher por nada, por uma demora mínima na hora de atendê-la e acalmá-la, e menos ainda para com uma desconhecida ultrajada, por mais que ela acreditasse que me conhecia e que era eu quem a ultrajava. Ela estava fazendo malabarismos para voltar a pôr o sapato sem pisar no chão com o pé descalço. A saia era um pouco apertada para realizar essa operação com êxito, seus pés de ossos demasiado compridos, e enquanto tentou não gritou, mas resmungava, não podemos estar muito atentos aos outros enquanto tratamos de recompor a aparência. Não teve outro remédio que apoiar o pé, que se sujou no ato. Voltou a levantá-lo como se o chão a houvesse contaminado ou queimado, sacudiu a poeira como Luisa sacudia a areia seca nas praias justo antes de abandoná-las, às vezes ao cair da noite; enfiou os dedos do pé no sapato, a parte da frente; depois, com o indicador (da mão livre da bolsa), ajustou a tira do calcanhar que sobressaía sob aquela tira (a tira do sutiã de Luisa devia continuar caída, mas eu não a via agora). Suas pernas robustas pisaram outra vez com firmeza, batendo no pavimento como se fossem cascos. Deu mais três passos sem erguer ainda a vista e, quando a ergueu, quando abria a boca para me insultar ou me ameaçar e iniciava pela enésima vez o gesto preênsil, garra de leão, aquele que agarrava e significava "Você não vai se livrar de mim" ou "Vai comigo para o inferno", suspendeu-o no ar, e o braço nu ficou congelado no alto, como o de um atleta. Vi sua axila recém-raspada, tinha se aprontado toda para o encontro. Olhou uma vez mais à minha esquerda e olhou para mim e olhou à minha esquerda e para mim.

– Mas o que está acontecendo? – voltou a perguntar Luisa de sua cama. Sua voz era temerosa, expressava um temor misto, interior e exterior, tinha medo do que estava acontecendo em seu corpo, tão longe de casa, e do que não sabia que estava acontecendo, ali na sacada

e na rua, ou que estava acontecendo comigo e não com ela, os casais logo se acostumam a que tudo aconteça com ambos. Era de noite e nosso quarto continuava às escuras, devia sentir-se tão ofuscada que nem acendia o abajur da mesinha-de-cabeceira a seu lado. Estávamos numa ilha.
A mulher da rua ficou com a boca aberta sem dizer nada e levou a mão ao rosto, a mão que foi deslizando decepcionada, envergonhada e mansa para baixo desde cima. Já não havia mal-entendido.
– Ai, desculpe – disse-me ao cabo de uns segundos. – Confundi o senhor com outra pessoa.
Num instante toda a fumaça tinha se dissipado e ela havia compreendido – isso era o mais grave – que tinha de continuar esperando, talvez onde estivera de início, não mais sob as sacadas, teria de voltar ao ponto escolhido originalmente, ao outro lado da rua além da esplanada, para lá arrastar com celeridade e ódio seu salto afilado após seus dois ou três passos, três machadadas e espora, ou espora depois dos machados. Era uma pessoa repentinamente desarmada, dócil, perdera toda a sua cólera e suas energias, e creio que não lhe importava tanto o que eu pudessse pensar de seu engano e de seu mau gênio – afinal era eu um desconhecido a seus olhos verdes – quanto se dar conta de que seu encontro ainda corria o risco de não acontecer. Fitava-me com seu olhar cinzento de repente absorto, com um pouco de desculpa e um pouco de indiferença, de desculpa o justo necessário, pois era a amargura que prevalecia. Ir embora ou esperar de novo, depois de ter concluído a espera.
– Não se preocupe – disse eu.
– Com quem está falando? – perguntou-me Luisa, que sem minha assistência ia saindo de seu estupor, embora não das trevas (a voz era um pouco menos rouca e sua pergunta mais concreta; talvez não estivesse entendendo que era noite).

Mas ainda não respondi nem me aproximei da cama para sossegá-la e arrumar os lençóis para ela, porque nesse momento abriram ruidosamente as portas da sacada à minha esquerda e vi aparecerem dois braços de homem que se apoiaram na balaustrada de ferro, ou a seguraram como se fosse uma barra móvel, e chamaram:
— Miriam!
A mulata, indecisa e confusa, tornou a olhar para cima, agora já sem dúvida à minha esquerda, sem dúvida para a sacada que se abrira e para os braços fortes que eram tudo o que eu via, os braços compridos do homem em mangas de camisa, as mangas arregaçadas, brancas, os braços peludos, tanto ou mais do que os meus. Eu havia deixado de existir, desaparecera, também estava de mangas arregaçadas, tinha levantado as mangas ao sair à sacada para debruçar-me, fazia pouco, mas agora eu havia desaparecido por ser eu outra vez, isto é, por ser para ela ninguém. No anular da sua mão direita o homem trazia uma aliança como a minha, só que eu já a usava na esquerda, fazia duas semanas, pouco tempo, não me acostumara. Também o relógio, preto e grande, aquele homem usava no pulso do mesmo braço e eu, em compensação, no do outro. Devia ser canhoto. A mulata não usava relógio nem anéis. Pensei que a figura daquele indivíduo devia ter-lhe sido só um pouco visível durante todos aqueles minutos, ao contrário da minha, inteiramente visível por assomar e estar apoiada na balaustrada imóvel. Agora era o inverso, a minha se apagara de repente e era invisível, em compensação era o homem que eu não via, como tampouco Luisa, continuava dando-lhe as costas. Talvez aquele sujeito tivesse ido para trás e para a frente, sempre sem abrir a janela da sacada, conforme se visse ou não focalizado pelos olhos cor-de-limão da mulher da rua, por seu olhar míope e inofensivo. Estivera brincando com a vantagem de se deixar ver e se esconder, nenhuma das duas coisas, e ela tinha razão portanto, a

pessoa com quem marcara encontro já havia subido ao hotel sem se incomodar em avisá-la, para vê-la esperar em frente e na distância, para contemplá-la em seus breves e doridos passeios de um lado para o outro, depois em seu trôpego avanço e em sua queda, calçar-se, como também eu tivera a oportunidade de observá-la. O curioso foi que a reação de Miriam não teve nada a ver com a que dedicara a mim ao tomar-me por outro, por aquele homem de braços fortes, peludos, compridos e relógio e aliança de canhoto. Ao vê-lo já com certeza, ao ver quem estivera esperando tanto e ouvi-lo chamá-la, não fez nenhum gesto nem gritou nada. Não o insultou nem o ameaçou nem lhe disse "Vou te pegar" ou "Eu te mato" com o braço nu e os dedos rápidos, talvez porque, ao contrário de mim enquanto fui ele para ela, ele falara com ela ou dissera seu nome. A expressão da mulher mudou: foi de alívio, por um instante, e com prontidão – quase com um agradecimento sem destinatário –, com mais graça em seus passos do que até então mostrara (como se de repente caminhasse descalça e suas pernas não fossem tão encorpadas), acabou de percorrer o trecho que a separava do hotel e entrou nele com sua grande bolsa preta agora mais leve, desaparecendo assim de meu campo visual sem me dizer mais palavras, reconciliada com o mundo durante aqueles passos. A janela da sacada à minha esquerda tornou a se fechar e logo tornou a se abrir para ficar entreaberta, como se o vento a tivesse empurrado ou o homem tivesse pensado melhor um segundo depois de fechá-la (pois não ventava) e não soubesse bem como ia querer mantê-la quando a mulher já estivesse com ele em cima, em breve (a mulher devia estar subindo a escada). Então eu, finalmente (mas passara muito pouco tempo, de modo que Luisa ainda devia sentir-se recém-acordada), abandonei meu posto e acendi o abajur do criado-mudo e me aproximei solícito da cabeceira de nossa cama, solícito mas atrasado.

Esse atraso é para mim inexplicável e já então o lamentei muito, não porque tivesse qualquer conseqüência, mas pelo que pensei que podia significar, num excesso de escrúpulo e zelo. E, embora seja certo que eu tenha associado de imediato esse atraso marital ao primeiro mal-estar de que falei e ao fato de que desde nosso casamento me fosse mais difícil pensar em Luisa (quanto mais corpórea e contínua, mais relegada e remota), o aparecimento do segundo mal-estar que também mencionei não se deveu à minha contemplação lacônica da mulata e à minha brevíssima negligência, mas antes ao que veio depois, isto é, ao que aconteceu quando eu já havia atendido Luisa, secado o suor da testa e dos ombros e desabotoado o sutiã para que não a incomodasse, deixando que fosse ela quem decidisse mantê-lo posto, embora solto, ou tirá-lo. Com a luz, Luisa reanimou-se um pouco, quis beber água e, ao beber um pouco, sentiu-se melhor e, ao sentir-se um pouco melhor, dispôs-se a falar um pouco e, quando se acalmou e sentiu os lençóis menos pegajosos e se viu mais composta com a cama em ordem, e sobretudo compreendeu e se acostumou à idéia de que já era noite e de que, quisesse ou não, o dia terminara para ela sem possibilidade de continuar a fazer o que quer que fosse e de que só lhe restava tentar não fazer caso de sua doença e sepultá-la no sono até a manhã seguinte, quando presumivelmente tudo voltaria à normalidade algo anômala de nossa viagem de recém-casados e seu corpo estaria em ordem e seria outra vez corpóreo, então lembrou-se do meu descuido que seguramente ela não havia percebido como tal, ou o que recordou foi que eu tinha dito "Não se preocupe" a uma pessoa desconhecida que estava na rua e que de lá haviam subido vozes e gritos ouvidos no sono ou em seu torpor, que a tinham despertado e talvez assustado.

– Com quem você estava falando antes? – perguntou-me outra vez.

Não vi motivo para não lhe dizer a verdade, no entanto tive a sensação de não o fazer ao fazê-lo. Nesse momento eu tinha na mão uma toalha com a ponta úmida e me dispunha a refrescar-lhe o rosto, o pescoço, a nuca (seu cabelo comprido e em desalinho tinha se grudado, e alguns fios soltos lhe atravessavam a testa como se fossem finas rugas vindas do futuro para ensombrecê-la um instante).

– Com ninguém, com uma mulher que me confundiu. Confundiu nossa sacada com a do lado. Devia ter vista ruim, só quando chegou bem perto viu que eu não era o homem com quem marcara encontro. Ali. – E apontei para a parede que agora nos separava de Miriam e do homem. Nessa parede havia uma mesa e em cima dela um espelho no qual, conforme nos mexêssemos ou nos erguêssemos, podíamos nos ver da cama.

– Mas por que gritava para você? Pareceu-me que gritava muito. Ou não sei se sonhei. Estou com muito calor.

Deixei a toalha ao pé da cama e acariciei-lhe várias vezes a face e o queixo arredondado. Seus grandes olhos escuros fitavam ainda nebulosos. Se tivera febre, esta já havia baixado.

– Não posso saber, porque na realidade não era comigo que gritava, mas com o outro por quem me tomou. Sabe lá o que se terão feito um ao outro.

Enquanto me ocupava de Luisa eu tinha ouvido (mas sem prestar atenção, porque atendia Luisa e estava fazendo ao mesmo tempo várias coisas e indo do quarto ao banheiro e do banheiro ao quarto) como os saltos chegavam até a porta ao lado e esta se abria sem que batessem nela, e a partir do leve rangido (foi rápido) e da suave batida ao se fechar de novo (que foi muito lenta) apenas um murmúrio indistinto, sussurros de palavras que não podiam se distinguir apesar de pronunciadas em minha língua e de, segundo o som de pouco antes, a sacada deles ter ficado entreaberta e eu não ter fechado a nossa. À preocupação com meu indevido atraso somou-se outra, minha preocupação com a sensação de pressa. Senti que tinha pressa não apenas para tranqüilizar Luisa, esticar-lhe os lençóis e paliar na medida do possível os efeitos de sua doença efêmera, mas também para que não me fizesse mais perguntas e dormisse de novo, pois não havia tempo para fazê-la participar de minha curiosidade nem ela estava em condições de se interessar por nada exterior a seu corpo e, enquanto trocávamos algumas palavras e eu ia ao banheiro molhar a ponta de uma toalha, dava-lhe de beber e acariciava seu queixo que eu apreciava muito, os pequenos ruídos que eu mesmo ia fazendo e nossas próprias frases curtas e descontínuas me impediam de prestar atenção e apurar o ouvido procurando distinguir o murmúrio contíguo, que eu tinha pressa de decifrar.

E a pressa vinha porque eu tinha consciência de que o que não ouvisse agora não ia ouvir mais; não ia haver repetição, como quando você ouve uma fita cassete ou assiste a um vídeo e pode retroceder, mas cada sussurro não captado nem compreendido se perderia para sempre. É o que há de ruim no que nos acontece e não é gravado, ou, pior ainda, nem mesmo sabido nem visto nem ouvido, porque depois não há forma de recuperá-lo. O dia em que não estivemos juntos já não teremos estado juntos, ou o que nos iam dizer por telefone quando nos ligaram e não respondemos nunca será dito, nunca a mesma coisa nem com o mesmo espírito; e tudo será levemente diferente ou totalmente diferente por nossa falta de atrevimento que nos dissuadiu de falar. Mas mesmo se naquele dia estivemos juntos, ou se estávamos em casa quando nos telefonaram, ou se nos atrevemos a falar vencendo o temor e esquecendo o risco, mesmo assim nada disso voltará a se repetir, por conseguinte chegará um momento em que ter estado juntos será como não ter estado, e ter atendido o telefone será como não o ter feito, e ter-nos atrevido a nos falar será como ter calado. Até as coisas mais indeléveis têm uma duração, como as que não deixam vestígio ou nem mesmo acontecem, e se estivermos prevenidos e as anotarmos ou gravarmos ou filmarmos, se nos enchermos de recordações e chegarmos até a substituir o acontecido pela mera constância, registro e arquivamento do que aconteceu, de modo que o que na verdade ocorra desde o princípio seja nossa anotação ou nossa gravação ou nossa filmagem, apenas isso, mesmo nesse aperfeiçoamento infinito da repetição teremos perdido o tempo em que as coisas de fato aconteceram (embora seja o tempo da anotação); e enquanto procuramos reviver ou reproduzir e fazer voltar e impedir que seja passado, outro tempo diferente estará acontecendo e nele, sem dúvida, não estaremos juntos nem atenderemos nenhum telefonema nem nos atreveremos a nada nem poderemos evitar nenhum crime nem nenhuma morte (embora tampouco venhamos a cometê-los ou a causá-los), porque o estaremos deixando passar como se não fosse nosso em nossa intenção doentia de que o que já aconteceu não acabe e retorne. Assim, o que vemos e ouvimos acaba se assemelhando e até se igualando ao que não vimos nem ouvimos, é apenas uma questão de tempo, ou de que desapareçamos. E apesar de tudo não podemos deixar de encaminhar nossas vidas para o ouvir e o ver e o presenciar e o saber, com a convicção de que essas nossas vidas dependem de estarmos juntos um dia ou de atendermos um telefonema, ou de nos atrevermos, ou de cometermos um crime ou causarmos uma morte e sabermos que foi assim. Às vezes tenho a sensação de que nada do que acontece acontece, porque nada acontece sem interrupção, nada perdura nem persevera nem se recorda incessantemente, e até a mais monótona e rotineira das existências vai se anulando e negando a si mesma em sua aparente repetição até que nada é nada e ninguém é ninguém que foram antes, e a frágil roda do mundo é empurrada por desmemoriados que ouvem e vêem e sabem o que não se diz nem sucede nem é cognoscível nem comprovável. O que ocorre é idêntico ao que não ocorre, o que descartamos ou deixamos passar idêntico ao que pegamos e agarramos, o que experimentamos idêntico ao que não provamos, e no entanto vai-nos a vida e vai-se-nos a vida em escolher, rejeitar e selecionar, em traçar uma linha que separe essas coisas que são idênticas e faça de nossa história uma história única que recordemos e possa ser contada. Dirigimos toda a nossa inteligência, os nossos sentidos e o nosso afã à tarefa de discernir o que será nivelado, ou já está, e por isso estamos cheios de arrependimentos e de ocasiões perdidas, de confirmações e reafirmações e ocasiões aproveitadas, quando o certo é que nada se afirma e tudo se vai perdendo. Ou talvez que nunca houve nada.

Talvez não tenha havido uma só palavra entre Miriam e o homem durante todo o instante em que acreditei as estar perdendo. Talvez tenham apenas se olhado, ou se abraçado de pé, calados, ou se aproximado da cama para se despirem, ou talvez ela tenha se limitado a descalçar-se, mostrando ao homem seus pés que teria lavado tão conscienciosamente antes de sair de casa e agora estariam cansados e doloridos (a planta de um deles suja pelo calçamento da rua). Não devem ter se esbofeteado nem se engalfinhado numa briga nem nada do gênero (quero dizer num corpo-a-corpo), porque depois se arqueja fortemente e se grita ao fazê-lo, ou então logo antes, senão depois. Talvez, como eu (mas eu o fazia por Luisa, e entrava e saía), Miriam tenha ido ao banheiro e se trancado nele durante aqueles minutos sem dizer nada, para se olhar no espelho e se arrumar e tentar apagar do rosto as expressões acumuladas de ira e cansaço e decepção e alívio, perguntando-se que outra seria mais adequada e benéfica para por fim encarar aquele homem canhoto de braços peludos que teria achado engraçado ou divertido ela ter esperado gratuitamente e ter me confundido com ele. Talvez o tenha feito esperar um pouco, a porta fechada do banheiro, ou talvez sua intenção não fosse essa, mas sim chorar às escondidas e contidamente sobre a tampa da privada ou sobre o rebordo da banheira com as lentes de contato tiradas, se é que as usava, enxugando-se e ocultando-se a seus próprios olhos com uma toalha até conseguir se acalmar, lavar o rosto, pintar-se e estar em condições de sair de novo, dissimulando. Eu tinha pressa de poder ouvir e, para tanto, necessitava que Luisa voltasse a dormir, que deixasse de ser corpórea e contínua para relegar-se e fazer-se distante, e necessitava estar quieto para escutar através da parede do espelho ou pela sacada aberta, ou estereofonicamente através de ambos.

    Falo, entendo e leio quatro línguas contando a minha, por isso, suponho, me dediquei parcialmente a ser tradutor e intérprete em congressos, reuniões e encontros, sobretudo políticos e às vezes do mais alto nível (em duas oportunidades servi de intérprete a chefes de Estado; bem, um era só chefe de governo). Suponho que por isso tenho a tendência (como tem Luisa, que se dedica à mesma coisa, só que não compartilhamos exatamente as mesmas línguas e ela está menos profissionalizada ou se dedica menos e, portanto, não a tem tão acentuada) de querer compreender *tudo* o que se diz e que chega a meus ouvidos, tanto no trabalho como fora dele, ainda que à distância, ainda que num dos inúmeros idiomas que desconheço, ainda que em murmúrios indistinguíveis ou em sussurros imperceptíveis, ainda que seja melhor eu não compreender e o que se diz não seja dito para que eu ouça, ou mesmo seja dito justamente para que eu não capte. Posso desligar, mas somente em certos estados de espírito irresponsável ou então mediante um grande esforço, por isso às vezes me alegro com que os murmúrios sejam de fato indistinguíveis e os sussurros imperceptíveis, e com que existam tantas línguas que me sejam estranhas e não sejam dedutíveis, pois assim descanso. Quando sei e verifico que não tem jeito, que não posso entender por mais que deseje e tente, então eu me sinto tranqüilo, desinteressado e descanso. Nada posso fazer, nada está em minhas mãos, sou um inválido, e meus ouvidos descansam, minha cabeça descansa, minha memória descansa e também minha língua, porque em compensação, quando compreendo, não posso evitar de traduzir automática e mentalmente na minha língua, muitas vezes até (por sorte não sempre, talvez sem me dar conta), se o que chega até mim é em espanhol, também traduzo com o pensamento para qualquer dos outros três idiomas que falo e entendo. Muitas vezes traduzo até os gestos, os olhares e os movimentos, é um sucedâneo e um costume, e mesmo os objetos me parecem dizer algo quando entram em contato com esses movimentos, olhares e gestos. Quando não posso fazer nada, escuto sons que sei que são articulados e têm sentido, mas me são indecifráveis: não conseguem individualizar-se nem formar unidades. Essa é a maior maldição de um intérprete em seu trabalho, quando por algum motivo (uma dicção impossível, um péssimo sotaque estrangeiro, uma grave distração própria) não separa nem seleciona e perde o bonde, e tudo o que ouve lhe parece idêntico, uma cambulhada ou um fluxo que tanto faz que se emita ou que não se emita, pois o fundamental é individualizar os vocábulos, como as pessoas se queremos ter trato com elas. Mas também é seu maior consolo quando isso acontece e não está trabalhando: só então pode relaxar totalmente e não prestar atenção nem permanecer alerta, e encontrar prazer em escutar vozes (o insignificante rumor da fala) que não só sabe que não lhe dizem respeito, mas que além disso não é capaz de interpretar, nem para transmitir, nem para memorizar, nem para transcrever, nem para compreender. Nem mesmo para repetir para si mesmo.

Porém naquele quarto do hotel que, segundo creio, tinha sido outrora o Sevilla-Biltmore, ou se erigia onde este se erigira muitos anos antes (mas pode ser que não, não sei bem, nem sei quase nada da história de Cuba, apesar de uma quarta parte de mim proceder de Havana), minha tendência não era descansar nem me desligar do murmúrio do quarto ao lado, como por exemplo eu fizera antes, ao ouvir o outro murmúrio mais generalizado dos havaneses passando por suas ruas diante de minha sacada, mas, ao contrário, percebi que sem querer estava muito atento e, como se costuma dizer, todo ouvidos, e que para conseguir entender alguma coisa necessitava de silêncio absoluto, sem tilintar de copos nem ruídos de lençóis nem meus próprios passos entre o banheiro e o quarto nem a torneira de água aberta. Tampouco, é claro, a voz debilitada de Luisa, embora não fosse muito o que ela dizia nem tentasse manter comigo uma conversa em regra. Nada impede tanto de ouvir quanto estar ouvindo ao mesmo tempo duas coisas, duas vozes; nada impede tanto de entender como a simultaneidade de duas ou mais pessoas que falam sem aguardar sua vez. Por isso queria que Luisa dormisse, não apenas para seu próprio bem e para que sarasse, mas sobretudo para eu poder me dedicar com todas as minhas faculdades e experiência interpretativas a escutar o que devia estar sendo dito naquele murmúrio de Miriam e do homem do braço canhoto.

A primeira coisa que por fim ouvi foi em tom de exasperação, como quem repete pela enésima vez uma coisa a qual quem a ouviu todas as vezes não acredita ou não compreende ou não aceita. Era uma exasperação mitigada, costumeira, por isso a voz não gritava, mas sussurrava, a voz do homem.

"Estou dizendo que minha mulher está morrendo."

Miriam respondeu no mesmo instante, também contagiada pela exasperação em que ambos, corrigi logo, deviam estar instalados perpetuamente, pelo menos quando estavam juntos: suas frases e a primeira do homem constituíram um grupo que de repente captei sem nenhum esforço.

"Mas não morre. Está morrendo mas não morre faz um ano. Mate-a você de uma vez, tem de me tirar daqui."

Fez-se um silêncio, e não soube se era porque ele se calava ou porque baixara a voz ainda mais para responder ao pedido de Miriam, que talvez não fosse constumeiro.

"O que você quer, que eu a sufoque com um travesseiro? Não posso fazer mais do que estou fazendo, já é bastante. Estou deixando-a morrer. Não estou fazendo nada para ajudá-la. Estou empurrando-a. Não lhe dou alguns daqueles remédios que o médico receita, não lhe dou atenção, trato-a sem o menor afeto, dou-lhe desgostos e motivos de suspeita, tiro-lhe a pouca vontade de viver que lhe sobra. Não acha suficiente?

Não tem sentido dar agora um passo em falso, nem que me divorciasse, esticaríamos as coisas pelo menos um ano, em compensação ela pode morrer a qualquer momento. Hoje mesmo pode estar morta. Você não entende que este telefone pode tocar agora mesmo para dar a notícia?" O homem fez uma pausa e acrescentou em outro tom, como se o dissesse incrédulo e meio sorrindo, involuntariamente: "Talvez já esteja morta. Não seja imbecil. Não seja impaciente."

A mulher tinha sotaque caribenho, é de se supor que cubano, embora minha maior referência a esse respeito (os cubanos não têm participado muito das reuniões internacionais) continue sendo minha avó, e minha avó saíra de Cuba em 98 com toda a família e poucos anos, e, segundo dizia quando recordava sua infância, havia muita diferença entre os sotaques da ilha: ela, por exemplo, sabia reconhecer a gente da província de Oriente e um havanês e um de Matanzas. Já o homem tinha meu sotaque, um castelhano da Espanha, ou antes de Madri, neutro, correto, como o que adotavam antigamente os dubladores dos filmes ou eu mesmo ainda tenho. Aquela conversa era quase rotineira, devia variar apenas nos detalhes, Miriam e o homem a teriam mantido um milhar de vezes. Mas para mim era nova.

"Não fui impaciente, estou tendo paciência há muito tempo e ela não morre. Você dá desgostos a ela, mas de mim você não lhe fala e esse telefone não toca nunca. Como é que posso saber se ela está morrendo? Como é que posso saber se tudo isso não é mentira? Eu nunca a vi, não estive na Espanha, nem mesmo sei se você está casado ou se tudo não é uma tapeação sua. Às vezes acho que sua mulher não existe."

"Ah, sei. E meus documentos? E as fotos?", disse o homem. Seu sotaque era como o meu, mas sua voz bem diferente. A minha é grave e a dele era aguda, quase um pouco gritona dentro dos sussurros. Não parecia a voz adequada para um homem peludo, mas a de um

cantor de tipo frágil, que não se esforça em absoluto para variar seu timbre natural ou artificial quando fala, é prejudicial fazê-lo. Sua voz era como uma serra. "Sei lá das fotos! Podem ser da sua irmã, de qualquer pessoa, da sua amante, sei lá se você não tem outra. E não me venha com essa história de documentos. Não tenho mais confiança em você. Sua mulher leva um ano morrendo amanhã mesmo, que morra de uma vez ou me deixe em paz."
É mais ou menos isso que diziam, pelo que lembro e consigo transcrever. Luisa parecia estar adormecida e eu me sentara no pé da cama, com os meus no chão, as costas retas e sem apoio, velando-a, um pouco tenso para não fazer barulho (as molas, minha respiração, minha própria roupa). Via-me no espelho da parede divisória, isto é, via-me se quisesse me olhar, porque quando se escuta muito atentamente não se vê nada, como se cada sentido forçado ao máximo quase excluísse o exercício dos outros. Se olhava também via o vulto de Luisa debaixo dos lençóis, encolhida às minhas costas, ou, melhor dizendo, apenas a superfície do vulto, a única coisa que, estando ela deitada, aparecia no campo visual do espelho de meio corpo. Para vê-la mais, sua cabeça, tinha de me erguer. Depois dessa última frase de Miriam pareceu-me ouvir (mas talvez eu já tivesse elementos para imaginar o que não via e não ouvia) que se levantava irada e dava uma ou duas voltas pelo quarto, sem dúvida como o nosso (como se quisesse ir embora mas ainda não pudesse e esperasse alguma coisa, a dissipação de sua raiva), pois chegou até mim o rangido da madeira pisada: se assim era, tinha tirado os sapatos de fato, não eram batidas de calçados mas ruído de calcanhares e de dedos, quem sabe se estava despida, se não tinham tirado a roupa os dois enquanto eu ainda não ouvia nada, se tinham iniciado suas efusões e as tinham interrompido ou deixado pela metade para falar com a exasperação que lhes era própria

e habitual. Um casal, pensei, que depende e vive de seus obstáculos: um casal que se desfará quando estes já não existirem, se não for desfeito antes por esses mesmos obstáculos tão cansativos e prolongados, que no entanto terão de alimentar e tratar e procurar tornar eternos, se já chegaram ao momento de não poder passar sem você e sem mim, ou sem um e outro.

"Quer mesmo que eu deixe você em paz?"

Não houve resposta ou ele não a esperou o bastante, porque então, mais firme, porém sempre em sussurros que soavam ferinos, continuou a serra:

"Diga, é isso que você quer? Que eu não ligue mais quando vier? Que você não saiba que cheguei e estou aqui, nem quando? Que passem dois meses, depois três e outros dois e nesse meio tempo você não me veja nem saiba nada de mim, nem se minha mulher já morreu?"

O homem também devia ter se levantado (não sei se da cama ou de uma poltrona) e se aproximado de onde ela estava, em pé, provavelmente não nua, apenas descalça, ninguém fica nu no meio de um quarto mais do que alguns segundos, ou vai para outro lugar e pára, no banheiro ou diante de uma geladeira. Mesmo que esteja fazendo muito calor. Fazia muito calor. A voz do homem continuou, agora com mais calma e talvez por isso já sem sussurro, sempre impostada como a de um cantor que a está medindo até quando discute; também era aguda em tom normal, definitivamente, vibrada como a de um pregador ou um cantor de gôndola.

"Eu sou sua esperança, Miriam. Estou sendo há um ano e ninguém pode viver sem uma esperança. Você acha que vai encontrar outra tão facilmente? Claro que não na colônia, ninguém vai se meter onde eu já estive."

"Você é um filho da puta, Guillermo", disse ela.

"Pense o que quiser, você verá."

Os dois tinham se replicado com celeridade, talvez Miriam houvesse acompanhado sua frase com algum gesto ignorado de seu braço expressivo. E de novo

houve um silêncio, o silêncio ou a pausa necessários para que quem insultou possa retroceder e reconciliar-se sem retirar o insulto nem pedir perdão; quando há abuso mútuo o dito acaba se diluindo sozinho, como as brigas entre irmãos quando ainda são pequenos. Ou se acumula, mas sempre fica para depois. Miriam devia estar pensando. Devia pensar o que certamente sabia de sobra e teria pensado tantas vezes, a mesma coisa que eu pensava embora não soubesse de nada nem contasse com os antecedentes. Eu pensava que o homem Guillermo estava certo e com as cartas na mão. Achava que a Miriam só restava continuar esperando e tornar-se cada vez mais imprescindível por qualquer meio, mesmo que fraudulento, e procurar insistir o menos possível, portanto não voltar a ordenar ou exigir a morte violenta daquela mulher que se achava na Espanha doente e não estava a par do que acontecia em Havana cada vez que seu marido diplomata ou industrial ou quem sabe comerciante viajava para lá a negócio ou em missão. Pensei que Miriam também podia ter razão em suas suspeitas e queixas, que podia ser tudo uma tapeação e que não existisse essa esposa na Espanha, ou existia mas estava em perfeita saúde e ignorava que para uma desconhecida mulata de outro continente ela era uma moribunda de quem se esperava e se desejava a morte, por cuja morte talvez se rezasse ou, pior ainda, cuja morte naquele outro extremo do mundo se antecipasse com o pensamento e com a palavra, ou se acelerasse.
    Não sabia de que lado me colocar, porque quando você assiste a uma discussão (ainda que não a veja e apenas a ouça: quando você assiste a *alguma* coisa e começa a saber dessa coisa) não pode ficar quase nunca totalmente imparcial, sem sentir simpatia ou antipatia, raiva ou piedade por um dos contendores ou por um terceiro de que se fala, a maldição do que vê ou ouve. Dei-me conta de que não sabia pela impossibili-

dade de saber a verdade, a qual, todavia, nem sempre me pareceu determinante para a hora de tomar partido pelas coisas ou pelas pessoas. Talvez o homem tenha embrulhado Miriam com falsas promessas cada vez mais insustentáveis, mas também era possível que não, que ela, em compensação, só se interessasse por Guillermo para sair do isolamento e da escassez, de Cuba, para melhorar, para se casar ou antes estar casada com ele, para não continuar ocupando seu próprio lugar e ocupar o de outra pessoa, muitas vezes o mundo inteiro se move apenas para deixar de ocupar seu lugar e usurpar o de outro, só por isso, para se esquecer de si mesmo e enterrar o que foi, todos nós nos cansamos indizivelmente de ser o que somos e o que fomos. Perguntei-me há quanto tempo Guillermo estaria casado. Eu estava casado havia apenas duas semanas, e a última coisa que queria era que Luisa morresse, ao contrário, era justamente essa ameaça trazida por sua doença momentânea que me angustiava fazia um momento. O que eu estava ouvindo do outro lado da parede não contribuía para me tranquilizar, ou para pôr fim àquele meu mal-estar que, sob diferentes formas, como já disse, me rondava desde a cerimônia. Aquela conversa espreitada estava aguçando minha sensação de desastre, e de repente fitei-me de propósito no espelho mal-iluminado que tinha em frente (a única luz acesa estava longe dele), de mangas arregaçadas, minha figura sentada na penumbra, um homem ainda jovem, se eu me olhasse com benevolência ou retrospectivamente, com vontade de reconhecer aquele que eu vinha sendo, mas quase de meia-idade se me olhasse com antecipação ou com pessimismo, adivinhando-me dali a muito pouco tempo. Do outro lado, além do espelho ensombrecido, havia outro homem com quem uma mulher me confundira da rua e que talvez, portanto, tivesse comigo certa semelhança, podia ser um pouco mais velho, por isso ou por ser casado havia mais tempo, o suficiente, pensei, para querer a morte de sua esposa, para empurrá-la a ela, como dissera. Aquele homem tivera, quando quer que tivesse sido, sua viagem de lua-de-mel, tivera a mesma sensação de inauguração e fim que eu experimentava agora, teria empenhado seu futuro concreto e perdido seu futuro abstrato, a ponto de necessitar procurar ele também sua esperança na ilha de Cuba, aonde ia com freqüência a trabalho. Também Miriam era a esperança dele, alguém de quem se ocupar, alguém por quem se preocupar e se afligir e de quem ter medo talvez (não me esquecia do gesto de pegar, da garra, quando esse gesto fora dirigido a mim, "Você é meu", "Vou te pegar", "Venha cá", "Está em débito", "Eu te mato"). Olhei-me no espelho e endireitei-me um pouco, para que meu rosto ficasse melhor iluminado pela distante luz do criado-mudo e meus traços não me parecessem tão sombrios, tão anuviados, tão sem meu passado, tão cadavéricos; ao fazê-lo entrou no campo visual do espelho a cabeça de Luisa mais iluminada por sua proximidade da lâmpada, e vi então que estava de olhos abertos e como que ausentes, com o polegar roçando os lábios, acariciando-os, um gesto freqüente entre os que escutam, ou nela quando o faz. Ao perceber que eu a estava vendo refletida, fechou os olhos imediatamente e imobilizou o polegar, como se quisesse que eu continuasse acreditando que estava dormindo, como se não desejasse dar ensejo a que ela e eu conversássemos agora nem depois sobre o que ambos – eu o descobria agora – tínhamos ouvido o compatriota Guillermo e a branca mulata Miriam dizerem. Pensei que o mal-estar que eu experimentava ela devia sentir mais ainda, redobrado (uma mulher que aspirava a esposa, uma esposa que aspirava a morta), a ponto de preferir que cada um escutasse por sua conta, sozinho, não juntos, e cada um guardasse para si, inexprimidos, os pensamentos e sentimentos que nos suscitavam a conversa contígua e a situação que se desprendia dela, e um ignorasse os do outro, talvez os mesmos. Isso me fez suspeitar no mesmo instante que talvez, ao contrário do que parecia (estivera tão contente durante a cerimônia, manifestava-me sua ilusão sem reservas, estava aproveitando tanto a viagem, dera-lhe tanta raiva perder uma tarde de turismo e passeio em Havana por causa de sua indisposição), também ela se sentia ameaçada e inquieta pela perda de seu futuro, ou por alcançá-lo. Entre nós não havia abuso, portanto o que dizíamos, o que disséssemos, discutíssemos ou pudéssemos nos reprovar (o que nos perturbasse) não iria diluir-se por si só ou após um silêncio, mas iria ter seu peso, iria influir no que viesse depois, no que fosse passar-se conosco (e ainda tínhamos de passar meia vida unidos); e, do mesmo modo que eu me abstivera de formular o que estou formulando agora (meus pressentimentos desde o casamento e mais tarde), via que Luisa fechava os olhos para que eu não pudesse fazê-la participar de minhas impressões acerca de Guillermo e Miriam e da mulher espanhola doente, nem ela a mim das suas. Não era desconfiança nem falta de companheirismo nem vontade de esconder. Era simplesmente instalar-se na convicção ou na superstição de que não existe o que não se diz. E é verdade que somente o que não se diz nem se exprime é o que nunca traduzimos.

Enquanto fazia essas reflexões (mas foram muito rápidas) e espiava durante alguns segundos (mas foram prolongados, não sei se minutos) a cabeça de Luisa através do espelho e via que ela persistia em manter fechados os olhos que estiveram abertos e meditativos, perdi momentaneamente a noção do tempo e a atenção (olhava, logo não ouvia), ou talvez Guillermo e Miriam tenham continuado calados e feito dessa pausa uma reconciliação sem palavras, ou baixado tanto a voz que já não era com sussurros cortantes que falavam, mas com cochichos absolutamente inaudíveis de meu lado da parede. Voltei a prestar atenção e durante um instante não ouvi nada, não se ouvia nada, até me perguntei se naqueles instantes de distração minha teriam saído do quarto sem que eu percebesse, talvez tivessem decidido fazer uma trégua para ir comer alguma coisa, pode ser que o encontro original tivesse sido apenas para isso e não para se encontrarem lá em cima. Não pude evitar de pensar que sua reconciliação sem palavras, se acontecesse, teria de ser também uma reconciliação sexual, pois quando há abuso mútuo os sexos são às vezes a única coisa reconciliável, e que talvez estivessem de pé e vestidos no meio do quarto, idêntico ao meu, onde teriam se encontrado antes de Miriam dizer a última coisa que eu havia escutado, "Você é um filho da puta, Guillermo", que teria dito descalça. As pernas tão fortes dela, pensei, podiam agüentar um bom momento de pé qualquer acometida sem fraquejar nem retroceder nem procurar apoio, como tinham esperado na rua fincadas como facas, agora já não se preocuparia com as pregas rebeldes da saia se ainda a vestisse, a saia toda pregas agora, e por fim esquecida a bolsa, ou a saia em cima de uma cadeira. Não sei, não se ouvia nada, nem respirações, por isso, com muito cuidado mas na realidade não tanto porque já sabia que Luisa estava acordada e em todo caso fingiria continuar dormindo, me levantei do pé da cama e saí de novo à sacada. Agora já era noite também horária e os havaneses deviam estar jantando, as ruas que se divisavam do hotel estavam quase vazias, ainda bem que Miriam não continuava esperando abandonada por todos. A lua era carnuda e o ar parado. Estávamos numa ilha, no outro extremo do mundo do qual uma quarta parte de mim procedia; o lugar em que se consolidara tudo o que era nosso e em que viveríamos juntos, Madri, nosso matrimônio, ficava muito longe, e era como se essa lonjura do lugar que nos havia unido nos separasse também um pouco em nossa viagem de lua-de-mel, ou talvez nos afastássemos porque não compartilhávamos o que para nenhum de nós era um segredo mas estava se transformando num segredo por não o compartilharmos. A lua era carnuda e a mesma. Talvez de longe seja possível desejar e acelerar a morte de quem nos é tão próximo, pensei, debruçado. Talvez fazê-lo à distância, planejá-la à distância, transforme isso numa brincadeira e numa fantasia, e são todas admissíveis, as fantasias. Não o são os fatos, para os quais não há emenda nem volta atrás, apenas ocultamento. Para as palavras ouvidas nem mesmo isso, mas no máximo esquecimento, com muita sorte.

De repente, da sacada, através dela e não mais da parede, através da sacada deles que ficara entreaberta e da nossa que permanecia aberta e em que eu me achava debruçado, voltei a ouvir a voz de Miriam com clareza, e agora não falava mas cantarolava, e o que cantarolou foi isto:

"Mamita mamita, yen yen yen, serpiente me traga, yen yen yen."*

Interrompeu a cantiga apenas iniciada e, sem transição (nem exasperação), disse a Guillermo:

"Você tem de matá-la."

"Está bem, está bem, vou matar, agora continue me acariciando", respondeu ele. Mas isso não me alterou nem me preocupou nem me sobressaltou (não sei se a Luisa), porque ele dissera aquilo como uma mãe enfastiada que responde qualquer coisa, sem pensar, a um filho insistente que se empenha no que não é possível. Mais ainda, pensei saber então, por essa resposta, que, se aquela mulher existisse na Espanha, Guillermo não lhe faria mal e que naquela situação ou história quem sairia maltratada seria Miriam, em todo caso. Pensei saber então que Guillermo mentia (mentia em alguma coisa) e supus que Luisa, tão acostumada quanto eu a traduzir e perceber os tremores e detectar a sinceridade

---

* "Mamãezinha mamãezinha, nhém nhém nhém, uma cobra está me comendo, nhém nhém nhém."

da fala, também devia ter se dado conta disso e sentido alívio não com relação a Miriam, mas com relação à mulher doente.

E Miriam, que nesse momento não teria se dado conta da insinceridade de Guillermo ou teria resolvido descansar um instante e não se dar conta ou voltar a se enganar ou simplesmente renunciar por uns instantes ao afã de sua vida, cantarolou mais um pouco, e eu sabia o que iria cantar. Passara mais tempo do que eu pensava, pensei, não podia ser, não tinha passado tanto para que pudessem ter levado a cabo uma reconciliação sexual silenciosa e em regra e estivessem agora apaziguados por ela. Mas devia ter sido assim, pois era como se os dois estivessem acalmados e deitados, Miriam até distraída, cantava distraidamente, com as interrupções próprias de quem na realidade cantarola sem perceber o que faz, enquanto se limpa com parcimônia ou acaricia quem está a seu lado (uma criança para quem se canta). E o que cantarolou foi isto:
"Mentira mi suegra, yen yen yen, que estamos jugando, yen yen yen, al uso de mi tierra, yen yen yen."*

Estas palavras sim me sobressaltaram, mais ainda que as primeiras da cantiga, pelo que tinham de confirmação (às vezes ouve-se bem mas não se dá crédito a seus ouvidos), e senti um ligeiro calafrio como os que Luisa tinha sofrido no começo de sua indisposição. E Miriam acrescentou em tom neutro, se não desmaiado, também agora sem transição:
"Se você não a matar me mato eu. Você vai ter uma morta, ou ela ou eu."

Guillermo não respondeu desta vez, mas meu sobressalto e meu calafrio eram anteriores às frases de Miriam e deviam-se à canção, que eu conhecia de muito antes porque minha avó a cantava para mim quando eu

---
* "Mentira minha sogra, nhém nhém nhém, estamos brincando, nhém nhém nhém, como se faz na minha terra, nhém nhém nhém."

era criança, ou, melhor dizendo, não cantava para mim, pois não era precisamente uma canção para crianças, na realidade fazia parte de uma história ou conto que, embora também não fosse para crianças, ela me contava para me meter medo, um medo irresponsável e risonho. Mas, além disso, às vezes, quando estava aborrecida sentada numa cadeira de sua casa ou da minha, abanando-se com o leque e vendo passar a tarde enquanto esperava que minha mãe viesse me buscar ou substituí-la, cantarolava canções sem perceber, para se distrair sem o propósito de se distrair, cantarolava sem notar o que fazia, com a mesma falta de vontade e desatenção com que Miriam cantarolara agora diante de uma sacada entreaberta, e com o mesmo sotaque. Era aquele canto inconsciente que não tem destinatário, o mesmo canto das empregadas quando esfregavam o chão ou penduravam roupa com pregadores, ou passavam aspirador ou preguiçosos espanadores nos dias em que eu estava doente e não ia à escola e via o mundo do meu travesseiro, ouvindo-as em seu espírito matinal, tão diferente do vespertino; o mesmo trautear insignificante de minha própria mãe quando se penteava ou punha alfinetes nos cabelos diante do espelho ou colocava o pente e se pendurava brincos compridos para ir domingo à missa, aquele canto feminino entre os dentes (pregadores ou alfinetes de cabelo entre os dentes) que não se canta para ser escutado, menos ainda interpretado ou traduzido, mas que alguém, o menino refugiado em seu travesseiro ou apoiado na moldura de uma porta que não é a de seu quarto, ouve e aprende e não esquece mais, mesmo que somente porque esse canto, sem vontade nem destinatário, é apesar dos pesares emitido e não se cala nem se dilui depois de cantado, quando lhe segue o silêncio da vida adulta, ou talvez masculina. Esse canto indeliberado e flutuante deve ter sido cantarolado em todas as casas da Madri da minha infância todas as manhãs ao longo de muitos anos, como uma mensagem sem significado que unia a cidade inteira e a aparentava e harmonizava, um persistente véu sonoro e contagioso que a cobria, dos pátios aos portões, diante das janelas e pelos corredores, nas cozinhas e nos banheiros, pelas escadas e nos terraços, com aventais, guarda-pós, penhoares, camisolas e vestidos caros. Foi cantarolado por todas as mulheres daquele tempo que não está muito distante deste, as empregadas de manhãzinha espreguiçando-se e as senhoras ou mães um pouco mais tarde, quando se arrumavam para ir às compras ou fazer alguma coisa supérflua na rua, todas elas igualadas e unidas por seu contínuo e comum zumbido e acompanhadas às vezes pelo assobio dos garotos que não estavam nos colégios e ainda participavam, por isso, do mundo feminino em que se desenvolviam: os garotos das lojas com suas bicicletas de entrega e suas pesadas caixas, os garotos doentes em suas camas salpicadas de gibis, figurinhas e histórias, os garotos trabalhadores e os garotos inúteis, assobiando e invejando-se mutuamente. Esse canto foi cantado em todas as acasiões e a cada dia, com vozes eufóricas e vozes pesarosas, estridentes e decaídas, morenas e melodiosas e desafinadas e louras, em todos os estados de espírito e em qualquer circunstância, sem que nunca dependesse do acontecido nas casas nem nunca ninguém o julgasse: como cantarolou uma criada enquanto olhava derreter-se uma torta de sorvete na casa de meus avós, quando eles ainda não o eram porque eu nem mesmo havia nascido nem tinha a possibilidade de fazê-lo; e como assobiou um rapaz naquele mesmo dia e naquela mesma casa ao se aproximar de um banheiro em que talvez uma mulher também tivesse trauteado um tanto cheia de medo e molhada de pranto e água muito pouco antes. E esse canto cantavam as avós e também as viúvas e as solteironas pelas tardes com voz mais quebradiça e tênue, sentadas em suas cadeiras de balanço ou sofás ou poltronas, vigiando e entretendo os netos ou espiando com o canto do olho retratos de pessoas já idas ou que não souberam reter a tempo, suspirando e abanando-se com o leque, abanando-se a vida inteira, mesmo que fosse outono e mesmo que fosse inverno, suspirando e cantarolando e contemplando passar o tempo passado. E à noite, mais intermitente e disperso, o canto podia continuar sendo ouvido nos quartos das mulheres afortunadas, ainda não avós nem viúvas nem já solteironas, mais tranqüilo e mais doce ou mais vencido, prelúdio do sono e expressão do cansaço, o mesmo que Miriam tinha me permitido ouvir de seu quarto de hotel igual ao meu, já de noite e com tanto calor em Havana, durante minha viagem de lua-de-mel com Luisa e enquanto Luisa não cantava nem dizia nada, mas apertava seu rosto contra o travesseiro.

Minha avó cantava sobretudo as canções de sua própria infância, canções de Cuba e das aias negras que tinham cuidado dela até os dez anos, idade em que saiu de Havana para se mudar para o país a que ela, seus pais e suas irmãs acreditavam pertencer e só conheciam de nome, além do oceano. Canções ou contos (já não lembro ou não os distingo) com personagens animais de nomes absurdos, a Vaca Verum-Verum e o Macaco Chirrinchinchim, histórias tétricas ou africanas, porque a Vaca Verum-Verum, eu lembro, era muito querida pela família que a possuía, uma vaca benfeitora e amiga, uma vaca como uma aia ou como uma avó, mas um dia, premidos pela fome ou por um mau pensamento, os membros da família decidiam matá-la, assá-la e comê-la, o que, compreensivelmente, a pobre Verum-Verum não perdoava a pessoas tão próximas, e a partir do momento em que cada membro da família provou um bocado da sua carne cortada em pedaços e já velha (e portanto incorreu numa espécie de metafórica antropofagia), ali mesmo, na sala de jantar, começou a retumbar em seus estômagos uma voz cavernosa que nunca mais cessou e que repetia incansavelmente com a voz que minha avó fazia cava para surtir efeito sufocando o riso: "Vaca Verum-Verum, Vaca Verum-Verum", e assim até sempre em seus estômagos. Quanto ao Macaco Chirrinchinchim, acho que esqueci suas peripécias por serem demasiado atropeladas, mas em todo caso se não me engano sua sorte não era mais benigna e ele acabava igualmente no espeto de algum homem branco inescrupuloso. Aquela cantiga que Miriam cantara no quarto ao lado não tinha nenhum significado para Luisa, e nisso, em nosso conhecimento ou entendimento do que estava acontecendo e se estava dizendo através da sacada ou da parede, havia agora pelo menos uma diferença segura. Porque minha avó costumava me contar aquela história breve ou incompleta aprendida com suas aias negras, em cujo simbolismo sexual meridiano eu por certo nunca havia reparado até aquele momento, em que a ouvia de Miriam, ou, melhor dizendo, em que ouvia seu canto funesto e um pouco cômico que fazia parte dessa história que minha avó me contava para me meter um medo pouco duradouro e tingido de gracejo (ensinava-me o medo e a rir do medo): a história dizia que uma jovem de grande beleza e maior pobreza era pedida em casamento por um estrangeiro muito rico, bem-posto e com muito futuro, um homem estrangeiro que se instalava em Havana com os maiores luxos e os projetos mais ambiciosos. A mãe da moça, viúva e dependente de sua filha única, ou antes do acerto de suas necessárias núpcias, não cabia em si de contente e concedia sua mão ao extraordinário estrangeiro sem hesitar um instante. Mas na noite de núpcias, do quarto dos recém-casados a cuja porta devia montar suspeitosa ou viciosa guarda, a mãe ouvia a filha cantar, uma e outra vez ao longo da longa noite, seu pedido de ajuda: "Mamita mamita, yen yen yen, serpiente me traga, yen yen yen." O possível alarme daquela mãe cobiçosa ficava porém tranqüilizado com a reiterada e estapafúrdia resposta do genro, que a cantava uma e outra vez através da porta e ao longo da longa noite: "Mentira mi suegra, yen yen yen, que estamos jugando, yen yen yen, al uso de mi tierra, yen yen yen." Na manhã seguinte, quando a mãe e agora sogra decidiu entrar no quarto dos noivos para lhes levar o café da manhã e ver suas caras de felicidade, deparou com uma enorme cobra em cima da cama ensangüentada e desfeita, na qual não havia porém sinal de sua infortunada, promissora e querida filha.

Lembro-me de que minha avó ria depois de contar essa macabra história à qual eu talvez tenha acrescentado agora algum detalhe mais macabro devido à minha idade adulta (não creio que ela mencionasse de maneira nenhuma o sangue nem a longuidão da noite); ria um pouco com riso infantil e se abanava (talvez o riso de seus dez ou menos anos, o riso ainda cubano), tirando importância da história e conseguindo que tampouco eu lhe desse importância com meus também dez ou menos anos, ou talvez o medo que aquele conto podia infundir fosse tão-somente um medo feminino, um medo de filhas e mães e esposas e sogras e avós e aias, um medo pertencente à mesma esfera do instintivo canto das mulheres ao longo do dia e ao fim da noite, em Madri ou Havana ou em qualquer parte, esse canto de que também participam as crianças, que depois o esquecem quando deixam de sê-lo. Eu o esquecera, mas não inteiramente, pois só esquecemos de verdade quando continuamos sem lembrar depois de nos obrigarem a lembrar. Eu tinha esquecido aquela cantiga durante muitos anos, mas a voz distraída ou vencida de Miriam não precisou insistir nem se esforçar para que minha memória o recuperasse durante minha viagem de lua-de-mel com minha mulher Luisa, que jazia doente na cama e naquela noite de carnuda lua via o mundo a partir de seu travesseiro, ou talvez não estivesse disposta a vê-lo.

Voltei para seu lado e acariciei seus cabelos e sua nuca, outra vez suados, ela estava com o rosto virado

para os armários, talvez atravessado de novo por falsas rugas capilares e premonitórias, sentei-me à sua direita e acendi um cigarro, a brasa brilhou no espelho, eu não quis me olhar. Sua respiração não era a de alguém que dorme, e lhe sussurrei no ouvido:
– Amanhã você estará bem, meu amor. Durma agora.

Fumei um instante sentado no lençol, já sem ouvir nada procedente do quarto contíguo: a cantiga de Miriam tinha sido o prelúdio do sono e a expressão do cansaço. Fazia calor demais, eu não tinha jantado, não estava com sono, não me sentia cansado, não cantarolei, não apaguei ainda a lâmpada. Luisa estava desperta mas não falava comigo, nem mesmo respondeu à minha frase de bons augúrios, como se tivesse ficado zangada comigo através de Guillermo, pensei, ou através de Miriam, e não quisesse manifestar sua zanga, melhor esperar que se diluísse no sono que não chegava para nós. Pareceu-me ouvir que Guillermo fechava sua sacada agora, mas eu já não estava debruçado na minha nem me aproximei dela para verificar. Sacudi a cinza do cigarro com má pontaria e força demais e a brasa caiu no lençol, e antes de recolhê-la com meus próprios dedos para jogá-la no cinzeiro, onde se consumiria sozinha e não queimaria, vi como começava a fazer um buraco orlado de lume no lençol. Creio que o deixei crescer mais do que o prudente, porque fiquei olhando para ele durante uns segundos, observando como crescia e ia se alargando o círculo, uma mancha ao mesmo tempo preta e ardente que comia o lençol.

Tinha conhecido Luisa quase um ano antes no exercício do meu trabalho, de uma maneira um pouco cômica e também um pouco solene. Como já disse, ambos nos dedicamos sobretudo a ser tradutores ou intérpretes (para ganhar dinheiro), eu mais que ela ou com maior constância, o que não quer dizer de modo nenhum que eu seja mais competente, ao contrário, ela é mais, ou pelo menos assim foi julgado na ocasião de nosso conhecimento, ou foi julgado que ela era mais fiável em conjunto. Por sorte não nos limitamos a prestar nossos serviços nas sessões e escritórios dos organismos internacionais. Embora isso ofereça a comodidade incomparável de na realidade só se trabalhar a metade do ano (dois meses em Londres ou Genebra ou Roma ou Nova York ou Viena ou até Bruxelas, depois dois meses de descanso em casa, para voltar outros dois ou menos aos mesmos lugares ou mesmo a Bruxelas), a tarefa de tradutor ou intérprete de discursos e relatórios é das mais enfadonhas, tanto pelo jargão idêntico e no fundo incompreensível que sem exceção empregam todos os parlamentares, delegados, ministros, governantes, deputados, embaixadores, especialistas e representantes em geral de todas as nações do mundo, quanto pela índole invariavelmente letárgica de todos os seus discursos, apelos, protestos, exortações e informes. Alguém que não tenha praticado esse ofício pode pensar que deve ser divertido ou pelo menos interessante e variado, mais ainda, pode chegar a pensar que em certo sentido está no meio das decisões do mundo e recebe em primeira mão uma informação completíssima e privilegiada, informação sobre todos os aspectos da vida dos diferentes povos, informação política e urbanística, agrícola e armamentista, pecuária e eclesiástica, física e lingüística, militar e olímpica, policial e turística, química e publicitária, sexual e televisiva e virológica, desportiva e bancária e automobilística, hidráulica e polemologista e ecologista e costumista. É verdade que ao longo da minha vida traduzi discursos ou textos de toda sorte de personagens sobre os temas mais inesperados (no começo de minha carreira chegaram a estar em minha boca as palavras póstumas do arcebispo Makarios, para citar alguém infreqüente), e fui capaz de repetir em minha língua, ou em outra das que entendo e falo, longas perorações sobre temas tão absorventes quanto as formas de irrigação na Sumatra ou as populações marginais da Suazilândia e de Burkina (antes Burkina Fasso, capital Uagadugu), que vão muito mal como em toda parte; reproduzi complicados raciocínios acerca da conveniência ou da humilhação de instruir sexualmente as crianças em dialeto vêneto; sobre a rentabilidade de continuar financiando as tão mortíferas e caras armas da fábrica sul-africana Armscor, já que em teoria não podiam ser exportadas; sobre as possibilidades de edificar mais uma réplica do Kremlin em Burundi ou Malawi, creio (capitais Bujumbura e Zomba); sobre a necessidade de destacar de nossa península o reino inteiro de Levante (incluindo Murcia) para transformá-lo em ilha e evitar assim as chuvas torrenciais e inundações de todos os anos, que oneram nosso orçamento; sobre o mal-do-mármore em Parma, sobre a expansão da Aids nas ilhas Tristão da Cunha, sobre as estruturas futebolísticas dos Emirados Árabes, sobre o baixo moral das forças navais búlgaras e sobre uma estranha proibição de enterrar os mortos, que se amontoavam fedorentamente num descampado, sobrevinda faz uns anos em Londonderry por arbítrio de um prefeito que acabou sendo deposto. Tudo isso e ainda mais eu traduzi e transmiti e repeti religiosamente conforme os outros iam dizendo, especialistas e cientistas e luminares e sábios de todas as disciplinas e dos mais distantes países, gente insólita, gente exótica, gente erudita e gente eminente, prêmios Nobel e catedráticos de Oxford e Harvard que mandavam relatórios sobre as questões mais imprevistas encomendados a eles por seus governantes ou pelos representantes dos governantes ou pelos delegados dos representantes ou seus substitutos.

O caso é que nesses organismos a única coisa que na verdade funciona são as traduções, mais ainda, há neles uma verdadeira febre trasladatória, um tanto doentia, um tanto malsã, pois qualquer palavra que se pronuncie neles (em sessão ou assembléia) e qualquer papelório que lhes seja enviado, trate do que tratar e esteja em princípio destinado a quem estiver ou seja qual for o seu objetivo (inclusive se for secreto), é imediatamente traduzido para várias línguas por via das dúvidas. Os tradutores e intérpretes traduzem e interpretam continuamente, sem discriminação e quase sem descanso durante nossos períodos de trabalho, o mais das vezes sem que ninguém saiba muito bem para que se traduz nem para quem se interpreta, o mais das vezes para os arquivos quando é um texto e para quatro gatos pingados que além do mais também não entendem a segunda língua, a que interpretamos, quando é um discurso. Qualquer idiotice que qualquer idiota envie espontaneamente para um desses organismos é traduzida no mesmo instante para as seis línguas oficiais, inglês, francês, espanhol, russo, chinês e árabe. Tudo está em francês e tudo está em árabe, tudo está em chinês e tudo está em russo, qualquer disparate de qualquer espontâneo, qualquer idéia de qualquer idiota. Talvez não se faça nada com elas, mas em todo caso são traduzidas. Em mais de uma ocasião me passaram faturas para que eu as traduzisse, quando a única coisa que havia para fazer com elas era pagá-las. Essas faturas, estou convencido, serão guardadas até o fim dos tempos num arquivo, em francês e chinês, em espanhol e árabe, em inglês e russo, pelo menos. Uma vez me chamaram com urgência à minha cabine para que traduzisse o discurso (não escrito) que ia ser pronunciado por um indivíduo governante que, segundo eu mesmo lera em quatro colunas na imprensa de dois dias antes, fora morto em seu país de origem no transcurso de um golpe de Estado que alcançara plenamente seu propósito de derrubá-lo.

As maiores tensões que se produzem nesses foros internacionais não são as ferozes discussões entre delegados e representantes à beira de uma declaração de guerra, mas sim quando por algum motivo não há tradutor para traduzir algo ou este falha no meio de uma exposição por alguma razão sanitária ou psiquiátrica, o que acontece com relativa freqüência. É preciso ter nervos bem-temperados neste trabalho, mais que por causa da dificuldade em si de pegar e transmitir de primeira o que se diz (dificuldade grande), devido à pressão a que nos submetem os governantes e os especialistas, que ficam nervosos e até furiosos se vêem que alguma coisa do que dizem pode deixar de ser traduzida para alguma das seis línguas célebres. Somos constantemente vigiados, assim como nossos chefes imediatos e remotos (todos eles funcionários), para comprovar que nos encontramos em nossos postos vertendo tudo, sem omitir um vocábulo, para os demais idiomas que quase ninguém conhece. A única verdadeira preocupação dos delegados e representantes é serem traduzidos e interpretados, não que seus discursos e relatórios sejam aprovados e aplaudidos nem suas propostas levadas em conta ou a cabo, o que, de resto, quase nunca acontece (nem aprovação nem aplausos nem conta nem cabo). Numa reunião dos países da Commonwealth celebrada em Edimburgo, na qual portanto só estavam presentes conclavistas de língua inglesa, um relator australiano chamado Flaxman considerou um ultraje as cabines dos intérpretes estarem vazias e nenhum de seus colegas com fones de ouvido para ouvi-los através deles e não, como estavam fazendo, em linha reta do microfone até seus assentos tão cômodos. Exigiu que suas palavras fossem traduzidas e, ao ser lembrado de que não havia necessidade, franziu o cenho, imprecou grosseiramente e começou a forçar seu já embaraçoso sotaque australiano a ponto de torná-lo ininteligível para os membros dos outros países e até mesmo para alguns do seu próprio, que começaram a se queixar e foram vítimas do ato reflexo de todo congressista já traquejado em pôr os fones de ouvido quando alguém diz algo que não se entende. Ao verificarem que por aqueles fones não saía nada, ao contrário do que era costume (nem o menor som, claro ou escuro), redobraram protestos, em razão do que Flaxman ameaçou transferir-se em pessoa para uma das cabines e se traduzir de lá a si mesmo. Foi neutralizado quando já ia pelo corredor, e a toda pressa tiveram de improvisar um intérprete australiano que ocupou a cabine e foi pronunciando em inglês natural o que seu compatriota, um verdadeiro *larrikin*, para utilizar o termo que ele teria empregado, estava vociferando da tribuna com seu sotaque incompreensível dos subúrbios ou das docas de Melbourne ou Adelaide ou Sydney. Esse indivíduo representante, Flaxman, ao ver que por fim havia um tradutor em seu posto refletindo devidamente os conceitos de seu discurso, logo se tranqüilizou e voltou à sua dicção habitual e neutra e mais ou menos correta sem que seus colegas percebessem, já que tinham decidido ouvi-lo pela via indireta dos fones de ouvido, pelos quais tudo soa mais vacilante mas também mais importante. Produziu-se assim, como culminância da febre tradutória que perpassa e domina os foros internacionais, uma tradução do inglês para o inglês, ao que parece não totalmente exata, já que o congressista rebelde australiano perorava rápido demais para que o bisonho intérprete australiano pudesse repetir tudo na mesma velocidade e sem deixar escapar nada.

É curioso que no fundo todos os conclavistas confiem mais no que ouvem pelos fones de ouvido, isto é, nos intérpretes, do que no que ouvem (a mesma coisa, porém mais coesa) diretamente de quem fala, ainda que entendam perfeitamente a língua em que o orador está se dirigindo a eles. É curioso porque na realidade ninguém pode saber se o que o tradutor traduz de sua cabine isolada é correto ou verdadeiro, e nem é preciso dizer que em muitíssimas ocasiões não é nem uma coisa nem outra, seja por desconhecimento, preguiça, distração, idéia errônea ou ressaca do intérprete que está interpretando. Esta é a crítica que os tradutores (isto é, de textos) fazem aos intérpretes: enquanto as faturas e as idiotices que aqueles vertem em suas saletas obscuras estão expostas a revisões mal-intencionadas e seus erros podem ser detectados, denunciados ou mesmo multados, as palavras que se lançam irrefletidamente no ar das cabines ninguém controla. Os intérpretes odeiam os tradutores e os tradutores os intérpretes (como os simultâneos odeiam os sucessivos e os sucessivos os simultâneos), e eu, que fui ambas as coisas (agora apenas intérprete, apresenta maiores vantagens embora seja exaustivo e afete a psique), conheço bem seus respectivos sentimentos. Os intérpretes se consideram semideuses ou semidivas, já que estão à vista dos governantes e representantes e delegados substitutos e todos estes se desdobram por eles, melhor dizendo, por sua presença e trabalho. Em todo caso é inegável que podem ser divisados pelos dirigentes do mundo, o que os leva a andar sempre muito bem-vestidos dos pés à cabeça, e não é raro vê-los através do vidro pintando os lábios, penteando-se, ajustando melhor a gravata, arrancando pêlos com pinças, soprando poeiras do terno ou aparando as costeletas (todos sempre com o espelhinho à mão). Isso cria mal-estar e rancor entre os tradutores de textos, escondidos em suas salas compartilhadas e sórdidas, é verdade, mas com um sentido da responsabilidade que os faz considerarem-se infinitamente mais sérios e competentes do que os mimados intérpretes com suas bonitas cabines individuais, transparentes, insonorizadas e até aromatizadas conforme os casos (há favoritismos). Todos se desprezam e se detestam, mas no que todos somos iguais é em que nenhum de nós sabe nada sobre esses temas tão cativantes dos quais já mencionei alguns exemplos. Reproduzi esses discursos ou textos de que falei antes, mas não me lembro de uma só palavra do que diziam; não porque tenha passado o tempo e a memória tenha sua cota de informação conservável, mas porque no mesmo momento de traduzir tudo aquilo já não me lembrava de nada, isto é, já então não me dava conta do que o orador estava dizendo nem do que eu dizia em seguida ou, como se supõe que acontece, simultaneamente. Ele ou ela dizia e eu dizia ou repetia, mas de um modo mecânico que nada tem a ver com a intelecção, mais ainda, é incompatível com ela: só se você não compreende nem assimila em absoluto o que está ouvindo pode voltar a dizer com mais ou menos exatidão (sobretudo se recebe e solta sem pausa), e a mesma coisa sucede com os escritos desse gênero, nada literários, sobre os quais não há possibilidade de correção nem meditação nem volta. De modo que toda essa informação valiosa que alguém poderia pensar que nós, tradutores e intérpretes dos organismos internacionais, temos é algo que na realidade se nos escapa totalmente, de cabo a rabo e de cima a baixo, não sabemos nem uma palavra do que se forja e maquina e cozinha no mundo, nem temos a mínima idéia. E, embora às vezes, em nossos turnos de descanso, fiquemos escutando os próceres e não os traduzindo, a terminologia idêntica que todos eles empregam é incompreensível para qualquer pessoa em são juízo, de maneira que, se alguma vez nos ocorre reter algumas frases por algum motivo inexplicável, a verdade é que então nos esforçamos por esquecê-las deliberada e imediatamente, pois manter na cabeça esse galimatias inumano por mais tempo do que o imprescindível para vertê-lo para a segunda língua ou para o segundo galimatias é um tormento supérfluo e muito danoso para nosso maltratado equilíbrio.

Entre umas coisas e outras, muitas vezes me pergunto assustado se alguém sabe alguma coisa do que se diz nesses foros, sobretudo nas sessões estritamente retóricas. Pois, mesmo admitindo que entre si os conclavistas se compreendam em seu jargão selvagem, é absolutamente certo que os intérpretes podem variar a seu bel-prazer o conteúdo das alocuções sem que haja possibilidade de controle verdadeiro e tempo material para um desmentido ou uma emenda. A única maneira de nos controlar completamente seria pôr um segundo tradutor dotado de fones de ouvido e de microfone que por sua vez nos traduzisse simultaneamente para a primeira língua, de modo que se pudesse comprovar que efetivamente estamos dizendo o que estão dizendo na sala naquele momento. Mas nesse caso seria necessário um terceiro tradutor igualmente provido de seus aparelhos que por sua vez controlasse o segundo e o retraduzisse, e talvez um quarto para vigiar o terceiro, e assim, temo, até o infinito, tradutores controlando intérpretes e intérpretes controlando tradutores, relatores controlando congressistas e taquígrafos controlando oradores, tradutores controlando governantes e contínuos controlando intérpretes. Todo o mundo se vigiaria e ninguém escutaria nem transcreveria nada, o que, a longo prazo, levaria a suspender as sessões e os congressos e as assembléias e a fechar para sempre os organismos internacionais. É preferível, portanto, correr alguns riscos e suportar os incidentes (às vezes graves) e os mal-entendidos (duradouros às vezes) que inevitavelmente se produzem pelas imprecisões dos intérpretes, e se bem que não seja freqüente fazermos brincadeiras voluntárias (está em jogo nosso emprego) também não resistimos a introduzir falsidades de vez em quando. Tanto os representantes das nações como nossos chefes funcionais não têm outro remédio senão fiar-se em nós, como também as altas autoridades dos diferentes países quando nossos serviços são requisitados fora dos organismos, em algum dos encontros que chamam de *cúpula* ou nas visitas oficiais que se fazem em seus territórios amigos, inimigos ou neutros. É bem verdade que nessas ocasiões tão elevadas, das quais dependem importantes acordos comerciais, pactos de não-agressão, conspirações contra terceiros e até declarações de guerra ou armistícios, às vezes tenta-se um maior controle do intérprete por meio de um segundo tradutor que, claro, não retraduzirá (seria uma bagunça), mas ouvirá atentamente o primeiro e o vigiará, e confirmará que traduz ou não como se deve. Foi assim que conheci Luisa, que por alguma razão foi considerada mais séria, fiável e leal do que eu e escolhida como intérprete de guarda (intérpretes de segurança, chamam-nos, ou intérpretes-rede, que faz com que acabem chamando-os "o rede" ou "a rede", muito feio) para ratificar ou desautorizar minhas palavras durante os encontros pessoais de altíssimo nível realizados em nosso país há menos de dois anos entre nossos representantes e os do Reino Unido da Grã-Bretanha.

Esses escrúpulos não têm muito sentido, já que, na realidade, quanto mais altas as autoridades que se reúnem para falar, menos importância adquire o que dizem entre si e menos gravidade teria um erro ou transgressão de nossa parte. Suponho que essas precauções sejam observadas para salvar as aparências e para que nas fotos da imprensa e nas tomadas televisivas se vejam sempre esses indivíduos empertigados, sentados incomodamente numa cadeira entre dois dirigentes, que costumam ocupar, em compensação, macias poltronas ou sofás de cinemascope; e, se são dois os indivíduos sentados em duríssimas cadeiras com seus blocos de notas nas mãos, maior aspecto de gélida cúpula oferecerá o encontro aos espectadores das tomadas e aos leitores das fotos. Pois o caso é que nessas visitas as altíssimas autoridades viajam acompanhadas de toda uma comitiva de técnicos, peritos, cientistas e especialistas (sem dúvida os mesmos que escrevem os discursos que eles pronunciam e nós traduzimos), quase invisíveis para a imprensa e que por sua vez, porém, se reúnem nos bastidores com seus colegas peritos e especialistas do país visitado. São eles que discutem e decidem e sabem, redigem os acordos bilaterais, estabelecem os termos de cooperação, se ameaçam velada ou abertamente, ventilam os litígios, fazem mútuas chantagens e procuram tirar o maior proveito para seus respectivos Estados (costumam falar idiomas e ser muito maldosos, às vezes nem lhes fazemos falta). As mais altas autoridades, em compensação, não têm a menor noção do que se trama, ou ficam sabendo quando tudo acabou. Simplesmente emprestam sua cara para as fotos e filmagens, celebram algum banquete multitudinário ou um baile de gala e estampam a assinatura nos documentos que seus técnicos lhes passam no final da viagem. O que dizem entre si, portanto, quase nunca tem a menor importância e, o que é mais embaraçoso, com freqüência não têm absolutamente nada a se dizer. Todos os tradutores e intérpretes sabem disso, no entanto devemos estar sempre presentes a esses encontros privados por três motivos principais: as mais altas autoridades em geral desconhecem as línguas, se nos ausentássemos elas sentiriam que não se estava dando a seu bate-papo o realce adequado, e se houver alguma altercação poderão pôr a culpa em nós. Naquela ocasião a alta autoridade espanhola era masculina e a alta autoridade britânica, feminina, de modo que deve ter parecido apropriado que o primeiro intérprete fosse por sua vez masculino e o segundo ou "rede", feminino, para criar uma atmosfera cúmplice e sexualmente equilibrada. Fiquei em minha torturadora cadeira no meio dos dois dirigentes, e Luisa em sua mortificante cadeira um pouco à minha esquerda, isto é, entre a alta autoridade feminina e eu, mas um tanto apartada, como uma figura supervisora e ameaçadora, que me espiava a nuca e que eu só podia ver (mal) com o rabo do meu olho esquerdo (via perfeitamente, isso sim, suas pernas cruzadas de grande altura e seus sapatos Prada novos, a marca era o que estava mais perto de mim). Não negarei que prestei bastante atenção nela (isto é, involuntariamente) ao entrar na saleta íntima (péssimo gosto), quando me foi apresentada e antes de me sentar, enquanto os fotógrafos faziam suas fotos e as duas altas autoridades fingiam conversar entre si diante das câmaras de televisão; fingiam, pois nem nossa alta autoridade sabia uma palavra de inglês (bom, ao se despedir atreveu-se a um "Good luck") nem a alta autoridade britânica uma de castelhano (embora tenha me dito "Buen día" ao apertar-me ferreamente a mão). De modo que, enquanto um murmurava em espanhol coisas inaudíveis e totalmente desconexas para os câmaras e fotógrafos, sem deixar de olhar para sua convidada com um largo sorriso, como se estivesse regalando seu ouvido (para mim eram audíveis: creio recordar que repetia "Um, dois, três, quatro, cinco, seis, bons momentos passaremos outra vez"), a outra resmungava coisas sem sentido em sua língua superando o sorriso dele ("Cheese, cheese", dizia, como se aconselha qualquer pessoa fotografada a dizer no mundo anglo-saxão, depois onomatopéias intraduzíveis como "Tweedle tweedle, biddle diddle, twit and fiddle, tweedle twang").

Eu, de minha parte, reconheço que também sorri muito para Luisa involuntariamente durante aqueles prolegômenos em que nossa intervenção ainda não era necessária (retribuiu-me apenas meios sorrisos, afinal de contas estava ali para me inspecionar), e, quando passou a ser e nos sentamos, não houve meio de poder continuar olhando para ela nem lhe sorrindo, pela disposição já descrita de nossas criminosas cadeiras. Para dizer a verdade, nossa intervenção ainda demorou um pouco para se tornar necessária, já que, quando os jornalistas foram convidados a se retirar ("Agora chega", disse-lhes nossa alta autoridade levantando a mão, a do anel) e um camarista ou factótum fechou a porta por fora e ficamos os quatro a sós prontos para a eminente conversa, eu com meu bloco de notas e Luisa com o seu no colo, produziu-se um abrupto silêncio dos mais imprevistos e dos mais incômodos. Minha missão era delicada e meus ouvidos estavam particularmente atentos, à espera das primeiras palavras sensatas que me dariam o tom e que eu deveria traduzir de imediato. Olhei para nosso dirigente e olhei para a dirigente deles e voltei a olhar para o nosso. Ela estava observando as unhas com expressão perplexa e os cremosos dedos a certa distância. Ele apalpava os bolsos do paletó e da calça, não como quem não consegue achar o que de fato está procurando, mas como quem finge não encontrar para ganhar tempo (por exemplo a passagem que um fiscal pede no trem para quem não a tem). Tinha a sensação de estar na sala de espera do dentista e por um momento temi que nosso representante fosse tirar umas revistas e distribuí-las a nós. Atrevi-me a virar a cabeça para Luisa com sobrancelhas interrogativas, e ela me fez com a mão um gesto (não severo) recomendando-me paciência. Por fim a alta autoridade espanhola tirou de um bolso já dez vezes apalpado uma cigarreira metálica (um tanto cafona) e perguntou à sua colega:

– Escute, se incomoda se eu fumar?

Apressei-me a traduzir.

– Do you mind if I smoke, Madam? – disse eu.

– Não, se soprar a fumaça para cima, senhor – respondeu a alta autoridade britânica deixando de olhar para as unhas e alisando a saia, e eu me apressei a traduzir como acabo de fazer.

A alta autoridade acendeu uma cigarrilha (tinha tamanho e forma de cigarro, mas era castanho-escura, eu diria uma cigarrilha), deu umas duas baforadas e tratou de soprar a fumaça para o teto, que, segundo notei, tinha manchas. Voltou a reinar o silêncio e pouco depois ele se levantou de sua poltrona folgada, aproximou-se de uma mesinha em que havia várias garrafas, preparou um uísque com gelo (achei estranho que nenhum garçom ou *maître* o servisse antes) e perguntou:

– A senhora não bebe, não é?

Traduzi, como também a resposta, acrescentando de novo "senhora" no fim da pergunta.

– Não a esta hora do dia, se não lhe importa que não o acompanhe, senhor. – E a senhora inglesa abaixou um pouco a saia já bem abaixada.

Começavam a me aborrecer as longas pausas e aquela pequena conversa ou antes intercâmbio insosso de frases isoladas. Na outra ocasião em que servira de intérprete entre personagens dirigentes, pelo menos tivera a sensação de ser quase insubstituível com meus conhecimentos cabais das línguas que falo. Não que dissessem grande coisa (um espanhol e um italiano), mas era preciso reproduzir uma sintaxe e um léxico mais complicados que um mediano conhecedor de idiomas não teria traduzido bem, ao contrário do que acontecia agora: tudo o que fora dito estava ao alcance de uma criança.

Nosso superior tornou a sentar-se com o uísque numa mão e a cigarrilha na outra, bebeu um gole, suspirou com cansaço, pousou o copo, olhou para o relógio, alisou as abas do paletó que prendera com o próprio corpo, remexeu nos bolsos, tragou e expeliu mais fumaça, sorriu sem vontade (a alta autoridade britânica sorriu também com menos vontade ainda e coçou a testa com as unhas compridas que contemplara com assombro no começo, o ar se impregnou por um instante de pós de maquiagem), e então compreendi que podiam passar os trinta ou quarenta e cinco minutos previstos como na ante-sala do fiscal de rendas ou do tabelião, limitando-se a esperar que o tempo passasse e o ordenança ou o criado tornasse a lhes abrir a porta, como o bedel universitário que anuncia com apatia: "Está na hora", ou a enfermeira que chama desagradavelmente: "O próximo". Voltei-me de novo para Luisa, desta vez para comentar algo com discrição (creio que ia lhe dizer "Que papelão" entre dentes), mas vi que, sorrindo, levava o indicador com firmeza aos lábios e dava umas batidinhas, indicando-me que guardasse silêncio. Sei que nunca me esquecerei daqueles lábios sorridentes atravessados por um indicador que não conseguia anular o sorriso. Creio que foi então (ou mais então) que pensei que me seria benéfico relacionar-me com aquela mulher mais moça que eu e tão bem calçada. Creio que foi também a conjunção dos lábios e do indicador (os lábios abertos e o indicador que os selava, os lábios curvados e o indicador reto que os dividia) que me deu coragem para não ser nada exato na pergunta seguinte que, por fim, depois de tirar de um bolso um chaveiro

sobrecarregado de chaves com que se pôs a brincar de maneira inconveniente, fez nossa mui alta autoridade:
– Quer que lhe peça um chá? – falou.

E eu não traduzi, quero dizer que o que pus em inglês em sua boca não foi sua pergunta cortês (de manual e um tanto tardia, há que reconhecer), mas esta outra:
– Diga-me, gostam da senhora em seu país?

Notei o estupor de Luisa às minhas costas, mais ainda, vi-a descruzar de imediato as sobressaltadas pernas (as pernas de grande altura sempre à minha vista, como os novos e caros sapatos Prada, sabia gastar o dinheiro ou alguém tinha lhe dado) e durante uns segundos que não foram breves (senti minha nuca atravessada pelo susto) esperei sua intervenção e sua denúncia, sua retificação e sua reprimenda, ou que se encarregasse no mesmo momento da interpretação, "a rede", para isso estava ali. Mas esses segundos passaram (um, dois, três e quatro) e ela não disse nada, talvez (pensei então) porque a alta autoridade da Inglaterra não parecesse ofendida e respondesse sem demora, mais ainda, com uma espécie de veemência contida:
– Muitas vezes me pergunto isso – disse, e pela primeira vez cruzou as pernas sem se preocupar com sua precavida saia e deixando ver uns joelhos branquelos e muito quadrados. – Votam em você, e mais de uma vez. Você é eleito, e mais de uma vez. No entanto, é curioso, nem por isso você tem a sensação de que gostam de você.

Traduzi com exatidão, mas de modo que na versão espanhola desaparecesse o "isso" da primeira frase e tudo passasse para nosso superior como uma reflexão britânica espontânea que, diga-se de passagem, pareceu agradar-lhe como tema de conversa, já que olhou para a senhora com surpresa mínima e maior simpatia e respondeu-lhe enquanto entrechocava suas numerosas chaves alegremente:

– É verdade. Os votos não dão nenhuma segurança a esse respeito, por mais que os aproveitemos. Ouça o que lhe digo, creio que os ditadores, os governantes nunca votados nem eleitos democraticamente, são mais queridos em seus países. Também mais odiados, claro, porém mais intensamente queridos pelos que gostam deles, que de resto são cada vez mais numerosos.

Considerei que o último comentário, "que de resto são cada vez mais numerosos", era um pouco exagerado se não falso, de modo que traduzi tudo corretamente menos isso (omiti e censurei, em suma), e esperei de novo a reação de Luisa. Voltou a cruzar as pernas com rapidez (seus joelhos dourados, redondos), mas esse foi seu único sinal de ter advertido minha licença. Talvez, pensei, não a desaprovasse, embora acreditasse continuar notando em minha nuca seu olhar estupefato ou talvez indignado. Não podia virar-me para vê-la, era uma desgraça.

A dirigente pareceu animar-se:

– Oh, também acho – disse. – As pessoas gostam em boa medida porque são obrigadas a gostar. Isso também acontece nas relações pessoais, não é verdade? Quantos casais são casais apenas porque um dos dois, um só, se empenhou em que fossem e obrigou o outro a gostar dele?

– Obrigou ou convenceu? – perguntou nossa alta autoridade, e vi que estava satisfeito com sua matização, de modo que me limitei a traduzi-la tal como a dissera. Agitava as incontáveis chaves, fazendo-as soar com demasiado estrépito, um homem nervoso, não me deixava ouvir direito, um intérprete precisa de silêncio para cumprir com sua obrigação.

A alta autoridade olhou para suas unhas cuidadas e compridas, agora com inconsciente coquetismo, mais do que com contrariedade ou desconfiança, como fizera antes fingindo espanto. Puxou a saia em vão, pois ainda estava de pernas cruzadas.

– Dá no mesmo, o senhor não crê? Só há uma diferença de ordem cronológica, o que ocorre primeiro, o que vem antes, porque um se transforma no outro e o outro no um, indefectivelmente. Tudo isso tem a ver com os *faits accomplis*, como dizem os franceses. Se ordenarem a um país que goste de seus governantes, acabará convencido de que gosta deles, pelo menos mais facilmente do que se não lhe ordenarem. Nós não podemos mandar tal coisa, este é o problema.

Perguntei-me, também no caso dela, se o último comentário não seria excessivo para os ouvidos democráticos de nossa alta autoridade, e após um segundo de hesitação e uma olhada às outras e melhores pernas que me vigiavam optei por suprimir "este é o problema". As pernas não se mexeram, e de imediato comprovei que meus escrúpulos democráticos haviam sido justificados, porque o espanhol respondeu com uma batida de chaves muito assertiva na mesinha baixa:

– Este é o problema, este é nosso problema, que nunca poderemos mandar tal coisa. Veja a senhora, eu não posso fazer o que fazia nosso ditador, Franco, convocar as pessoas para um ato de adesão na Plaza de Oriente – aqui me vi obrigado a traduzir "numa grande praça", pois considerei que introduzir a palavra "Oriente" poderia desconcertar a senhora inglesa – para que nos aclamem, aclamem o ministério, quero dizer, nós somos apenas parte de um ministério, não é verdade? Ele fazia isso impunemente, com qualquer pretexto, e foi dito que as pessoas iam aclamá-lo obrigadas. É verdade, mas também é verdade que enchiam a praça, há fotos e documentários que não mentem, e nem todos podiam ir forçados, sobretudo nos últimos anos, quando as represálias não eram tão duras ou só podiam sê-lo para os funcionários públicos, uma sanção, uma demissão. Muita gente já estava convencida de que gostava dele, e por quê? Porque antes fora obrigada a isso, durante décadas. Gostar é um costume.

– Oh, querido amigo – exclamou a alta autoridade –, não sabe como o compreendo, não sabe o que eu daria por um ato de adesão desse tipo. Esse espetáculo de toda uma nação unida como numa festa só acontece em meu país, por desgraça, quando protestam. É desanimador ouvir como nos insultam sem nos escutar nem ler nossas leis, como atacam todo o ministério, o senhor disse muito bem, com seus cartazes ofensivos, muito deprimente.

– E em rimas. Fazem rimas – intercalou nosso superior. Mas não traduzi isso, porque não me pareceu que tivesse importância nem tive tempo; a senhora inglesa prosseguiu seu lamento sem fazer caso da observação:

– Será que nunca podem nos aclamar? Eu me pergunto: nunca fazemos nada certo? A mim só aclamam os do meu partido e, claro, não posso acreditar totalmente em sua sinceridade. Somente na guerra somos apoiados, não sei se sabe, somente quando pomos o país em guerra, então...

A alta autoridade britânica ficou pensativa, com a palavra suspensa nos lábios, como se estivesse recordando os vivas do passado que não voltariam mais. Descruzou as pernas com pudor e cuidado e mais uma vez puxou a saia com energia, milagrosamente conseguiu fazê-la baixar ainda dois dedos. O sentido que a conversa tomara por minha culpa começava a não me agradar nada. Deus do céu, pensei (mas gostaria de ter comentado isso com Luisa), esses políticos democráticos têm nostalgias ditatoriais, para eles qualquer êxito e qualquer consenso sempre serão apenas a pálida realização de um desejo intimamente totalitário, o desejo de unanimidade e de que todo o mundo esteja de acordo, e, quanto mais se aproxime essa realização parcial da totalidade impossível, maior será sua euforia, ainda que nunca bastante; louvam a discrepância, mas na realidade ela é para todos uma maldição e uma maçada. Traduzi devidamente o que a senhora dissera, exceto sua

menção final à guerra (não queria que nossa alta autoridade viesse a ter idéias), e em seu lugar pus em seus lábios o seguinte pedido:
– Desculpe, o senhor se incomodaria de guardar essas chaves? Todos os barulhos me afetam muito ultimamente, obrigada.
As pernas de Luisa mantiveram sua postura; por isso, depois de nosso dirigente se desculpar ruborizando-se um pouco e de pôr no mesmo instante o volumoso chaveiro de volta no bolso do paletó (devia estar furando com tanto peso), me atrevi a traí-lo de novo, pois ele disse:
– Ah, claro, se fazemos uma coisa direito ninguém convoca uma manifestação para que saibamos que gostaram.
Eu, pelo contrário, decidi levar a coisa para um terreno mais pessoal, que me parecia menos perigoso e também mais interessante, e o fiz dizer em inglês meridiano:
– Se me permite perguntar e se não for atrevimento demais, a senhora, em sua vida amorosa, obrigou alguém a querê-la?
Compreendi no ato que a pergunta era atrevimento demais, sobretudo para fazê-la a uma inglesa, e fiquei convencido de que desta vez Luisa não ia deixar passar, mais ainda, ia pôr em funcionamento sua rede, me denunciar e me expulsar da sala, fazer um escarcéu, como é possível, a que ponto chegamos, deturpação e farsa, isto aqui não é uma brincadeira. Minha carreira estaria arruinada. Observei com atenção e temor as pernas brilhantes e não pendentes de sua saia, e além do mais nessa oportunidade elas tiveram tempo para a reflexão e a reação, já que a senhora britânica tomou-o por sua vez para refletir durante vários segundos antes de reagir. Olhava para nossa alta autoridade com a boca entreaberta e a expressão apreciativa (batom em excesso que lhe invadia os interstícios dos dentes), e ele, diante

desse novo silêncio que não tinha promovido e seguramente não se explicava, tirou outra cigarrilha e acendeu-a na ponta da anterior, causando (creio eu) péssimo efeito. Mas as benditas pernas de Luisa não se mexeram, continuaram cruzadas, embora talvez tenham balançado: só notei que se erguia um pouco mais ainda em sua cadeira homicida, como se contivesse a respiração, talvez mais assustada pela possível resposta do que pela indiscrição já irremediável; ou talvez, pensei, também a ela interessasse a resposta, uma vez que a pergunta estava feita. Não me delatou, não me desmentiu, não interveio, permaneceu calada, e achei que se me permitia aquilo poderia permitir-me tudo ao longo de minha vida inteira, ou de minha meia vida ainda não vivida.
– Hum-hum. Mais de uma vez, mais de uma vez, creia-me – disse por fim a dirigente inglesa, e havia um titubeio de longínqua emoção em sua voz aguda, tão longínqua que possivelmente só era reencontrada sob essa forma, na voz imperiosa que de repente titubeava.
– Na realidade me pergunto se alguém gostou de mim alguma vez sem que eu obrigasse antes, mesmo os filhos, bem, os filhos são os mais obrigados de todos. Sempre aconteceu assim comigo, mas também me pergunto se há alguém no mundo com quem a mesma coisa não tenha acontecido. Olhe, eu não acredito nessas histórias que a televisão conta, pessoas que se encontram e se gostam sem nenhuma dificuldade, os dois estão livres e disponíveis, nenhum tem dúvidas nem arrependimentos antecipados. Creio que isso não acontece nunca, jamais, nem entre os mais jovens. Qualquer relação entre as pessoas é sempre um acúmulo de problemas, de forçamentos, também de ofensas e humilhações. Todo o mundo obriga todo o mundo, não tanto a fazer o que não quer, mas antes o que não sabe se quer, porque quase ninguém sabe o que não quer e menos ainda o que quer, não há meio de saber isso. Se

ninguém nunca fosse obrigado a nada o mundo pararia, tudo permaneceria flutuando numa hesitação global e contínua, indefinidamente. As pessoas só querem dormir, os arrependimentos antecipados nos paralisariam, imaginar o que vem depois dos atos ainda não cometidos é sempre horrível, por isso nós, governantes, somos tão imprescindíveis, estamos aqui para tomar as decisões que os outros nunca tomariam, imobilizados por suas dúvidas e pela falta de vontade. Nós escutamos seu medo. "Os adormecidos e os mortos são apenas como pinturas", disse nosso Shakespeare, e eu às vezes penso que todas as pessoas são apenas isso, como pinturas, adormecidos presentes e futuros mortos. Para isso votam em nós e nos pagam, para que os despertemos, para que lhes lembremos que ainda não chegou sua hora que chegará, mas nos encarregamos de suas vontades enquanto isso. Porém, está claro, é preciso fazê-lo de maneira que eles ainda creiam que escolhem, como os casais se unem acreditando ambos que escolheram acordados. Não é que um dos dois tenha sido obrigado pelo outro, ou convencido, se preferirmos; é que sem dúvida os dois o foram, num momento ou outro do longo processo que os levou a se unirem, não acha?, e depois a se manterem juntos durante algum tempo, ou até a morte. Às vezes obrigou-os a isso algo externo ou quem já deixou de estar em suas vidas, obriga-os o passado, seu descontentamento, sua própria história, sua infeliz biografia. Ou até coisas que ignoram e não estão a seu alcance, a parte de nossa herança que todos carregamos e desconhecemos, quem sabe quando se iniciou esse processo...

Enquanto eu ia traduzindo a longa reflexão da alta autoridade (abstive-me de verter o "Hum-hum" e comecei por "... me pergunto se alguém...", tornava o diálogo entre eles mais coerente), a mulher falava e parava olhando para o chão com um sorriso modesto e ausente, talvez um pouco envergonhada, as mãos apoiadas nas coxas, estendidas, como as deixam com freqüência as mulheres desocupadas de certa idade quando vêem a tarde passar, embora não estivesse desocupada e ainda fosse de manhã. E enquanto eu ia traduzindo aquele discurso quase simultaneamente e me perguntava de onde viria a citação de Shakespeare ("The sleeping, and the dead, are but as pictures", dissera, e eu hesitara sobre se diria "adormecidos" e se diria "retratos" no momento em que ouvi essas palavras saírem de seus pintados lábios), e me perguntava também se tudo aquilo não seria um raciocínio por demais prolixo para que nosso dirigente o entendesse cabalmente e não se perdesse e achasse a resposta honrosa, senti que a cabeça de Luisa tinha se aproximado da minha, da minha nuca, como se a tivesse adiantado ou inclinado um pouco para ouvir melhor ambas as versões, sem reparar nas distâncias, isto é, na curta distância que a separava de mim e que agora, com seu movimento adiante (adiantado o rosto: nariz, olhos e boca; queixo, testa e faces), se tornara mais curta, a ponto de eu notar sua respiração levemente junto de minha orelha esquerda, seu alento levemente alterado ou acelerado passava agora roçando minha orelha, o lóbulo, como se fosse um sussurro tão baixo que carecesse de mensagem ou significado, como se só a respiração e o ato de sussurrar fossem o transmissível, e talvez a ligeira agitação do peito, que não me roçava mas eu notava mais próximo, quase em cima e desconhecido. É o peito de outra pessoa o que nos respalda, só nos sentimos respaldados de verdade quando há alguém atrás, a própria palavra o indica, à nossa espalda, assim como em inglês, to back, alguém que talvez não vejamos e que nos cobre as costas com seu peito que está a ponto de nos roçar e acaba sempre nos roçando, e às vezes, inclusive, esse alguém nos põe a mão no ombro com a qual nos tranqüiliza e também nos sujeita. Assim dormem ou crêem dormir a maioria dos esposos e dos casais, os dois se viram para o mesmo lado quando se despedem, de maneira que um dá as costas para o outro ao longo da noite inteira e se sabe respaldado por ele ou ela, por esse outro, e no meio da noite, ao despertar sobressaltado por um pesadelo ou ser incapaz de conciliar o sono, ao padecer de uma febre ou crer-se sozinho e abandonado no escuro, basta virar-se e ver então, de frente, o rosto do que o protege, que se deixará beijar o que no rosto é beijável (nariz, olhos e boca; queixo, testa e faces, é todo o rosto) ou talvez, meio adormecido, lhe porá a mão no ombro para tranqüilizá-lo, ou para sujeitá-lo, ou para agarrar-se eventualmente.

Agora sei que a citação de Shakespeare provinha de *Macbeth* e que essa comparação está na boca de sua mulher, pouco depois de Macbeth ter assassinado o rei Duncan enquanto este dormia. Faz parte dos argumentos dispersos, ou antes das frases soltas, que Lady Macbeth vai intercalando para atenuar o que seu marido fez ou acaba de fazer e já é irreversível, e entre outras coisas diz que não deve pensar "so brainsickly of things", de difícil tradução, pois a palavra "brain" significa "cérebro" e a palavra "sickly" quer dizer "doentio" ou "doente", embora no caso seja advérbio; de modo que literalmente lhe diz que não deve pensar nas coisas com cérebro tão doente ou tão doentemente com o cérebro, não sei direito como repetir em minha língua, por sorte não foram essas as palavras que naquela ocasião citou a mulher inglesa. Agora que sei que essa citação era de *Macbeth* não posso evitar perceber (ou talvez recordar) que também está às nossas costas, à nossa espalda, quem nos instiga, também este nos sussurra no ouvido eventualmente sem que o vejamos, a língua é sua arma e seu instrumento, a língua como gota de chuva que vai caindo do telhado depois da tormenta, sempre no mesmo ponto em que a terra vai amolecendo até ser penetrada e abrir um buraco e talvez um conduto, não como a gota da torneira que desaparece pelo ralo sem deixar na louça nenhuma marca nem como a gota de sangue que é imediatamente estancada com o que se tiver à mão, um pano ou uma atadura ou uma toalha ou às vezes água, ou à mão só a própria mão de quem perde o sangue, se ainda está consciente e não feriu a si mesmo, a mão que vai ao estômago ou ao peito tapar o buraco. A língua no ouvido também é o beijo que mais convence quem se mostra reticente a ser beijado, às vezes não são os olhos nem os dedos nem os lábios que vencem a resistência, mas apenas a língua que indaga e desarma, a língua que sussurra e beija, a língua que quase obriga. Escutar é o mais perigoso, é saber, é ser inteirado e estar a par, os ouvidos não têm pálpebras que se possam fechar instintivamente ao que é dito, não se podem resguardar do que se pressente que se vai escutar, sempre é tarde demais. Não é só que Lady Macbeth induza Macbeth, é que sobretudo ela está a par de que se assassinou desde o momento seguinte em que se assassinou, ouviu dos próprios lábios do marido "I have done the deed" quando ele volta, "Fiz o fato" ou "Cometi o ato", embora a palavra "deed" se entenda hoje em dia mais como "façanha". Ela ouve a confissão desse ato ou fato ou façanha, e o que a torna verdadeira cúmplice não é tê-lo instigado, nem mesmo ter preparado o cenário antes nem ter colaborado depois, ter visitado o cadáver recente e o lugar do crime para apontar os serviçais como culpados, mas saber desse ato e de sua consumação. Por isso quer reduzir sua importância, talvez não tanto para tranqüilizar o aterrado Macbeth com as mãos manchadas de sangue quanto para minimizar e afugentar seu próprio conhecimento, o dela mesma: "Os adormecidos e os mortos são apenas como pinturas"; "Relaxas tua nobre força, ao pensar nas coisas com tão doentio cérebro"; "Não se deve pensar dessa maneira nesses fatos; isso nos deixará loucos"; "Não te percas tão abatido em teus pensamentos". Esta última frase ela lhe diz depois de ter saído decidida e voltado de untar os rostos dos serviçais com o sangue do morto ("Se sangra...") para acusá-los: "Minhas mãos são de tua cor", anuncia a Macbeth; "mas me envergonha trazer um coração tão branco", como se tentasse contagiá-lo com sua despreocupação em troca de ela se contagiar com o sangue derramado de Duncan, a não ser que "branco" queira dizer aqui "pálido e temeroso" ou "acovardado". Ela sabe, ela está a par e esse é seu erro, mas não cometeu o crime por mais que o lamente ou garanta lamentá-lo; manchar as mãos com o sangue do morto é um jogo, um fingimento, um falso entendimento seu com o que mata, porque não se pode matar duas vezes, e já está feito o fato: "I have done the deed", e nunca há dúvida de quem é "eu": embora Lady Macbeth tivesse voltado a cravar os punhais no peito de Duncan assassinado, nem por isso o teria matado ou contribuído para isso, já estava feito. "Um pouco de água nos limpa" (ou talvez "nos limpe") "desse ato", diz a Macbeth sabendo que para ela é verdade, literalmente verdade. Assimila-se a ele e pretende assim que ele se assimile a ela, a seu coração tão branco: não é tanto que ela compartilhe sua culpa nesse momento quanto que procure fazê-lo compartilhar sua irremediável inocência, ou sua covardia. Uma instigação nada mais é que palavras, traduzíveis palavras sem dono que se repetem de voz em voz e de língua em língua e de século em século, as mesmas de sempre, instigando aos mesmos atos desde que no mundo não havia ninguém nem havia línguas tampouco ouvidos para escutá-las.

Os mesmos atos que ninguém nunca sabe se quer ver cometidos, os atos todos involuntários, os atos que já não dependem delas quando são levadas a efeito, mas apagam-nas e ficam isolados do depois e do antes, são eles os únicos e irreversíveis, enquanto há reiteração e retratação, repetição e retificação para as palavras, podem ser desmentidas e nos desdizemos, pode haver deformação e esquecimento. Só se é culpado de ouvi-las, o que não é evitável e, ainda que a lei não isente de culpa quem falou, quem fala, este sabe que na realidade não fez nada, mesmo que tenha obrigado com sua língua no ouvido, com seu peito às costas, com a respiração agitada, com sua mão no ombro e o incompreensível sussurro que nos persuade.

Foi Luisa quem primeiro me pôs a mão no ombro, mas creio que fui eu quem começou a obrigá-la (a obrigá-la a gostar de mim), embora essa tarefa nunca seja unívoca e é impossível que seja constante, e sua eficácia depende em boa medida de que se alternem de quando em quando a obrigação e o obrigado. Creio que eu comecei, contudo, e que até cerca de um ano, até pelo menos nosso casamento e nossa viagem de núpcias, fui eu que propus tudo o que foi aceito: nos acostumarmos a nos encontrar, sair para jantar, ir ao cinema juntos, acompanhá-la até seu portão, beijar-nos, trocar nossos turnos para fazer coincidir algumas semanas no exterior, ficar para dormir uma noite na casa dela (isso eu propunha, mas acabava indo embora depois dos beijos e dos abraços despertos), procurar uma casa nova para os dois mais tarde, para nos casarmos. Creio que fui eu também a propor que nos casássemos, talvez por ser mais velho, talvez por nunca ter feito isso antes, nem casar nem propor casamento, ou propor só uma vez, sem muita convicção e diante de um ultimato. Luisa foi aceitando, seguramente sem saber se queria, ou talvez (sorte sua) sabendo-o sem para tanto ter de pensar, isto é, só fazendo. Desde que nos casamos nos vimos menos, como dizem que costuma acontecer, mas em nosso caso não por causa da redução geral que acompanha o que se manifesta como consecução ou término, mas de fatores externos e provisórios, um descompasso em nossos períodos de trabalho: Luisa prestou-se cada vez menos a viajar e a passar suas oito semanas no exterior, já eu tive de continuar a fazê-lo e até a prolongar as estadas e a aumentar as viagens para cobrir as despesas de nossa casa nova inaugurada de maneira tão artificiosa. Durante quase um ano, pelo contrário, o ano anterior a nosso casamento, tínhamos procurado coincidir o mais possível, ela em Madri quando eu estava em Madri, ela em Londres quando eu estava em Genebra, e até mesmo um par de vezes os dois em Bruxelas ao mesmo tempo. Em compensação, durante quase um ano, o ano que estamos casados, estive fora mais tempo do que gostaria, sem poder nunca me acostumar totalmente à minha vida conjugal nem ao travesseiro compartilhado nem à casa nova que não era de ninguém antes, e ela esteve quase sempre em Madri, organizando essa casa e se familiarizando com minha família, sobretudo com Ranz, meu pai. Cada vez que eu voltava de uma viagem durante esse período, encontrava móveis ou cortinas novos e também algum quadro novo, de modo que me sentia estranho e tinha de refazer os itinerários domésticos que da vez anterior já havia aprendido (agora havia uma otomana onde antes não havia otomana, por exemplo). Também ia notando algumas mudanças em Luisa, tênues mudanças que afetavam coisas muito secundárias às quais, porém, dou muita atenção, o comprimento do cabelo, luvas, ombreiras nos casacos, uma cor diferente de batom, até mesmo o andar levemente diferente sem que o tipo de sapato tivesse variado. Nada muito gritante, mas perceptível após oito semanas de ausência e mais ainda depois de outras oito. Em certo sentido, incomodava-me encontrar essas mínimas mudanças já realizadas, não assistir a elas, como se o fato de eu não ser testemunha (não a ter visto depois do cabeleireiro, não ter opinado sobre as luvas) excluísse necessariamente minha possível influência sobre elas e a de nosso casamento, que é, sem dúvida, o estado que mais influi nas pessoas e mais as altera e que, portanto, requer maior vigilância em seu início. Ele estava mudando Luisa em sua devida ordem, primeiro nos detalhes, como sempre acontece com as mulheres quando estão submetidas a um processo de transformação profunda, mas comecei a ter dúvidas sobre se era eu, ou eu em nosso casamento, que estava dirigindo essa transformação, pelo menos a condicionando. Também não gostei de ver que nossa casa nova, cujas possibilidades eram infinitamente variadas, ia reproduzindo aqui e ali um gosto que não era o de Luisa tampouco exatamente o meu, embora eu estivesse acostumado a ele e o tivesse herdado em parte. A casa nova ia parecendo um pouco, ia recordando um pouco a da minha infância, isto é, a de Ranz, meu pai, como se ele tivesse dado indicações durante suas visitas ou com sua mera presença tivesse criado necessidades que, na falta da continuidade das minhas sugestões e de um critério firme de Luisa, fossem se consumando pouco a pouco. Minha mesa de trabalho, para a qual eu dera apenas vagas instruções, foi quase uma réplica da que vinte e cinco anos antes meu pai encomendara com instruções muito precisas a um marceneiro de Segovia, o famoso Fonfrías, que conhecia de passagem de algum verão: uma mesa enorme, grande demais para meus poucos afazeres, em forma de U retangular e cheia de gavetas que eu não saberia nem sei encher. As estantes, que eu teria preferido pin-

tadas de branco (mas esqueci-me de avisar), apareceram cor de acaju quando voltei de uma das minhas viagens (mas não eram de acaju, claro), e não só isso: meu pai, Ranz, dera-se ao trabalho de desembalar as caixas que me aguardavam e colocar meus livros como ele sempre arranjara os seus, divididos por línguas e não por assuntos e, dentro destes, em ordem cronológica de autores segundo o ano de seu nascimento. Como presente de casamento nos deu algum dinheiro (bastante, foi generoso), mas pouco depois, estando eu ausente, nos obsequiou com dois valiosos quadros que sempre estiveram em sua casa (um pequeno Martín Rico e um Boudin menor ainda) e assim passaram a estar na minha, Veneza e Trouville, os dois lindos, no entanto eu teria preferido continuar vendo-os onde haviam estado pendurados durante lustros e não no salão da minha casa, que com Veneza e Trouville ali, ainda que em pequeno formato (as docas de San Trovaso e a praia), assemelhava-se indefectivelmente à minha lembrança juvenil do salão da sua. Também chegou uma cadeira de balanço sem meu conhecimento prévio, móvel muito cultivado por minha avó cubana, sua sogra, quando vinha nos visitar durante minha infância e de que, uma vez ela morta, meu pai tinha se apropriado, não tanto para se balançar sozinho quanto para adotar nela posturas originais durante as reuniões de casais e amigos que organizava com freqüência.
Não tanto para se balançar. Não tanto para se balançar sozinho, se é que alguém sabe o que acontece com alguém sozinho. Mas meu pai nunca tinha se balançado, muito pelo contrário, teria considerado esse gesto uma espécie de claudicação privada, a confirmação do que tentou ou antes conseguiu evitar sempre, ser velho. Ranz, meu pai, tem trinta e cinco anos mais que eu, mas nunca foi velho, nem mesmo agora. Passou uma vida inteira adiando esse estado, deixando-o para mais adiante ou quem sabe desinteressando-se dele e, embo-

ra pouco se possa fazer contra a evolução do aspecto e do olhar (talvez algo mais contra o primeiro), é alguém em cuja atitude ou espírito nunca vi o passar dos anos, nunca a menor mudança, nunca se manifestaram nele a gravidade e o cansaço que iam aparecendo em minha mãe à medida que eu crescia, nem se apagou o brilho de seus olhos que os óculos ocasionais de uma vista cansada fizeram sumir de repente do olhar dela, nem pareceu vulnerável aos reveses e afrontas que marcam a existência de todos os indivíduos, nem descuidou do bem vestir um só dia de sua vida inteira, sempre arrumado desde de manhã como se fosse assistir a uma cerimônia, embora não fosse sair nem ninguém fosse visitá-lo. Sempre recendeu a água-de-colônia, tabaco e menta, às vezes a um pouco de licor e a couro, como se fosse alguém vindo das colônias. Faz quase um ano, quando Luisa e eu nos casamos, proporcionava a imagem de um homem velho vaidoso e risonho, comprazidamente juvenilizado, gaiato e falsamente tresloucado. Desde que tenho lembrança dele sempre usou o sobretudo jogado sobre os ombros, sem nunca enfiar as mangas, numa mescla de repto ao frio e crença firme num conjunto de detalhes externos que dariam como resultado um homem elegante ou pelo menos desenvolto. Faz um ano conservava quase todo seu cabelo, branco e compacto e extremamente bem-penteado, repartido à direita (um repartido muito acentuado, de criança), sem permitir que amarelasse, uma cabeça algodoada ou polar que surgia ereta de camisas passadíssimas e gravatas de cores muito vivas agradavelmente combinadas. Tudo nele sempre foi agradável, de seu caráter superficialmente apaixonado a suas maneiras sobriamente desembaraçadas, de seu olhar vivaz (como se tudo o divertisse, ou em tudo visse graça) a seus contínuos chistes afáveis, um homem com veemência e irrisão. Tinha feições não de todo corretas, no entanto sempre passou por um indivíduo bonito, que gostava de ser apreciado pelas mulheres, mas talvez se conformasse com que isso só acontecesse à distância. Faz quase um ano quem o tivesse conhecido então (e Luisa o conheceu pouco antes) seguramente o teria dado por um velho conquistador a quem se foi o viço, rebelde ante sua decadência, ou talvez o contrário, por um mulherengo teórico e nunca consumado, alguém com todas as condições para ter levado uma vida galante intensa mas que, por fidelidades queridas ou por falta de ocasião verdadeira ou até de arrojo, não se tivesse queimado pondo-se à prova; alguém que, assim como a velhice, tivesse ido adiando sempre a colocação em prática de suas seduções, talvez para não machucar ninguém. (Mas nós os filhos sempre ignoramos tudo sobre os pais, ou demoramos a nos interessar.) O que mais chamava atenção em seu rosto eram os olhos incrivelmente despertos, deslumbrantes às vezes pela devoção e fixidez com que podiam fitar, como se o que estivessem vendo em cada momento fosse de extrema importância, digno não apenas de se ver mas de se estudar detidamente, de se observar de maneira excludente, de se apreender para guardar na memória cada imagem captada, como uma câmara que não pudesse confiar em seu mero processo mecânico para registrar o percebido e tivesse de se esforçar muito, dar muito de si. Esses olhos lisonjeavam o que contemplavam. Esses olhos eram de cor muito clara mas sem uma gota de azul, de um castanho tão pálido que à força de palidez ganhava nitidez e brilho, quase cor de vinho branco quando o vinho é envelhecido e a luz os iluminava, na sombra ou na noite quase cor de vinagre, olhos de líquido, muito mais de ave de rapina do que de gato, que são os animais que mais admitem essa gama de cores. Em compensação seus olhos não tinham o estatismo ou a perplexidade desses olhares, mas eram móveis e cintilantes, adornados por compridas pestanas escuras que amorteciam a rapidez e a tensão de seus movimentos contínuos, olhavam com homenagem e fixidez e ao mesmo tempo não perdiam de vista nada do que acontecia no aposento ou na rua, como os olhos do espectador de quadros experiente que não necessita de uma segunda olhada para saber o que está pintado no fundo do quadro, mas que com seus olhos globalizadores saberia reproduzir a composição no mesmo instante, mal a visse, se esses olhos também soubessem desenhar. A outra característica atraente do rosto de Ranz e a única que herdei era sua boca, carnuda e bem delineada, como se tivesse sido acrescentada no último instante e pertencesse a outra pessoa, levemente incompatível com as demais feições, separada delas, uma boca de mulher num rosto de homem, como tantas vezes me disseram da minha, uma boca feminina e vermelha que viria sabe-se lá de que bisavó ou antepassada, alguma mulher vaidosa que não quis que aquela boca desaparecesse da terra com ela e a foi transmitindo a nós, sem se importar com nosso sexo. E ainda havia uma terceira característica, as sobrancelhas densas e sempre arqueadas, uma ou outra ou as duas ao mesmo tempo, expressões aprendidas provavelmente em sua juventude, com os primitivos atores dos anos trinta e que, posteriormente a essa década, mais pareciam uma estranha originalidade involuntária, um detalhe esquecido na sistemática anulação do que vamos sendo e vamos fazendo. Meu pai erguia as sobrancelhas densas, primeiro amareladas depois brancas, por qualquer motivo ou até sem motivo, como se arqueá-las completasse histrionicamente sua maneira de olhar tão precisa.

Sempre me olhou desse modo, desde que eu era criança e tinha de erguer a vista até sua grande altura a menos que ele se agachasse ou estivesse sentado ou deitado. Agora nossa estatura é idêntica, mas seus olhos continuam me olhando com a ligeira ironia de suas sobrancelhas como sombrinhas abertas e a fulgurante fixidez de suas pupilas, manchas negras de seus íris sola-

res, como dois centros de um mesmo alvo. Ou assim fitava até faz pouco. Assim me fitou no dia de meu casamento com Luisa, a jovem esposa do que já não era uma criança mas como criança ele conhecera e tratara por tempo demais para considerá-lo outra coisa, enquanto ela, a noiva, já conhecia como adulta, mais ainda, como noiva. Lembro que num momento da festa me reteve à parte, fora do salão que tínhamos alugado no bonito e antigo Cassino da Calle de Alcalá, 15, numa saleta contígua após a assinatura das testemunhas (testemunhas falsas, amigos testemunhais, testemunhas de enfeite). Reteve-me com uma mão no ombro (uma mão no ombro) enquanto iam saindo e retornando ao salão, até ficarmos a sós. Então fechou a porta e sentou-se numa grande poltrona enquanto eu me apoiei na mesa com meus braços cruzados, estávamos ambos vestidíssimos com trajes de casamento, ele mais, eu menos, embora tivesse sido civil, um casamento civil tão-somente. Ranz acendeu um cigarro fino, dos que costumava fumar quando estava em público sem tragar a fumaça. Ergueu as sobrancelhas enormemente, elas ficaram bicudas, sorriu divertido e centrou o olhar do fervor em meu rosto, naquele instante mais elevado que o seu. E me disse:
– Bem, já se casou. E agora?
Foi o primeiro a fazer essa pergunta, melhor dizendo, a formular essa pergunta que eu vinha me fazendo desde de manhã, desde a cerimônia e até antes, desde a véspera. Passara a noite com sono superficial e agitado, provavelmente dormindo mas acreditando-me insone, sonhando que não dormia, acordando de verdade de quando em quando. Por volta das cinco da madrugada hesitara em acender a luz, pois por ser primavera eu já via o anúncio da alvorada que alcançava a rua pela persiana levantada e podia discernir meus objetos e móveis, os de meu quarto. "Não vou mais dormir sozinho, só ocasionalmente ou em viagem", pensa-

ra enquanto hesitava entre acender a luz e ver avançar a alvorada acima dos edifícios e sobre as árvores. "A partir de amanhã, e é de se supor que durante muitos anos, não poderei ter desejo de ver Luisa, porque já a estarei vendo quando abrir os olhos. Não poderei me perguntar que cara terá hoje nem como aparecerá vestida, porque eu estarei vendo seu rosto desde o início do hoje e talvez a veja vestir-se, pode ser até que se vista como eu sugerir, se lhe disser minhas preferências. A partir de amanhã não haverá as pequenas incógnitas que durante quase um ano encheram meus dias, ou fizeram que os dias fossem vividos da melhor maneira possível, que é em estado de vaga espera e de vaga ignorância. Saberei demais, saberei mais do que quero saber acerca de Luisa, terei diante de mim o que me interessa dela e o que não me interessa, já não haverá seleção nem escolha, a tênue ou mínima escolha diária, que supunha telefonar-se, marcar um encontro, encontrar-se com os olhos procurando à porta de um cinema ou entre as mesas de um restaurante, ou então arrumar-se e pôr-se a caminho para visitar-se. Não verei o resultado, mas o processo, que talvez não me interesse. Não sei se quero ver como põe as meias e as ajusta à cintura e às virilhas nem saber quanto tempo passa no banheiro de manhã, se põe creme para dormir ou que humor tem quando acorda e me vê a seu lado. Creio que à noite não quero encontrá-la debaixo dos lençóis de camisola ou pijama, mas despi-la de seu vestido de rua, privá-la da aparência que teve durante o dia, não da que acaba de adquirir diante de mim, sozinha em nosso quarto, talvez dando-me as costas. Creio que não quero essa fase intermediária, como tampouco, provavelmente, saber bem demais quais são seus defeitos, nem estar obrigatoriamente a par dos que irão surgindo com o passar dos meses e dos anos, que as outras pessoas que a virem, nos virem, ignorarão. Creio que também não quero falar de *nós*, dizer *fomos* ou *vamos comprar um piano* ou *vamos ter um filho* ou *temos um gato.* Pode ser que tenhamos filhos e não sei se quero, apesar de que não me oporia. Sei que me interessa, em compensação, vê-la dormir, ver seu rosto quando estiver sem consciência ou em letargia, conhecer sua expressão doce ou dura, atormentada ou plácida, infantilizada ou envelhecida enquanto não pensa em nada ou não sabe que pensa, enquanto não representa, enquanto não se comporta de maneira estudada, como fazemos todos nós num ou noutro grau diante de qualquer testemunha, ainda que a testemunha não nos importe ou seja nosso próprio pai ou nossa mulher ou marido. Já a vi dormir algumas noites, mas não as bastantes para reconhecê-la em seu sonho, no qual por fim às vezes deixamos de nos parecer com nós mesmos. Seguramente por isso me caso amanhã, o dia-a-dia é a causa, e também porque é lógico e porque nunca me casei, as coisas mais decisivas se fazem por lógica e para experimentá-las ou, o que dá no mesmo, porque se revelam irremediáveis. Os passos que você dá uma noite ao acaso e inconseqüentemente acabam levando a uma situação irremediável ao cabo do tempo ou do futuro abstrato e, ante essa situação chegada, nos perguntamos às vezes com incrédula ilusão: 'E se não tivesse entrado naquele bar? E se não tivesse ido àquela festa? E se não tivesse atendido o telefone terça-feira? E se não tivesse aceitado o trabalho naquela segunda?' Perguntamo-nos essas coisas ingenuamente, acreditando um instante (mas só um instante) que nesse caso não teríamos conhecido Luisa e não estaríamos à beira de uma situação irremediável e lógica, que justamente por sê-lo já não poderemos saber se queremos ou se nos aterra, não podemos saber se queremos o que nos pareceu que queríamos até hoje mesmo. Mas sempre conhecemos Luisa, é ingênuo perguntar-se o que quer que seja porque tudo é assim, nascer depende de um movimento casual, de uma frase pronunciada por um desconhecido no outro canto do mundo, um gesto interpretado, uma mão no ombro e um sussurro que pôde não ser sussurrado. Cada passo dado e cada palavra dita por qualquer pessoa em qualquer circunstância (na hesitação ou na convicção, na sinceridade ou no engano) têm repercussões inimagináveis que afetam quem não nos conhece nem pretende conhecer, quem não nasceu ou ignora que poderá aturar-nos, e se transformam literalmente em caso de vida ou morte, tantas vidas e mortes têm sua enigmática origem no fato de que ninguém adverte nem recorda, na cerveja que decidimos tomar depois de hesitar sobre se teríamos tempo, no bom humor que nos fez mostrar-nos simpáticos com quem acabavam de nos apresentar sem saber que vinha de gritar ou de prejudicar alguém, na torta que paramos para comprar a caminho de um almoço em casa de nossos pais e por fim não compramos, no afã de escutar uma voz ainda que não nos importasse muito o que dissesse, no telefonema que aventuramos para tanto, em nosso desejo de ficar em casa que não cumprimos. Sair, e falar, e fazer, mover-se, olhar e ouvir e ser percebido nos põe em constante risco, nem mesmo fechar-se e calar e ficar quieto nos salva de suas conseqüências, das situações lógicas e irremediáveis, do que é hoje iminente e era tão inesperado já faz quase um ano, ou faz quatro, ou dez, ou cem, ou até ontem mesmo. Estou pensando que amanhã me caso com Luisa, mas são cinco horas e já é hoje que me caso. A noite pertence ao dia anterior em nosso sentimento, mas não nos relógios, o meu em cima da mesa-de-cabeceira marca cinco e quinze, o despertador cinco e catorze, ambos discrepam da sensação que ainda tenho, a sensação de ontem e não ainda de hoje. Daqui a sete horas. Talvez Luisa também não esteja dormindo, acordada em seu quarto às cinco e quinze, sem acender a luz, sozinha, poderia telefonar para ela, tão sozinha como eu, mas

iria assustá-la, pela última vez a sós salvo em ocasiões excepcionais e viagens, os dois viajamos muito, será preciso mudar isso, talvez achasse que eu estivesse telefonando para cancelar tudo no meio da noite, dar para trás e contravir ao que é lógico e remediar o irremediável. Ninguém pode estar seguro de ninguém em nenhum instante, ninguém pode fiar-se, e estará pensando 'E agora, e agora?', ou estará pensando que não está segura de querer ver-me fazer a barba diariamente, o barbeador faz barulho e na barba me aparecem alguns pêlos brancos, pareço mais velho quando não me barbeio e por isso me barbeio diariamente com ruído, irei fazê-lo ao me levantar, é tarde e não estou dormindo e amanhã deveria ter bom aspecto, dentro de sete horas direi diante de testemunhas, diante de meu próprio pai, que vou ficar junto de Luisa, diante de seus pais, que essa é minha intenção, vou dizê-lo legalmente e em voz alta, e será registrado, e ficará constando."
— É o que pergunto — respondi a meu pai. — E agora?
Ranz sorriu mais ainda e deixou dançando no ar uma aparatosa nuvem de fumaça não tragada. Sempre fumava assim, ornamentalmente.
— Gosto muito desta moça — disse. — Gosto mais dela do que de qualquer uma das que você me trouxe ao longo de todos esses anos de beija-flor absurdo, não, não proteste, beija-flor. Divirto-me com ela, o que não é freqüente entre pessoas com tamanha diferença de idade, mas não sei se até agora me deu tanta atenção porque ia se casar com você ou porque não sabia se ia fazê-lo, assim como você terá sido amável com aqueles idiotas dos pais dela e deixará de ser ao cabo de uns meses, suponho. O casamento muda tudo, o menor detalhe, mesmo nestes tempos em que vocês acham que não. O que houve entre vocês até agora não terá muito a ver com o que haverá nos próximos anos, você já vai ver um pouco a partir de amanhã mesmo. No máximo

lhes sobrarão velhas brincadeiras de então, sombras, que nem sempre lhes será fácil recuperar. E o afeto profundo, claro. Terão saudade desses meses passados em que faziam alianças contra os outros, contra qualquer um, quero dizer, pequenos gracejos compartilhados, dentro de alguns anos as únicas alianças serão um contra o outro. Bem, nada grave, não se preocupe, os ressentimentos inevitáveis da vida em comum prolongada, um fastio suportável ao qual, em todo caso, não se costuma querer renunciar.

Falava pausadamente, como sempre, procurando algumas palavras com muito cuidado (*beija-flor, alianças, sombras*) nem tanto para ser preciso quanto para causar efeito e ter certeza de ser ouvido com atenção. Obrigava a estar atento, inclusive se você já tinha ouvido mil vezes o que estava dizendo. No entanto isso ele nunca dissera, que eu lembrasse, e me surpreendeu o tom ambíguo que empregava, irônico como de costume mas menos afável do que de costume: seus comentários beiravam os do desmancha-prazeres, por mais que em alguns momentos eu tivesse pensado coisas parecidas e até piores desde que Luisa e eu havíamos marcado a data daquele dia que já era hoje. Também as pensara melhores, não é a mesma coisa ouvi-las.

– Bem falado – falei. – Você me anima muito, não esperava isso de sua parte; lá fora vi você mais contente.

– Oh, estou contente, estou mesmo, acredite, estou muitíssimo, pergunte a qualquer um, estou o dia todo comemorando, desde antes da cerimônia. Sozinho em casa, antes de sair, brindei por vocês diante do espelho com um cálice de vinho do Reno, um Riesling, abri a garrafa somente para isso, o resto vai se perder. Está vendo como me alegro, deixar se perder uma boa garrafa por um pequeno brinde solitário e matinal.

E depois de dizer isso ergueu as sobrancelhas com expressão inocente, a inocência desta vez composta por uma mescla de orgulho e fingido espanto.

– O que você quer me dizer, então?
– Nada de particular, nada de particular. Queria ficar com você a sós uns minutos, não sentirão nossa falta, depois da cerimônia já não temos a menor importância, as festas de casamento pertencem aos convidados, não aos que se casam e as organizam. Foi uma boa idéia vir aqui, não foi? Só queria perguntar o que lhe perguntei: e agora? Mas você não me responde.
– Agora nada – disse eu. Estava levemente irritado por sua atitude e também tinha vontade de voltar para junto de Luisa e de meus amigos, a companhia de Ranz não me aliviava na medida em que necessitava de algum alívio. Em certo sentido era próprio de meu pai reter-me à parte no momento mais inoportuno, em outro era impróprio. Era um pouco impróprio por não se ter limitado a me dar um tapinha nas costas e desejar-me felicidades, ainda que o tivesse feito retoricamente e durante vários minutos. Esticou as meias esportivas acima da calça antes de cruzar parcimoniosamente as pernas compridas.
– Nada? Como nada? Vamos, não se pode começar assim, alguma coisa lhe passará pela cabeça, você demorou a se casar e por fim se casou, talvez não perceba isso. Se o que você teme é me fazer avô, não se preocupe, creio não ter uma idade inadequada para essa missão.
– Era a isso que você se referia, e agora?
Ranz passou a mão por seu cabelo polar com um pouco de vaidade, como fazia às vezes sem querer. Arrumava-o melhor ou antes simulava arrumá-lo, mal o roçava com as pontas dos dedos, como se sua intenção inconsciente fosse arrumá-lo mas o contato lhe causasse temor e o fizesse tomar consciência. Andava com um pente mas não o usava diante de testemunhas, ainda que se tratasse de seu filho, a criança que já não o era ou a seus olhos continuava a ser apesar de já ter consumido metade da vida.

— Ah, não, em absoluto, e não tenho pressa alguma, nem vocês devem ter, não é que eu queira me imiscuir, mas é minha opinião. Só quero saber como você enfrenta esta nova situação, bem agora, quando chega. É só isso, curiosidade.

E abriu as mãos erguendo-as diante de mim, como quem mostra que está desarmado.

— Não sei, não a enfrento de maneira nenhuma, mais adiante lhe direi. É de se esperar, creio eu, que no dia de hoje eu não me pergunte.

Estava apoiado na mesa, em cima dela haviam ficado as assinaturas inúteis das testemunhas atrasadas. Endireitei-me um pouco, primeiro sinal de que dava a conversa por encerrada e queria voltar à festa; mas ele não acompanhou meu gesto apagando por sua vez o cigarro ou descruzando as pernas. Para ele a conversa devia prosseguir um pouco mais. Pensei que queria me dizer algo concreto mas não sabia como ou não estava convencido de querer dizê-lo. Isso sim era inteiramente próprio de Ranz, que em muitas ocasiões obrigava os outros a responder a perguntas que ele não formulava ou a tocar em algum tema por ele não mencionado, embora fosse esse tema o único a rondar sua atraente cabeça de pó de talco. Eu o conhecia bem demais para facilitar-lhe as coisas.

— De se esperar — disse ele. — Não creio que haja alguma coisa de se esperar. Eu, por exemplo, não esperava mais que você se casasse. Faz apenas um ano teria apostado que não, bem, apostei com Custardoy e com Rylands por carta e perdi algum dinheiro, está vendo? O mundo está cheio de surpresas, também de segredos. Imaginamos que conhecemos cada vez melhor os que nos são próximos, mas o tempo traz consigo muito mais coisas ignoradas do que sabidas, cada vez se conhece relativamente menos, cada vez há mais zonas de sombras. Embora também haja mais iluminadas, as sombras sempre são em maior número. Luísa e você devem ter segredos, suponho. – Ficou calado uns segundos e, ao ver que eu não respondia, acrescentou: – Claro, você só pode saber os seus, senão não seriam segredos.

Ranz continuava sorrindo com seus lábios tão desenhados e tão idênticos aos meus, embora os dele tivessem perdido a cor e estivessem invadidos pelas rugas verticais que nasciam de seu queixo e do lugar do bigode, que usara quando jovem segundo as fotos de então, mas não cheguei a vê-lo assim. Suas palavras pareciam um tanto maldosas (no primeiro momento pensei que sabia alguma coisa de Luisa e que esperara até depois do casamento para me contar), mas o tom de agora não o era, nem sequer ambíguo. Se não fosse excessivo, eu diria que era um tom desamparado. Era como se ele tivesse se perdido um pouco ao se pôr a falar e já não soubesse como se dirigir para onde queria. Eu podia ajudá-lo, ou não. Sorria amistosamente com o cigarro fino na mão, já estava consumido, com mais cinza do que filtro, fazia um momento que não a sacudia, provavelmente não o apagava para não aumentar seu desamparo. Peguei o cinzeiro, aproximei-o ainda mais e segurei-o para ele, e então depositou a guimba, esfregou os dedos, cheirava mal o filtro queimado. Uniu as mãos, grandes como todo o seu corpo e sua farinhosa cabeça, nelas se via um pouco mais sua idade, um pouco mais, não muito, tinham rugas mas não manchas. Sorria com afabilidade agora, como era seu costume, quase com piedade, sem troça, seus olhos fitavam com limpidez, seus olhos como grossas gotas de licor ou vinagre, estávamos meio na sombra. Não era um velho, nunca foi, como eu disse, mas naqueles momentos o vi envelhecido, isto é, com medo. Há um escritor chamado Clerk ou Lewis que escreveu sobre si mesmo depois da morte da mulher, e começou dizendo: "Ninguém nunca me disse que a dor era uma sensação tão parecida com o medo." Talvez fosse dor o que transparecia no sorriso de Ranz, meu pai. É sabido que as mães choram e sentem algo semelhante à dor quando seus filhos homens se casam, talvez meu pai sentisse seu contentamento e também a pena que minha mãe, falecida, teria sentido. Uma dor substituta, um medo substituto, uma dor e um medo que vinham de outra pessoa cujo rosto ambos já havíamos esquecido um pouco, é curioso como se esfumam as feições dos que já não nos vêem e que já não vemos, por zanga ou ausência ou esgotamento, ou como as usurpam suas fotografias sempre paradas num só dia, minha mãe ficou sem óculos, sem seus óculos de vista cansada que se acostumou a usar muito nos últimos tempos, ficou congelada no retrato que eu escolhi de seus vinte e oito anos, uma mulher mais moça do que sou agora, com uma expressão descansada e olhos levemente resignados que normalmente não tinha, creio eu, mas que ao contrário eram risonhos como os de minha avó havanesa, sua mãe, as duas riam entre si, riam freqüentemente juntas, mas é verdade que nas duas também havia às vezes um prolongado olhar de dor ou de medo, minha avó interrompia às vezes o balanço da cadeira e ficava com a vista perdida, os olhos secos e sem pestanejar, como de alguém recém-despertado e que ainda não compreende, às vezes ficava olhando para as fotos ou para o quadro de sua filha desaparecida do mundo antes que eu nascesse, fitava-a durante um minuto ou talvez mais, seguramente sem refletir, sem nem mesmo recordar, sentindo dor ou retrospectivo medo. E minha mãe também olhava assim às vezes para sua distante irmã, interrompia a leitura e tirava os óculos de vista cansada, com um dedo enfiado no livro para não perder a página e os óculos na outra mão, ficava às vezes olhando para lugar nenhum e às vezes para os mortos, caras que viu crescer mas não envelhecer, caras com volume que se tornaram planas, caras em movimento que logo nos acostumamos a ver em repouso, não elas mas sua imagem, o rosto vivo de minha mãe detinha-se a olhar para elas, seus olhos talvez melancolizados pela música de realejo que todas as horas subia da rua de Madri durante minha infância e que ao começar fazia parar um instante todos os que estavam em casa, as mães e os filhos preguiçosos ou doentes e as empregadas, que erguiam a vista e até assomavam à sacada ou à janela para voltar a ver o que era sempre igual, um homem moreno com um chapéu e um realejo, um homem mecânico que interrompia os trauteios das mulheres ou os canalizava e melancolizava o olhar dos moradores durante um instante ou minha mãe durante mais de um instante, a dor e o medo não são fugazes. As mães e as crianças e as empregadas sempre reagiam a esse som levantando a vista, erguendo o pescoço como animais, e também reagiam do mesmo modo diante do assobio agudo dos amoladores, as mulheres pensando por um momento se as facas que tinham em casa cortavam como deviam ou se era preciso descer correndo à rua com elas, fazendo uma pausa em seus afazeres ou em sua indolência para recordar e pensar em gumes, ou talvez absorvendo-se repentinamente em seus segredos, os segredos guardados e os sofridos, isto é, os que conheciam e os que não conheciam. Era então, às vezes, ao levantar a cabeça para prestar atenção na mecânica música ou num assobio que se repetia e vinha avançando pela rua inteira, que sua vista caía sobre os retratos dos ausentes, meia vida olhando para fotografias ou quadros sempre enigmáticos com olhos imóveis e sorriso bobo, e mais outra vida, ou meia, a do outro, o filho, ou a irmã, o viúvo, recebendo aqueles mesmos olhares bobos e imóveis na fotografia que nem sempre aquele que olha se lembra de quando tiraram: minha avó lançando olhares à sua filha morta e minha mãe à sua irmã morta, e substituída; meu pai e eu olhando para ela e eu vou me preparando para olhar para ele, olhar para Ranz, meu pai; e minha querida Luisa, re-

cém-casada no salão ao lado, sem saber que as fotos
que hoje tiraram serão um dia objeto de seus olhares,
quando já não tiver diante de si nem mesmo sua meia
vida e a minha estiver acabada. Mas ninguém conhece
a ordem dos mortos nem a dos vivos, a quem caberá
primeiro a dor ou primeiro o medo. Talvez Ranz encarnasse agora a dor e o medo que voltavam a estar ali,
em sua expressão sorridente e compassiva e sossegada,
em suas mãos já sem cigarro e unidas e ociosas, em suas meias esportivas bem levantadas para que nunca vissem um pedaço de sua perna, um pedaço de carne velha como a carne de Verum-Verum, carne de fotografia,
em sua gravata excessivamente decorada, um tanto larga para aqueles tempos e de cores tão bem combinadas, um pouco largo seu nó tão esmerado. Mostrava-se
à vontade sentado ali, como se fosse dono do Cassino
de Madri enquanto estivesse alugado por ele, mostravase também incomodado, eu não o estava ajudando a
me dizer o que o inquietava, o que havia decidido me
comunicar – ou ainda não o havia feito – no dia do
meu casamento quando me reteve naquele quarto contíguo à festa com uma mão no ombro. Agora eu via claro: não é que não soubesse como, mas era uma superstição o que o paralisava, não saber o que pode dar sorte ou azar, falar ou calar, não calar ou não falar, deixar
as coisas seguirem seu curso sem as invocar nem conjurar ou intervir verbalmente para condicionar esse curso, verbalizá-las ou não fazer advertências, pôr em
guarda ou não dar idéias, às vezes nos dão idéias os
que nos previnem contra essas idéias, dão-nos porque
nos previnem, e fazem que nos ocorra o que nunca teríamos concebido.
– Segredos? De que está falando? – perguntei.
Ranz corou um pouco ou assim me pareceu, como
culminação e término de seu momentâneo desamparo;
mas logo apagou o rubor das faces que as pessoas mais
velhas rara vez consentem, e também com isso sua ex-

pressão sorridente e um pouco tola, de dor ou de medo ou de ambas as coisas. Levantou-se, nós dois temos agora a mesma altura, e tornou a colocar-me a mão grande no ombro, mas colocou-a de frente e me olhou bem de perto, com intensidade mas sem transcendência, sua mão no meu ombro foi quase o golpe da espada plana que armava cavaleiro quem não o era: tinha optado pelo termo médio ou pela insinuação, não tinha se resolvido, ou talvez fosse um adiamento. Falou com seriedade e com calma, já sem sorriso, sua brevíssima frase foi dita sem o sorriso que quase sempre surgia em seus lábios carnudos como os meus e que uma vez dita a frase retornou-lhe no mesmo instante. Depois tirou outro cigarro fino de sua cigarreira antiquada e abriu a porta. Entrou o ruído da festa e vi Luisa ao longe conversando com duas amigas e um ex-namorado pelo qual tenho antipatia, mas olhava para nossa porta até então fechada. Ranz me fez um gesto com a mão, de despedida ou advertência ou alento (como se dissesse "Até mais ver" ou "Ânimo" ou "Tome cuidado") e saiu do cômodo, ele antes de mim. Vi-o abandonar a seriedade imediatamente, pôr-se a fazer gracejos e soltar gargalhadas com uma senhora que não sei quem era, sem dúvida vinha da metade de Luisa, a metade dos convidados ao meu próprio casamento que eu jamais tinha visto nem voltaria a ver, seguramente. Ou talvez fosse uma convidada de meu próprio pai, agora que penso nisso: ele sempre teve amizades estranhas, ou que mal conheço.

Este foi o conselho que Ranz me deu, foi um sussurro:

– Só lhe digo uma coisa – falou. – Quando você tiver segredos ou se já os tiver, não os conte. – E, já com o sorriso de volta ao rosto, acrescentou: – Boa sorte.

As assinaturas das testemunhas ficaram naquele quarto, e não sei se alguém se ocupou delas nem onde estão agora, talvez tenham ido para o lixo com as bandejas vazias e os restos da festa. Não as peguei, é claro, daquela mesa em que me apoiara durante um instante, tão vestido de noivo, no dia em que assim devia me vestir.

Ontem ouvi um realejo soar estranhamente na rua, já não há quase mais realejos, um vestígio do passado. Alcei a vista no mesmo instante como na infância, soava forte demais e me impedia de trabalhar, seu som era demasiado evocador para que eu pudesse me concentrar no que quer que fosse. Levantei-me e fui à janela para ver quem tocava, mas nem o músico nem o instrumento entravam em meu campo visual, estavam para lá da esquina, ocultava-os o edifício em frente que não me priva de luz, é um edifício baixo. Ocultava-os sem dúvida por pouco, pois se via na própria esquina uma mulher de meia-idade, com trança cigana mas vestida sem folclorismos (roupa de cidade), que me dava o perfil e segurava na mão um diminuto pratinho de plástico, quase um pires, não poderia receber muitas moedas sem precisar esvaziá-lo, passar seu conteúdo para o bolso ou para alguma bolsa a fim de deixá-lo de novo livre, não inteiramente vazio mas com algumas moedas, dinheiro chama dinheiro. Escutei por um bom instante, primeiro um xote madrilenho, depois algo andaluz irreconhecível, depois um *pasodoble* e então saí ao terraço para ver se das jardineiras eu divisava o tocador de realejo, saí sabendo que não, pois, embora o terraço – saliente como todo terraço – me aproximasse um pouco da rua, ficava em compensação justo à direita de minha janela, isto é, oferecia ainda menos visão do que estava além da esquina, oculto, eu olhava para minha esquerda. Não passavam muitos transeuntes, de modo que a mulher de trança agitava uma e outra vez em vão o pratinho de plástico fazendo ressoar umas poucas moedas, postas ali por ela mesma talvez, dinheiro chama dinheiro. Voltei à minha mesa e tentei abstrair-me do barulho, mas não consegui; então pus o paletó e desci à rua disposto a interromper a música. Atravessei a rua e por fim vi o homem moreno com um chapéu velho e um bigodinho branco muito aparado, um homem de pele curtida e expressão amável, com seus olhos rasgados e sorridentes, um pouco sonhadores ou absortos enquanto girava a manivela com a mão direita e marcava o ritmo no chão com o pé contrário, o esquerdo, ambos os pés calçados com alpercatas de sola de corda, gáspea branca e o resto marrom, invadindo as calças um tanto largas e compridas. Estava tocando um *pasodoble* na esquina da minha casa. Tirei uma nota do bolso e com ela na mão lhe disse:

– Dou-lhe isto se o senhor for embora para a esquina mais acima. Moro aqui e estou trabalhando em casa. Com esta música não há quem possa. Combinado?

O homem ampliou o sorriso e assentiu com a cabeça, com a qual fez em seguida um sinal para a mulher de trança, embora isso não fosse necessário: ela se aproximara com o pratinho semivazio ao ver a nota em minha mão. Estendeu-o e deixei nele o papel verde, que não ficou ali mais de um segundo, o pratinho de novo quase vazio e a nota no bolso. Em Madri o dinheiro nunca vai de mão em mão.

– Obrigado – falei. – Mas vão para a outra esquina, hem? O homem moreno assentiu de novo e eu atravessei outra vez em direção a minha casa. Ao chegar a meu apartamento no quinto andar olhei pela janela com um tique de desconfiança, já que, embora a música ainda fosse audível, soava mais fraca, distante, e não me impedia de me concentrar. Mas mesmo assim fui à janela para verificar com meus próprios olhos que haviam saído da minha esquina. "Sim, senhor, já, já", dissera obediente a mulher cigana, e tinham cumprido.

Hoje me dou conta de duas coisas: a primeira e menos importante é que eu não devia ter insistido com eles uma vez aceito o dinheiro e o trato, não devia ter repetido "Mas vão para a outra esquina, hem?", pondo de antemão em dúvida que cumprissem o combinado (o pior foi aquele "hem?" ofensivo). A segunda revela-se mais grave: é que, por ter dinheiro, decidi os movimentos de duas pessoas ontem de manhã. Eu não queria que ficassem numa esquina (*minha* esquina) e mandei-os para outra que eles não tinham escolhido; tinham escolhido a minha, talvez por acaso mas talvez por algum motivo, talvez tivessem motivo para estar na minha esquina e não na outra, no entanto isso não me preocupou nem me interessei por averiguá-lo e, sem mais nem menos, os fiz deslocarem-se um quarteirão, para onde não tinham decidido parar por vontade própria. Não os obriguei, é bem verdade, foi uma transação ou um pacto, a mim compensava gastar uma nota para trabalhar em paz (ganharia mais notas enquanto trabalhasse) e para eles não seria vital estar na minha esquina, sem dúvida preferiam ir embora para a outra mais acima e ficar com minha nota a continuar na minha sem a nota, por isso aceitaram e se deslocaram. Pode-se até pensar que foi um dinheiro fácil, teriam levado horas para reunir aquela quantidade com as moedas soltas dos transeuntes pão-duros que mal passavam.

Não é grave, é um incidente mínimo, insignificante, sem prejuízo para ninguém, melhor ainda, no qual todas as partes saíram ganhando. No entanto me parece grave, sim, que eu pudesse decidir, *porque* tinha dinheiro e não tinha nenhum problema em gastá-lo, onde o homem moreno devia tocar seu realejo e a mulher de trança estender seu prato. Comprei seus passos, comprei sua localização na manhã de ontem, comprei também sua vontade por um instante. Poderia ter-lhe pedido por favor, ter-lhe exposto a situação e ter deixado que ele decidisse, eles também estavam trabalhando. Pareceu-me mais seguro oferecer-lhe dinheiro e impor-lhe uma condição para ganhá-lo: "Dou-lhe isto se o senhor for embora", disse-lhe, "se for para a esquina mais acima." Depois lhe dei explicações, mas na realidade eram supérfluas, podia não ter dado após oferecer-lhe o dinheiro, para ele era muito e para mim não era nada, tinha certeza de que ele aceitaria, o resultado teria sido o mesmo se, em vez de mencionar em seguida meu trabalho, como fiz, eu tivesse dito: "Porque estou com vontade de que vá embora." Assim era de fato ainda que eu não o tenha dito, mandei-o para outra esquina porque me deu vontade. Era um tocador de realejo agradável, dos que não há mais, um vestígio do passado e de minha infância, deveria ter mostrado mais respeito por ele. O ruim é que ele provavelmente também teria preferido que as coisas fossem como foram e não como agora penso que poderiam ter sido, isto é, teria preferido minha nota a meu respeito. Poderia ter-lhe pedido por favor que se deslocasse depois de lhe expor o caso e ter-lhe dado a nota posteriormente, se se mostrasse complacente e compreensivo, uma gorjeta em vez de um suborno, "pelo incômodo" em vez de "caia fora"; mas entre ambas as coisas não há diferença, em ambas há um se, pouco importa que seja explícito ou que esteja implícito, que venha depois ou antes. Em certo sentido o que eu fiz foi o mais claro e o mais limpo, sem hipocrisias nem falsos sentimentos, compensava a ambos, isso é tudo. Mas ainda assim o comprei e decidi seus passos, e talvez na outra esquina para a qual o mandei o tenha atropelado um caminhão de entregas que perdeu a direção naquele instante e subiu na calçada, não o teria atropelado se o homem moreno tivesse permanecido na primeira esquina que havia escolhido. Não haveria mais xotes; o chapéu caído e o bigodinho ensangüentado. Também pode ter sido o contrário, e então é de se supor que eu lhe tinha salvado a vida ao mandá-lo embora.

Mas tudo isso são conjeturas e hipóteses, enquanto há vezes em que a vida dos outros, de outro (a configuração de uma vida, sua continuação, não meros passos), depende de nossas decisões e hesitações, de nossa covardia ou ousadia, de nossas palavras e de nossas mãos, também às vezes de que tenhamos dinheiro e eles não tenham. Perto da casa de Ranz, isto é, perto da casa em que morei durante minha infância e adolescência, há uma papelaria. Nessa papelaria começou a trabalhar bem cedo, aos treze ou catorze anos, uma menina quase da minha idade, um pouco mais moça, filha do dono. É um estabelecimento antiquado e modesto, um desses lugares que o progresso esquece e deixa de lado para realçar seus sucessos totalitários, um estabelecimento apenas renovado durante tantos anos, um pouco nos últimos, com a morte do pai melhoraram, modernizaram-se um pouco e estarão ganhando mais dinheiro. Na época, aos meus quinze ou catorze anos, sem dúvida ganhavam muito pouco e por isso a garota trabalhava, à tarde, pelo menos naquela época. Essa garota era linda, me atraía muito, eu ia à papelaria quase todos os dias para vê-la, em vez de comprar o que necessitava de uma só vez, um dia comprava um lápis, outro um caderno, a borracha uma tarde para voltar na tarde seguinte por um tinteiro. Inventava minhas necessidades, foram-me muitas mesadas naquela papelaria.

Também demorava para ir embora e assobiava enquanto esperava ser atendido, como faziam então os rapazes da minha idade, dava um jeito para que ela me atendesse (vigiava quando ficava livre para abrir a boca) e não o pai ou a mãe, arrastava a coisa mais do que o necessário e o contentamento me durava a noite inteira se recebia um sorriso ou um olhar amável ou pelo menos interpretável, mas saía contente sobretudo pensando no futuro abstrato, tudo estava suspenso, ela estava ali uma tarde depois da outra, sempre localizável, e não havia motivo para que o futuro se tornasse concreto e deixasse de ser futuro. Minha idade de então foi sendo outra, e também a da garota, que cresceu e continuou sendo linda por vários anos, também agora pelas manhãs, a partir dos dezesseis ou coisa assim estava ali o dia todo, trabalhava continuamente, enquanto eu ia à universidade ela já não estudava. Eu não falava com ela quando ambos íamos ao colégio e continuei sem falar com ela mais tarde, primeiro não me atrevia e depois o tempo havia passado, é o mal do futuro abstrato quando se fica nisso: embora eu olhasse para ela, estava ocupado em outras coisas e no variável presente, já não passava tanto pela papelaria. Nunca lhe dirigi a palavra a não ser para lhe pedir papel e lápis, pastas e borrachas e agradecer-lhe. Não sei como é, portanto, qual o seu caráter nem que gostos tem, se sua conversa é agradável e seu humor bom ou ruim, o que pensa de nenhum assunto, se ri ou como beija. Só sei que a amava aos quinze anos como se costuma amar então ou ainda como se ama o não iniciado, isto é, com a idéia de que será para sempre. Mas além disso atrevo-me a dizer que sua maneira de olhar e de sorrir (sua maneira de então) mereciam ser amadas para sempre, e isso já não dependia de meus quinze anos, mas digo-o agora. Chamava-se e chama-se Nieves. Agora passaram-se outros quinze ou mais anos desde que já não moro na casa de Ranz, mas uma ou outra vez, quando vou ou fui visitá-lo, ou pegá-lo para irmos comer juntos no La Trainera ou em outro restaurante mais distante, antes de subir à sua casa entrei na papelaria pelo costume não de todo perdido de comprar alguma coisa ali, e sempre, ao longo destes anos, fui me encontrando com aquela menina que já não era menina, eu a vi aos vinte e três, e aos vinte e seis, e aos vinte e nove, e aos trinta e três ou quatro que terá agora. Pouco antes de me casar com Luisa eu a vi um dia; é uma mulher ainda jovem, é necessariamente porque soube sua idade desde sempre, aproximadamente, era pouco menos que a minha. É necessariamente mas não parece, já não é linda e não sei por que não, já que ainda está na idade de ser. Com certeza está anos demais metida de manhã e de tarde naquela papelaria (embora não de noite nem aos domingos nem aos sábados a partir do meio-dia, mas não basta), vendendo seu material às crianças que já não a vêem como sua igual nem como sua amada, mas como uma senhora desde faz tempo. Sem dúvida, já nenhuma dessas crianças a admirará, talvez ninguém a admire, nem mesmo eu que já não sou criança, nem talvez um marido que será do bairro e estará demasiados anos metido em outro estabelecimento de manhã e de tarde, vendendo remédios ou trocando rodas. Ignoro-o, talvez tampouco haja marido. A única coisa que sei é que essa mulher jovem que já não parece jovem está há tempo demais vestindo-se de forma parecida, com suéteres e blusas de gola redonda, saias plissadas e meias brancas, há tempo demais subindo numa escada para pegar uma fita de máquina de escrever com suas unhas quebradas manchadas de tinta, sua esbelta figura levemente cheia, seus seios que eu vi crescer cada vez mais abertos, o olhar entediado e as olheiras crescentes, as pálpebras avolumadas pelo pouco sono invadindo seus olhos que foram bonitos, ou talvez avolumadas apenas pelo que tiveram diante delas desde a infância. Daquela vez que estive lá e a vi, pouco antes de meu projetado casamento, antes de subir para pegar meu pai e irmos almoçar entre boas risadas, tive um pensamento presunçoso de que me envergonho e que contudo não pude afastar totalmente, melhor dizendo, ele me volta de vez em quando como algo esquecido mil vezes e recordado outras tantas e que não obstante sempre nos dá preguiça remediar, de modo que preferimos que continue esquecido e recordado em partes iguais ou em alternância para não o esquecer definitivamente. Pensei que essa moça, Nieves, seria diferente e melhor se eu a tivesse amado não só de longe, se passada a adolescência tivesse falado com ela e me relacionado com ela e ela tivesse querido me beijar, o que nunca poderei saber, se teria querido. Já sei que não sei nada dela, sem dúvida faltam-lhe inquietação e ambição e curiosidade, mas estou certo de pelo menos um par de coisas: de que não se vestiria como se veste agora e de que teria saído da papelaria, eu teria me encarregado disso. Talvez ainda fosse linda e parecesse jovem, não dá para dizer, mas a mera possibilidade de que assim pudesse ter sido já é suficiente para me indignar, não comigo mesmo por não lhe ter falado mais do que de lápis, mas com o simples fato, ou possibilidade outra vez, de que a idade visível e o aspecto de uma pessoa possam depender de quem dela se aproximou, e de ter dinheiro. O dinheiro faz com que a papelaria seja vendida sem hesitação e haja mais dinheiro, o dinheiro reduz o medo e compra vestidos novos a cada temporada, o dinheiro permite que um sorriso e um olhar sejam amados como merecem e se perpetuem por mais tempo do que lhes cabe. Outras pessoas na situação de Nieves não continuariam ali, teriam conseguido sair do futuro abstrato tão confortável e do aberto que vai se fechando; mas não estou falando de gente hipotética, e sim *daquela* moça cuja figura nunca concreta protegeu as noites de meus quinze anos. Por isso meu pensamento presunçoso não foi exatamente uma presunçosa variante patética das historietas de príncipes e camponesas, de professores e floristas, de cavalheiros e coristas, embora alguma coisa tivesse de presunçoso, talvez tenha sido provocado por meu casamento iminente e porque me senti traidor e superior e salvo por um instante, superior e traidor de Nieves e salvo de ser como ela. Não pensei em mim mesmo, mas em sua vida configurada, em sua continuação, crendo-me capacitado por um segundo a tê-la modificado, inclusive ainda a tempo de fazê-lo, do mesmo ou parecido modo como ontem pela manhã mudei o lugar e os passos do agradável tocador de realejo do meu passado e da mulher de trança. Sei que a moça da papelaria teria visto outras coisas e outros países fora do mês de férias, sei que teria convivido com pessoas diferentes daquelas com quem se relaciona e conhece, sei que teria disposto de mais dinheiro e não se teria enterrado sob cavacos de lápis e raspas de borracha. E o que não sei é como me atrevi a pensar nisso tudo, como me atrevo ainda hoje a não ter afugentado definitivamente esse pensamento presunçoso e a permitir que volte, como dei por certo que uma vida comigo teria sido melhor para ela, melhor em conjunto. Nunca há conjunto, penso, e quem seria ela, pensei, sem reconhecer que eu também não seria o mesmo e talvez passasse meus dias na papelaria com ela.

– Tem carga para esta caneta?

Foi o que lhe perguntei, tirando do bolso uma caneta alemã que tinha comprado em Bruxelas e de que gosto muito porque a pena é preta e fosca.

– Deixe ver – disse ela, e abriu a caneta e viu a carga quase vazia. – Acho que não, mas espere, vou dar uma olhada nas caixas de cima.

Eu sabia que ela não ia ter aquela carga e pensei que ela devia saber que não tinha. No entanto arrastou a velha escada e colocou-a do seu lado do balcão à minha esquerda, pesadamente, como se tivesse vinte anos mais (mas levava esse tempo para cima e para baixo), foi subindo os degraus até chegar ao quinto e buscar com o pé nele em várias caixas de papelão que não nos serviriam. Eu a vi de costas, com seus sapatos sem salto e sua saia xadrez de colegial antiquada, suas cadeiras alargadas e a tira do sutiã um tanto frouxa transparecendo sob a blusa; e com sua bela nuca, a única coisa inalterada. Olhava nas caixas e segurava na mão minha caneta aberta para ver a carga e poder compará-la, segurava-a com muito cuidado. Se eu estivesse à sua altura naquele momento teria posto uma mão em seu ombro e acariciado aquela nuca, afetuosamente.

É difícil imaginar que eu passasse ali meus dias, sempre tive dinheiro e curiosidade, curiosidade e dinheiro, mesmo quando não disponho de grandes somas e trabalho para ganhá-lo, como agora e desde que saí da casa de Ranz já faz tanto tempo, embora agora só trabalhe seis meses por ano. Quem sabe que vai tê-lo já o tem em boa medida, as pessoas o adiantam, sei que disporei de muito quando meu pai morrer e que então poderei trabalhar só se quiser, tive-o quando criança para comprar muitos lápis e já herdei boa parte quando da morte de minha mãe, e uma parte menor já antes, quando morreu minha avó, se bem que não tenham sido elas que o ganharam, as mortes deixam ricos os que não eram nem nunca poderiam ser por si sós, as viúvas e filhas, ou talvez fique às vezes unicamente uma papelaria que acorrenta a filha e não resolve nada.

Ranz sempre viveu bem e portanto também seu filho, sem grandes excessos ou apenas com aqueles que sua profissão lhe proporcionava e até aconselhava. O excesso ou fortuna de meu pai consiste em quadros e alguma escultura, sobretudo em quadros e numerosos desenhos. Agora está aposentado, mas durante muitos anos (anos de Franco e também depois) foi um dos especialistas da equipe do Museu do Prado, nunca diretor nem subdiretor, nunca alguém visível, aparentemente um funcionário que passava todas as manhãs num escritório, sem que por exemplo seu filho jamais tivesse uma idéia clara de como as ocupava, pelo menos em criança. Depois fui sabendo, meu pai passava os dias efetivamente trancado numa sala ao lado das obras-primas e não tão primas da pintura que tanto o apaixonavam. Manhãs inteiras na proximidade de quadros extraordinários, às cegas, sem poder ir vê-los, ou espiar como os visitantes os apreciavam. Examinava, catalogava, descrevia, descatalogava, pesquisava, opinava, inventariava, telefonava, vendia e comprava. Mas nem sempre estava ali, também viajou muito por conta de instituições e de indivíduos que pouco a pouco foram se inteirando de suas virtudes e o contratavam para emitir opiniões e fazer perícias, palavra feia, mas o fato é que os que fazem perícias a empregam. Com o correr do tempo tornou-se conselheiro de vários museus norte-americanos, entre eles o Getty de Malibu, o Walters de Baltimore e o Gardner de Boston, também conselheiro de algumas fundações ou delituosos bancos sul-americanos e de colecionadores particulares, gente rica demais para vir a Madri ou à sua casa, era ele que ia a Londres ou Zurique, Chicago ou Montevidéu ou Haia, dava sua opinião, apoiava ou desaconselhava a venda ou a compra, ganhava uma porcentagem ou um presente, voltava. Ao longo dos anos foi ganhando cada vez mais dinheiro, não apenas pelas porcentagens e por seu salário de perito no Prado (não era grande coisa), mas por sua corrupção paulatina e ligeira: a verdade é que diante de mim nunca se sentiu embaraçado de reconhecer suas práticas semifraudulentas, mais ainda, gabou-se delas na medida em que todo logro sutil aos precavidos e poderosos é em parte digno de aplauso se, além do mais, fica impune e não é descoberto, isto é, quando se ignora não o autor, mas o próprio logro. A corrupção também não é muito grave nesse campo, consiste simplesmente em passar a representar os interesses do vendedor, sem que se note nem se saiba, em vez daqueles do comprador, que é normalmente quem contrata o perito (e além do mais pode ser vendedor um dia). O Getty Museum ou a Walters Art Gallery, que pagavam a meu pai, eram informados sobre a autoria, estado e conservação de um quadro cuja aquisição estudavam. Meu pai informava com veracidade em princípio, mas ocultava algum dado que, se levado em conta, teria diminuído notavelmente seu valor e seu preço, por exemplo que à tela em questão faltavam vários centímetros cortados por alguém ao longo dos séculos para que coubesse no gabinete de um de seus donos, ou que um par de figuras secundárias do fundo estavam retocadas sobre o original, para não dizer refeitas. Chegar a um acordo com o vendedor para silenciar esses detalhes pode supor uma porcentagem dupla sobre um preço mais alto, bastante dinheiro para o silenciador e mais ainda para o vendedor; e o perito, se mais para a frente descobrem seu erro, sempre pode dizer que se tratou disso mesmo, um erro, nenhum perito é de todo infalível, ao contrário, é inevitável que alguma vez se equivoque em algum aspecto, basta que acerte em muitos outros para conservar seu prestígio, e assim os erros podem ser administrados. Meu pai, não tenho dúvida, possui bom olho e ainda melhor mão (é preciso tocar a pintura para saber, é imprescindível, às vezes, até lambê-la um pouco sem lhe causar dano), e em países como a Espanha isso não teve preço durante muitíssimos anos, quando se desconheciam ou não se podiam custear as análises químicas (que também não são infalíveis, diga-se de passagem) e o crédito dos peritos dependia apenas da ênfase e convicção com que emitissem seus vereditos. As coleções privadas espanholas (as públicas também, mas menos) estão cheias de obras falsificadas, e seus proprietários sofrem grandes desgostos quando hoje em dia decidem vendê-las e as confiam por fim a uma casa de leilões séria. Houve senhoras que desmaiaram *in situ* ao saberem que seu pequeno e divino El Greco de toda a vida era um pequeno El Greco divino e falso. Houve cavalheiros idosos que ameaçaram cortar os pulsos ao receberem a notícia, inquestionável, de que seu querido quadro flamengo da vida inteira era um quadro flamengo querido e falso. Pelos escritórios das casas de leilão rolaram pérolas autênticas e quebraram-se bengalas de madeiras nobres, os objetos cortantes estão em vitrines desde que cortaram um empregado e ninguém se espanta com as camisas-de-força e as ambulâncias. Os enfermeiros dos hospícios são bem-recebidos.

Durante décadas as perícias na Espanha foram feitas por qualquer um com suficiente vaidade, desfaçatez e audácia: um antiquário, um livreiro, um crítico de exposições, um guia do Prado, desses que andam com um letreiro, um bedel, o vendedor de cartões-postais ou a assistente, todo o mundo opinava e emitia seu parecer e todos os pareceres eram aceitos, uns não mais que outros. Alguém que entendesse de verdade da coisa não tinha preço, como acontece ainda hoje em qualquer parte do mundo, porém mais aqui e naquela época. E meu pai entendia, ainda entende mais que a maioria. Contudo, fiquei em dúvida sobre se entre suas corrupções ligeiras nunca houve alguma mais grave e da qual nunca se tenha gabado. O perito, à parte as já mencionadas, tem outras duas ou três maneiras de enriquecer. A primeira é legal, e consiste em comprar para si mesmo de quem não sabe ou está em apuros (por exemplo, durante e depois de uma guerra, nesses períodos entregam-se obras-primas por um passaporte ou um toucinho). Durante anos e anos Ranz também foi comprando para sua casa, não apenas para quem o contratava: de antiquários, livreiros, críticos de exposições, guias do Prado, desses que andam com letreiro, bedéis, vendedores de cartões-postais e até assistentes, de todo tipo de gente comprou maravilhas por alguns trocados: com o dinheiro que lhe pagavam em Malibu, Boston e Baltimore investia em arte para si mesmo, ou melhor, não investia ou talvez o fizesse para seus descendentes, já que nunca quis vender nada de sua propriedade e serei eu a vender. Meu pai possui preciosidades que não lhe custaram nada e de algumas delas nada se sabe. Na Kunsthalle de Bremen, na Alemanha, desapareceram uma pintura e dezesseis desenhos de Dürer em 1945, conta a história que se esfumaram durante os bombardeios ou que os russos levaram, mais provavelmente esta última hipótese. Entre esses desenhos havia um intitulado *Cabeça de mulher de olhos fechados*, outro chamado *Retrato de Caterina Cornaro* e um terceiro conhecido como *Três tílias*. Não afirmo nem nego nada, mas na coleção de desenhos de Ranz há três que juraria serem de Dürer (mas quem sou eu para dizê-lo, e ele sempre ri quando lhe pergunto, não me responde), e num deles se vê uma cabeça de mulher com os olhos fechados, em outro me diz o coração que está o vivo retrato de Caterina Cornaro e o que vejo no último são três tílias, embora não entenda muito de árvores. Isso é apenas um exemplo. Levando-se em conta os tão variáveis preços do mercado de arte, não sei quanto valerá o conjunto de sua coleção (meu pai também ri quando lhe pergunto e me responde: "Vai saber no dia em que não tiver outro remédio senão averiguá-lo. Essas coisas mudam todo dia, como o preço do ouro"), mas é possível que não precise desfazer-me de mais de uma ou duas peças, quando ele morrer e quando vender ou não vender for problema meu, para deixar de traduzir e viajar se não quiser continuar a fazê-lo.

  Dos melhores quadros que Ranz sempre teve à vista em casa (à vista não tantos), sempre disse invariavelmente às amizades e visitas que se tratava de cópias (com uma ou outra exceção razoável: Boudin, Martín

Rico e outros semelhantes), excelentes cópias de Custardoy pai e alguma mais recente de Custardoy filho. A segunda maneira que um perito tem de enriquecer é pôr seus conhecimentos não a serviço da interpretação, mas da ação, isto é, assessorar e orientar um falsário para que suas obras sejam o mais perfeitas possível. É de supor que o perito que aconselhe um falsificador se absterá de informar quem quer que seja acerca *dessas* falsificações, as realizadas sob sua supervisão e critério. Mas em compensação é provável que o falsificador lhe dê uma porcentagem do obtido com a venda de um desses quadros assessorados a algum particular ou museu ou banco depois do visto de *outro* perito, como é provável também que o primeiro perito se preste a informar sobre as falsificações instruídas por este outro. Um dos melhores amigos de Ranz foi Custardoy pai e agora é Custardoy filho, ambos copistas magníficos de quase qualquer quadro de qualquer época, embora suas melhores imitações, aquelas em que original e cópia podiam ser confundidos, fossem dos pintores franceses do século XVIII, não muito apreciados durante bastante tempo (e que portanto ninguém se dava ao trabalho de falsificar) e hoje muitíssimo, em parte pela revalorização decidida pelos próprios peritos em décadas recentes. Na casa de Ranz há duas cópias extraordinárias de um pequeno Watteau e de um Chardin mínimo, a primeira de Custardoy pai e a segunda de Custardoy filho, a quem a encomendou faz apenas três anos, ou foi o que disse. Custardoy pai teve alguns problemas e sustos pouco antes de sua morte, já faz mais de dez anos, chegou a ser preso e solto pouco depois sem que o processassem, sem dúvida meu pai deu telefonemas de seu escritório do Prado a pessoas que depois da morte de Franco não haviam perdido totalmente a influência.

No entanto, por melhores quantias que Ranz fosse ganhando e fazendo crescer através de Malibu, Boston e Baltimore, de Zurique, Montevidéu e Haia, através de

seus favores particulares e seus ainda mais privados
serviços aos vendedores, através até de seus possíveis
conselhos a Custardoy o velho e talvez agora ocasionalmente ao moço, sua fortuna e seu excesso consistem,
como já disse, em sua coleção pessoal de desenhos e
quadros e algumas esculturas, embora eu ainda não saiba nem venha a saber por ora a quanto montam tal fortuna e tal excesso (espero que ao morrer deixe um laudo pericial exato). Ele nunca quis se desfazer de nada,
de nenhuma de suas supostas cópias nem de seus indiscutíveis autênticos, e nisso há que reconhecer, para
além de suas corrupções ligeiras, a sinceridade de sua
vocação e sua paixão genuína pela pintura. Pesando
bem as coisas, dar-nos de presente de casamento o
Boudin e o Martín Rico miniaturas deve lhe ter custado
sangue, embora em casa continue a vê-los. Quando trabalhava no Prado, me lembro de seu medo pânico de
qualquer acidente ou perda, de qualquer deterioração e
da mais ínfima imperfeição, assim como dos guardas e
vigias do museu, os quais, segundo ele dizia, era preciso pagar maravilhosamente e procurar manter contentes, já que deles dependia não apenas a segurança e o
cuidado, mas a própria existência das pinturas. *As Meninas*, dizia, existem graças à benevolência ou perdão
cotidiano dos guardas, que poderiam destruí-las a qualquer momento se quisessem, por isso é preciso mantê-los orgulhosos e alegres e em estado psíquico satisfatório. Ele, com diferentes pretextos (não era sua função,
não era função de ninguém), encarregava-se de saber
como ia a vida desses vigias, se estavam sossegados ou
ao contrário alterados, se estavam apertados ou se defendiam bem, se suas mulheres ou seus maridos (o pessoal é misto) os tratavam bem ou os brutalizavam, se
seus filhos eram motivo de satisfação ou pequenos psicopatas que os deixavam desnorteados, sempre se interessando e velando por eles para salvaguardar as obras
dos mestres, protegê-las de suas possíveis iras ou ímpe-

tos de ressentimento. Meu pai estava plenamente consciente de que um homem ou uma mulher que passa seus dias encerrado numa sala vendo sempre as mesmas pinturas, horas e horas todas as manhãs e algumas tardes sentado numa cadeirinha sem fazer outra coisa além de vigiar os visitantes e olhar para as telas (proibido até de fazer palavras cruzadas), podia enlouquecer e propiciar ameaças ou desenvolver um ódio mortal a esses quadros. Por essa razão se ocupava pessoalmente, durante seus anos metido no Prado, de mudar a cada mês os guardas de lugar, para que pelo menos vissem as mesmas telas apenas durante trinta dias e seu ódio se aplacasse, ou então mudasse de destinatário antes que fosse tarde demais. A outra coisa de que estava plenamente consciente era esta: embora fosse ser castigado e acabar parando na prisão, se um belo dia um guarda decidisse destruir *As Meninas*, *As Meninas* ficariam tão destruídas quanto os Dürer de Bremen se os bombardeios os destruíram mesmo, já que não haveria vigia para impedir o destroço se fosse o próprio vigia a destroçar, com todo o tempo do mundo para levar a cabo seu feito e ninguém para contê-lo salvo ele mesmo. Seria irreversível, não haveria maneira de recuperá-las.

Numa ocasião saiu de seu escritório quase na hora de fechar, quando a maioria dos visitantes já se fora, e encontrou um velho guarda chamado Mateu (estava lá há vinte e cinco anos) brincando com um isqueiro descartável e a beirada de um Rembrandt, concretamente a borda inferior esquerda da obra chamada *Artemisa*, de 1634, o único Rembrandt confirmado do Museu do Prado, no qual a supracitada Artemisa, com traços parecidíssimos aos de Saskia, mulher e freqüente modelo do pintor genial, olha de soslaio para uma rebuscada taça que lhe é oferecida por uma jovem criada ajoelhada e quase de costas. A cena foi interpretada de duas formas, como Artemisa, rainha de Halicarnasso, no momento de ir beber a taça com as cinzas de Mausolo, seu falecido marido para quem erigiu um sepulcro que foi uma das sete maravilhas do mundo antigo (daí *mausoléu*), ou como Sofonisba, filha do cartaginês Asdrúbal, que para não cair viva nas mãos de Cipião e dos seus, que a reclamavam formalmente, pediu a seu novo esposo Masinissa uma taça com veneno de presente de núpcias, taça que segundo a história lhe foi dada por causa da fidelidade em perigo, apesar de Sofonisba não ter sido apenas sua, pois já havia sido casada antes com outro, o chefe Sífax dos massesilianos, de quem na verdade o segundo e saqueador marido (o supracitado Masinissa) acabava de roubá-la durante a confusa tomada de Cirta, hoje Constantina na Argélia. Assim, é difícil saber diante do quadro se Artemisa vai beber em honra a Mausolo maritais cinzas ou Sofonisba marital veneno por culpa de Masinissa; embora pela expressão acentuada de ambas mais pareça que uma ou outra fossem ingerir, não sem hesitação, alguma poção adulterina. Seja como for, no fundo há uma cabeça de velha que observa mais a taça que a criada ou a própria Artemisa (se for Sofonisba, é possível que a velha tenha posto o veneno), não dá para vê-la direito por inteiro, o fundo é uma penumbra demasiado misteriosa ou está sujo demais, e a figura de Sofonisba é tão luminosa e avulta tanto que torna a velha ainda mais hesitante.

    Naquela época não havia alarmas automáticos de incêndio no Prado, mas havia extintores. Meu pai desenganchou um que estava à mão com certo esforço e, embora não soubesse usá-lo, com ele desajeitadamente oculto nas costas (tremendo peso de cor berrante), aproximou-se lentamente de Mateu, que já tinha queimado um canto da moldura e passava agora a chama bem perto da tela, para cima e para baixo e de ponta a ponta, como se quisesse iluminar tudo, a criada e a velha e Artemisa e a taça, também uma mesa em cima da

qual há uns papéis escritos (talvez a exigência formal de Cipião) e na qual Sofonisba apoiava sua mão esquerda meio roliça.
"O que há, Mateu?", perguntou-lhe meu pai com calma. "Vendo melhor o quadro?"
Mateu não se virou, conhecia com perfeição a voz de Ranz e sabia que todos os dias, na saída, dava uma volta ao acaso por algumas salas para verificar que continuavam intactas.
"Não", respondeu em tom muito natural e desapaixonado. "Estou pensando em queimá-lo."
Meu pai, contava, poderia ter-lhe dado uma pancada no braço e feito cair o isqueiro no chão, já inofensivo, e depois tê-lo afastado com um hábil pontapé. Mas tinha as mãos ocupadas pelo extintor nas costas e, além disso, a simples possibilidade de falhar e aumentar a irritação do guarda Mateu o fez desistir de tentar a sorte. Pensou que talvez fosse melhor entretê-lo sem que aplicasse a chama (queimando substâncias betuminosas) até que acabasse a carga do isqueiro descartável, mas isso podia durar tempo demais se por desgraça o isqueiro tivesse sido comprado recentemente. Também pensou em pedir socorro gritando, alguém apareceria, Mateu seria dominado e o fogo não se propagaria a outros quadros, mas nesse caso adeus ao único Rembrandt seguramente da mão de Rembrandt do Prado, adeus Sofonisba e adeus Artemisa, e mesmo Mausolo e Masinissa e Saskia e Sífax. Voltou a lhe perguntar:
"Ora, Mateu, gosta tão pouco dele?"
"Estou farto dessa gorda", respondeu Mateu. Mateu não suportava Sofonisba. "Não gosto dessa gorda de pérolas", insistiu (e é verdade que Artemisa está gorda e traz pérolas no pescoço e na testa no Rembrandt). "Parece mais bonita a empregadinha que oferece a taça, mas não há maneira de ver direito sua cara."
Meu pai não pôde evitar de dar uma resposta zombeteira, isto é, surpresa e lógica:

"Pois é", disse, "foi pintado assim, claro, a gorda de frente e a criada de costas."

O pirômano Mateu apagava de vez em quando o isqueiro durante uns segundos, mas não o afastava da tela, e ao fim desses segundos voltava a acendê-lo e a aquecer o Rembrandt. Não olhava para Ranz.

"Esse é o mal", disse, "foi pintado assim para sempre e agora ficamos sem saber o que acontece, percebe, senhor Ranz, não há jeito de ver a cara da moça nem de saber o que faz a velha do fundo, a única coisa que se vê é a gorda com seus dois colares que nunca acaba de pegar a taça. Vamos ver se a bebe de uma vez por todas e aí vou poder ver a moça, se ela se virar."

Mateu, um homem acostumado com o que é a pintura, um homem de sessenta anos que estava havia vinte e cinco no Prado, de repente queria que continuasse a cena de um Rembrandt que não entendia (ninguém entende, entre Artemisa e Sofonisba há um mundo de distância, a distância entre beber um morto e beber a morte, entre aumentar a vida e morrer, entre dilatá-la e matar-se). Era absurdo, mas Ranz ainda assim não renunciou a chamá-lo à razão:

"Compreenda que isso não é possível, Mateu", disse-lhe, "as três estão pintadas, não está vendo? pintadas. Você foi demais ao cinema, isto não é um filme. Compreenda que não há meio de vê-las de outro modo, isto é um quadro. Um quadro."

"Por isso vou dar um jeito nele", disse Mateu, de novo com o isqueiro aceso acariciando a tela.

"Além do mais", acrescentou meu pai tentando distraí-lo e por um prurido de exatidão (é pedante meu pai), "o da frente não é um colar, mas um diadema, embora também seja de pérolas."

Mas Mateu não fez caso disso. Soprou mecanicamente um pó do uniforme.

O extintor seguro a muque estava acabando com os pulsos de Ranz, de modo que renunciou a ocultá-lo e passou a carregá-lo nos braços como um bebê, sua cor vermelha era bem visível. O vigia Mateu reparou no aparelho.

"Escute aqui, o que está fazendo com isso?", ele repreendeu meu pai. "Não sabe que é proibido tirá-los do lugar?"

Mateu tinha se virado por fim ao ouvir a barulheira provocada pelo desastrado manejo do extintor, que em seu trajeto das costas aos braços bateu no chão, fazendo saltar lascas, mas meu pai não se atreveu a valer-se daquele momento de alarma. Embora tenha chegado a pensar nisso.

"Não se preocupe, Mateu", disse-lhe. "Vou levá-lo para consertar, não está funcionando." E aproveitou para deixá-lo no chão com grande alívio. Tirou o lenço de seda cor-de-cereja que trazia como ornamento no bolsinho do paletó e enxugou a testa, um lenço de tato e cores agradáveis, era mais de adorno que de uso, combinava com o extintor.

"Digo-lhe que vou dar um jeito nele", repetiu Mateu, e ameaçou Saskia com o isqueiro.

"O quadro tem muito valor, Mateu. Vale milhões", disse-lhe Ranz tentando ver se a menção ao dinheiro levava-o a recobrar o juízo.

Mas o guarda continuava brincando com o isqueiro, acendendo-o e apagando-o e acendendo-o, decidiu-se a chamuscar mais a moldura, uma moldura muito boa, antiga.

"Ainda por cima", replicou cheio de despeito. "Ainda por cima esta merda de gorda vale milhões, tem que se foder."

A boa moldura enegrecida. Meu pai pensou em mencionar-lhe agora a prisão, mas descartou a idéia num instante. Pensou um momento, pensou outro momento e por fim mudou de tática. De repente pegou o extintor no chão e disse:

"Tem razão, Mateu, tem toda razão. Mas não o queime porque os outros quadros poderiam pegar fogo. Deixe comigo. Vou dar um jeito com este extintor, que pesa um bocado. Vai cair um bom peso em cima da gorda e ela vai ir à merda." E Ranz levantou o extintor e segurou-o no alto com as duas mãos, como um levantador de peso, disposto a arremessá-lo com grande violência contra Sofonisba e contra Artemisa.

Foi então que Mateu ficou sério.

"Escute aqui", disse-lhe com gravidade, "o que o senhor está fazendo? Assim vai danificar o quadro."

"Vou arrebentá-lo", disse Ranz.

Houve um momento de hesitação, meu pai com os braços erguidos suportando o extintor tão vermelho, Mateu com o isqueiro na mão ainda aceso, em riste a chama que vacilava. Olhou para meu pai, olhou para o quadro. Ranz não podia mais agüentar o peso. Então Mateu apagou o isqueiro, enfiou-o no bolso, abriu os braços como um lutador e disse-lhe, ameaçador:

"Quieto aí, quieto, hem? Não me obrigue."

Mateu não foi despedido porque meu pai não informou ninguém daquele episódio, tampouco o guarda o denunciou por ter querido pulverizar o Rembrandt com um extintor avariado. Ninguém mais notou o queimado da moldura (salvo talvez algum visitante indiscreto a quem se recomendou não fazer perguntas e o substituto subornado de Mateu), e pouco depois foi trocada por uma muito parecida, embora não fosse antiga. Segundo Ranz, se Mateu tinha sido um vigia cuidadoso durante vinte e cinco anos, não havia por que não continuar sendo depois de um ataque passageiro de loucura. Mais ainda, atribuía sua ação e seu atentado à falta de ação e atentados, e via uma prova de sua confiabilidade no fato de que, ao ver o quadro de sua ojeriza ameaçado por outro indivíduo que além do mais era um superior, prevalecera seu senso de responsabilidade vigilante sobre seu sincero desejo de queimar Artemisa. Foi imediatamente transferido para outra sala, de primitivos, cujas figuras são menos redondas e é mais difícil que irritem (alguns são palinesquemáticos, isto é, contam na mesma superfície ou espaço suas histórias completas). Fora isso, meu pai limitou-se a se interessar mais ainda por sua vida, a lhe incutir ânimo ante a velhice que enfrentava e a não tirar os olhos de cima dele durante as festas que duas vezes por ano, no dia de fechamento, se organizavam para todo o pessoal do museu, de preferência na sala grande dos Velázquez. Todos os empregados com suas respectivas famílias, do diretor (que só fazia ato de presença um minuto e estendia uma mão frouxa) às mulheres da limpeza (que eram as que mais alvoroço causavam e mais aproveitavam porque deviam ficar depois para varrer os estragos), reuniam-se para beber e comer e trocar idéias e dançar (trocar idéias é maneira de dizer) numa espécie de quermesse semestral concebida por meu próprio pai segundo o modelo ou o raciocínio carnavalesco para manter contentes os vigias e permitir que se desafogassem e perdessem a compostura ali onde nos outros dias tinham de mantê-la. Ele mesmo cuidava que a comida e a bebida que lhes eram servidas fossem tais que suas manchas não pudessem arruinar nem danificar as pinturas, e desse modo consentiam-se muitas infrações e excessos: em criança vi jogarem refrigerante em As *Meninas* e merengues em *A rendição de Breda*.

Durante muitos anos, em criança e também depois, em adolescente e bem jovem, quando ainda olhava com olhos hesitantes a garota da papelaria, soube apenas que meu pai antes de casar com minha mãe estivera casado com a irmã mais velha dela, com Teresa Aguillera, antes de que com sua irmã Juana, as duas meninas a que se referia às vezes minha avó quando contava anedotas do passado, ou antes, dizia apenas "as meninas" para diferenciá-las dos irmãos, que por sua vez chamava de "os meninos". Não é só que os filhos demorem muito para se interessar por quem foram seus pais antes de conhecê-los (em geral esse interesse se produz quando esses filhos se aproximam da idade que os pais tinham quando de fato os conheceram, ou quando por sua vez têm filhos e então se lembram de quando eram criança através deles e se indagam perplexos sobre as tutelares figuras a que agora correspondem), mas o fato é que também os pais se acostumam a não despertar curiosidade alguma e a calar sobre si mesmos diante de seus rebentos, a silenciar quem foram ou talvez esqueçam. Quase todo o mundo se envergonha de sua juventude, não é muito certo que tenha saudade dela, como se diz, ao contrário relega-a ao esquecimento ou renega-a e com facilidade ou esforço confina sua origem à esfera dos pesadelos, ou dos romances, ou do que não existiu. Oculta-se a juventude, a juventude é secreta para os que já não nos conhecem jovens.

Ranz e minha mãe nunca ocultaram o casamento de Ranz com quem teria sido minha tia Teresa se tivesse vivido (ou não teria sido), um casamento brevíssimo sobre cuja dissolução só soube que tinha sido causada pela prematura morte, mas em compensação não soube (também não perguntei) o porquê dessa morte durante muitos anos, e durante muitos mais pensei sabê-lo em essência e estava enganado; quando por fim perguntei, deram-me uma resposta falsa, que é outra das coisas de que os pais têm costume, mentir aos filhos sobre sua juventude esquecida. Falaram-me da doença e isso foi tudo, falaram-me de uma doença durante muitos anos, e é difícil pôr em dúvida o que se sabe desde a infância, tarda-se a suspeitar. A idéia que por conseguinte sempre tive desse casamento tão breve foi a de um erro compreensível aos olhos de uma criança ou de um adolescente que prefere pensar na inevitabilidade de seus pais unidos para justificar sua existência e acreditar portanto em sua própria inevitabilidade e justiça (refiro-me às crianças preguiçosas, normais, às que não vão ao colégio se estão com um pouco de febre e não irão trabalhar entregando caixas de bicicleta pela manhã). A idéia foi vaga em todo caso, e o erro explicável consistia em que Ranz podia ter acreditado gostar de uma irmã, a irmã mais velha, quando na realidade gostava é da outra, a irmã mais moça, bem mais moça talvez quando conheceu ambas para que meu pai a levasse a sério. Talvez me tenha sido contado assim, pode ser, por minha mãe ou antes por minha avó, não lembro, uma resposta breve e talvez embusteira a uma infantil pergunta, evidentemente Ranz nunca me falou dessas coisas. Também era fácil que na imaginação da criança aparecesse outro fator, piedoso este: o consolo do viúvo, substituir a irmã, paliar o desespero do marido, ocupar o lugar da morta. Minha mãe podia ter-se casado com meu pai um pouco por pena, para não ficar sozinho; ou não, podia tê-lo querido desde o início e ter desejado secretamente o desaparecimento do obstáculo, de sua irmã Teresa. Ou, já que este se produzia, ter-se alegrado com o desaparecimento pelo menos num aspecto. Ranz nunca tinha contado nada. Faz alguns anos, sendo já adulto, tentei perguntar-lhe e me tratou como se eu ainda fosse criança. "Que importância isso tudo pode ter para você?", falou, e mudou de assunto. Como eu insistisse (estávamos no La Dorada) levantou-se para ir ao toalete e me disse zombeteiro com seu melhor sorriso: "Escute, não gosto de falar do passado remoto, é de mau gosto e faz a gente se lembrar de quantos anos tem. Se for para continuar, é melhor que quando eu voltar você tenha saído da mesa. Quero comer tranqüilo e no dia de hoje, não no dia de quarenta anos atrás." Como se estivéssemos em casa e eu fosse uma criancinha que se pudesse mandar para o quarto, disse-me para cair fora, nem sequer considerou a possibilidade de irritar-se e de ser ele a ir embora do restaurante.

O certo é que quase ninguém nunca falava de Teresa Aguilera, e esse *quase* ficou sobrando desde a morte de minha avó cubana, a única que às vezes a mencionava, como sem querer ou poder evitá-lo, muito embora em sua casa Teresa estivesse bem presente e visível na forma de retrato póstumo a óleo feito a partir de uma fotografia. E na minha, isto é, na de meu pai, estava e está a foto que em preto-e-branco serviu de modelo, para a qual Ranz e Juana lançavam de quando em quando um olhar de passagem. O rosto de Teresa é um rosto confiante e grave nessa fotografia, uma mulher bonita com as sobrancelhas agudas de um só traço e uma covinha pouco profunda no queixo – uma mosca, uma sombra –, os cabelos escuros presos na nuca e o repartido no meio favorecendo o que se chamava um bico-de-viúva, o pescoço longo, a boca grande e de mulher (mas muito diferente da boca de meu pai e da minha), os olhos também escuros estão muito abertos e fitam sem receio a objetiva, usa brincos discretos, talvez de nácar, e está com os lábios pintados apesar de sua extrema juventude, como por educação se usava na época em que ela foi jovem ou esteve viva. Tem a pele muito pálida, as mãos unidas, os braços apoiados numa mesa, mais provavelmente a da sala de almoço do que uma mesa de trabalho, embora não se veja o bastante para sabê-lo e o fundo esteja esfumado, talvez seja uma foto de estúdio. Veste uma blusa de manga curta, possivelmente era primavera ou verão, terá vinte anos, talvez menos, talvez ainda não conhecesse Ranz ou tivesse acabado de conhecê-lo. Era solteira. Há algo nela que agora me recorda Luisa, apesar de ter visto essa foto por tantos anos antes de Luisa existir, todos os anos de minha vida menos os dois últimos. Isso talvez se deva ao fato de que você vê um pouco em toda parte a pessoa de quem gosta e com quem convive. Mas ambas têm uma expressão de confiança, Teresa em seu retrato e Luisa em pessoa continuamente, como se não temessem nada e nada pudesse ameaçá-las nunca, Luisa pelo menos enquanto está acordada, quando está dormindo seu rosto é mais vulnerável e seu corpo parece mais exposto ao perigo. Luisa é tão confiante que na primeira noite que passamos juntos sonhou, me disse, com onças de ouro. Acordou no meio da noite devido à minha presença, fitou-me um pouco surpresa, acariciou-me a face com as unhas e disse: "Estava sonhando com onças de ouro. Eram como unhas, e muito brilhantes", so-

mente alguém muito inocente pode sonhar com isso e principalmente contá-lo. Teresa Aguilera poderia ter sonhado com essas onças tão reluzentes em sua noite de núpcias, pensei ao olhar para seu retrato em casa de Ranz depois de ter conhecido Luisa e ter dormido com ela. Não sei quando tiraram a foto de Teresa e seguramente ninguém nunca soube ao certo: é de tamanho bem pequeno, está numa moldura de madeira, numa estante, e desde que ela morreu ninguém terá olhado para ela mais que de quando em quando, como se olham os vasos ou os enfeites e até os quadros que há nas casas, deixam de ser observados com atenção e complacência uma vez que fazem parte da paisagem diária. Desde que minha mãe morreu também está ali sua foto, em casa de Ranz, maior, e além disso está pendurado um retrato que dela fez Custardoy o velho quando eu era criança. Minha mãe, Juana, é mais alegre, embora as duas irmãs se pareçam um pouco, o pescoço, o corte do rosto e o queixo são idênticos. Minha mãe sorri em sua foto e sorri no quadro, em ambos é mais velha que sua irmã mais velha em sua foto pequena, na realidade mais velha do que jamais chegou a ser Teresa, que em virtude de sua morte passou a ser sem dúvida a mais moça, até eu sou mais velho do que ela, as mortes prematuras rejuvenescem. Minha mãe sorri quase como ria: ria facilmente, como minha avó; as duas, já disse, às vezes riam juntas às gargalhadas.
 Mas eu não soube até há alguns meses que minha impossível tia Teresa tinha se matado pouco depois de regressar de sua viagem de lua-de-mel com meu pai, e foi Custardoy o moço que me contou. Ele é três anos mais velho que eu e conheço-o desde a infância, quando três são muitos anos, embora então evitasse o mais possível o contato com ele e só o tenha tolerado adulto. A amizade ou negócio de nossos pais às vezes nos unia, embora ele sempre tenha estado mais perto dos mais velhos, mais interessado em seu mundo, como

que impaciente por fazer parte dele e agir livremente, eu me lembro dele como um rapaz prematuramente envelhecido ou um adulto frustrado, como um homem condenado a permanecer tempo demais num incongruente corpo de criança, obrigado a uma inútil espera que o desatinava. Não que participasse das conversas dos mais velhos, pois não era de pedantismos – apenas escutava –, tratava-se antes de uma tensão sombria que o dominava, imprópria de uma criança, que o fazia estar sempre alerta e olhando pelas janelas, como quem olha o mundo que passa rápido diante de seus olhos e ao qual ainda não lhe é permitido alçar-se, como o preso que sabe que ninguém espera nem se abstém de nada por ele estar ausente e que com o mundo que corre também está se indo seu tempo; e isso também sabem os que morrem. Sempre dava a sensação de estar perdendo algo e ser dolorosamente consciente disso, um desses indivíduos que gostariam de viver ao mesmo tempo várias vidas, multiplicar-se e não se limitar a ser apenas eles mesmos: a quem a unidade espanta. Quando vinha a nossa casa e tinha de esperar em minha companhia que terminasse a visita de seu pai ao meu, aproximava-se da sacada e me dava as costas por quinze ou vinte minutos ou meia hora, não se interessando pelos jogos variados que ingenuamente eu lhe propunha. Mas apesar de sua imobilidade não havia contemplação nem sossego em sua figura ereta, nem em suas mãos ossudas que depois de abrirem as cortinas agarravam-se a elas como o cativo ainda recente se acostuma ao tato das grades porque ainda não lhes dá crédito. Eu brincava às suas costas procurando não chamar muito sua atenção, intimidado em meu próprio quarto, quase sem olhar para sua nuca rapada, menos ainda para seus olhos de homem que cobiçavam o exterior e ansiavam por ver e agir livremente. Alguma coisa disso Custardoy conseguia realizar, pelo menos na medida em que seu pai foi lhe ensinando o ofício desde bem cedo, de copista e talvez de falsificador de quadros, e o remunerava por alguns trabalhos de que o ia encarregando em seu ateliê de pintura. Por isso Custardoy o moço tinha mais dinheiro do que os meninos da sua idade, dispunha de uma autonomia incomum, ia ganhando pouco a pouco a vida; interessava-se pela rua e não pelo colégio, aos treze anos já freqüentava as putas e eu sempre tive um pouco de medo dele, tanto pelos três anos que tinha a mais e que lhe permitiam vencer-me invariavelmente em nossas rinhas ocasionais, quando sua tensão se anuviava tanto que acabava estourando, quanto por seu caráter, obsceno e bronco, mas frio até nas brigas. Quando lutava comigo, por maior que fosse a resistência que eu lhe opusesse antes de me render, notava que não havia nele nem exaltação nem irritação, apenas violência fria e vontade de subjugar. Embora eu o tenha visitado algumas vezes no ateliê de seu pai que agora é seu, nunca o vi pintando, nem seus quadros que não têm sucesso nem suas cópias perfeitas que lhe rendem dinheiro, junto com os retratos encomendados, de excelente técnica mas convencionais: tantas horas parado, trancado, segurando pincéis, instalado na minúcia e olhando para uma tela, talvez possam explicar sua tensão permanente e sua ânsia de desdobramento. Desde criança não se furtou a contar suas façanhas, sobretudo sexuais (com ele aprendi quase tudo, em minha adolescência e até antes), e às vezes me pergunto se a afeição de que meu pai se tomou por ele nos últimos anos, desde a morte de Custardoy o velho, não terá a ver com esses relatos. Os homens inquietos quanto mais velhos mais querem continuar vivendo, e, se suas faculdades não lhes permitem que o façam com plenitude, buscam a companhia dos que são capazes de narrar-lhes a existência que já não está a seu alcance e lhes prolongam a vida vicariamente. Meu pai deve gostar de ouvi-lo. Sei de prostitutas que saíram espantadas depois de passar uma noite com Custardoy filho e nem quiseram contar o que tinha acontecido, mesmo se eram duas que tinha levado para a cama e portanto tinham podido se animar e consolar, pois já desde muito jovem o desejo que tinha Custardoy de ser múltiplo fazia que lhe fosse insuficiente uma só pessoa, e uma de suas predileções sempre foi os pares, desde há muito. Com o passar dos anos Custardoy fez-se mais discreto e, que eu saiba, ele também não conta por que provoca o espanto, mas talvez conte em particular a meu pai, para ele uma espécie de padrinho. Meu pai deve gostar de ouvi-lo. O certo é que faz já alguns anos que se vêem com freqüência, uma vez por semana Custardoy visita Ranz ou vão jantar juntos e depois talvez vão a um local antiquado, ou se acompanham quando precisam ir à rua resolver alguma coisa e na visita a terceiros, a mim por exemplo ou mesmo a Luisa, em minha ausência, vez ou outra à nova nora. Custardoy deve distrair meu pai. Hoje, já perto dos quarenta, ostenta na nuca que foi rapada um curto rabicho de pirata ou toureiro, e suas costeletas são um pouco compridas para estes tempos, chamativas em todo caso porque são crespas e muito mais escuras do que seus cabelos alourados e lisos, talvez os ostente, rabicho e costeletas, para não destoar em seu meio arcaicamente boêmio de pintores noctâmbulos, embora ao mesmo tempo se vista de forma clássica e excessivamente correta – gravata sempre –, aspire a ser elegante na indumentária. Usa bigode durante alguns meses, depois raspa-o outra temporada, uma irresolúvel dúvida ou talvez sua maneira de parecer mais de um. Com a idade seu rosto adquiriu plenamente o que se manifestava desde a infância e mais ainda desde a adolescência: seu rosto é como seu caráter, obsceno e bronco e frio, de testa ampla ou com entradas e nariz levemente aquilino e dentes compridos que lhe iluminam o rosto quando sorri de modo afável mas não cálido, com olhos muito negros e enormes e um tanto separados quase sem pestanas, e essa carência e essa separação tornam insuportável seu olhar obsceno para as mulheres que conquista ou compra e para os homens com quem rivaliza, para o mundo que já passa com ele bem integrado, fazendo parte de seu passar mais veloz.

Foi ele que faz uns meses ou quase um ano, pouco depois de minha volta de Havana e do México e de Nova Orleans e de Miami, depois de minha viagem de núpcias, me contou o que na realidade tinha acontecido com minha tia Teresa faz quase quarenta anos. Ia visitar meu pai em sua casa, cumprimentá-lo depois da volta e comentar com ele minha viagem, quando me encontrei no portão com Custardoy o moço, sua silhueta delgada parada ao entardecer.

– Não está – disse-me –, teve de sair. – E ergueu os olhos para referir-se a Ranz. – Pediu-me que esperasse você uns minutos para lhe dizer. Um americano telefonou e ele saiu disparado, não sei quem de algum museu, disse que liga para você hoje à noite ou amanhã. Vamos tomar alguma coisa.

Custardoy o moço pegou-me pelo braço e pusemo-nos a andar. Notei sua mão fria e férrea cuja pegada eu conhecia bem desde criança, tinha sido um menino e agora era um homem de muita força, a força do nervo e da concentração. A última vez que eu o vira tinha sido umas semanas antes, no dia do meu casamento já tão distante ao qual fora convidado por Ranz, não por mim, ele convidou várias pessoas, não tinha por que me opor, nem a isso nem a Custardoy. Naquela ocasião não tive tempo de conversar com ele, limitara-se a me felicitar ao chegar ao Cassino com seu sorriso amável de ligeiro escárnio, depois eu o vi de longe durante a festa olhando avidamente à sua volta, na realidade uma presença familiar. Sempre olhava avidamente, para as mulheres e para alguns homens – para os homens tímidos –, onde quer que se encontrasse, seus olhos agarravam como suas mãos. Naquele dia não estava de bigode e agora, umas semanas depois, já o tinha quase crescido, ainda não de todo, deixara-o crescer durante minha viagem com Luisa. No Balmoral pediu uma cerveja, nunca bebia outra coisa e por isso sua esbeltez começava a abandoná-lo na barriga (mas a gravata sempre a tapava). Durante um instante me falou de dinheiro, depois de meu pai, que via com freqüência, depois outra vez do dinheiro que estava ganhando, como se a última coisa que lhe interessasse fosse meu novo estado civil, não me perguntava, também não sobre a viagem nem sobre meu trabalho ou minhas futuras idas a Genebra ou Londres ou mesmo a Bruxelas, ele não podia saber delas, tinha de perguntar, não o fazia. Já que meu pai saíra, eu queria voltar para casa, me encontrar com Luisa e talvez irmos ao cinema, nunca tive muito que falar com Custardoy. Meu pai teria saído porque alguém teria telefonado para ele de Malibu ou de Boston ou de Baltimore, quase não o chamavam mais, embora seu olho e seus conhecimentos continuassem sendo os mesmos de sempre ou até superiores, raras vezes consultam os velhos ou apenas para algo muito importante, alguém estaria de passagem por Madri e não teria com quem jantar, ele teria pensado que o solicitavam para uma perícia, algum quadro desenterrado, algum negócio em Madri. Dei a entender que queria ir embora, mas então Custardoy tornou a pôr a mão em meu braço – sua mão era como um peso – e assim me reteve.

– Fique um pouco mais – disse-me. – Ainda não me contou nada de sua mulher tão bonita.

– Para você todas são bonitas. Não tenho muito que contar.

Custardoy acendia e apagava um isqueiro. Sorria com sua dentadura comprida e olhava a chama aparecer e desaparecer. Por ora não olhava para mim, ou só de passagem com um de seus olhos separados que se desviavam para controlar o local.

– Alguma coisa terá, digo eu, para que tenha se casado ao cabo de tantos anos, você não é nenhuma criança. Deve enlouquecer você. A gente só se casa quando não tem outro remédio, por pânico ou porque está desesperado ou para não perder alguém que não suporta perder. Sempre há muita loucura no que parece mais convencional. Vamos, conte-me qual é a sua. Conte-me o que a moça faz com você.

Custardoy era vulgar e um pouco infantil, como se sua interminável espera da idade adulta durante a infância tivesse deixado algo dessa infância associada para sempre à sua idade adulta. Falava com demasiada desenvoltura, embora comigo se contivesse um pouco, quero dizer que baixava com freqüência o tom de seus descuidados ou brutais vocábulos, quando estava a sós comigo, quero dizer. A outro amigo ele teria pedido sem rodeios que lhe descrevesse a xoxota de sua mulher ou mesmo a cona e lhe contasse como trepava, palavras difíceis de traduzir que por sorte não se pronunciam nunca nos organismos internacionais; eu merecia algum circunlóquio.

– Você teria de me pagar – eu lhe disse para transformar seu comentário em gracejo.

– Tudo bem, eu pago, quanto quer? Digamos, outro uísque para começar.

– Não quero outro uísque, nem mesmo este. Deixe-me em paz.

Custardoy metera a mão no bolso, um desses homens que andam com as notas soltas no bolso da calça, eu também, para dizer a verdade.

– Não quer falar nisso? Eu respeito, não quer falar nisso. À sua saúde e à da sua garota. – E bebeu um pequeno gole da sua cerveja. Escrutou em torno enquanto enxugava os lábios com os próprios lábios, havia duas mulheres de uns trinta anos conversando no balcão, uma delas, a que estava de frente (mas talvez as duas), mostrava as coxas querendo ou sem querer. Eram co-

xas bronzeadas demais para a primavera, falsamente morenas, bronzeado de piscina e cremes no melhor dos casos. Custardoy fixou então em mim seus olhos desprovidos de ornamentação, ou de proteção. Acrescentou: – Em todo caso espero que tenha mais sorte que seu pai, e não quero ser azarento, bato na madeira. Que carreira a dele, nem Barba-Azul! Ainda bem que não continuou, já está um pouco velho o homem.
– Também não é tanto assim – disse eu. Havia pensado de imediato em minha tia Teresa e em minha mãe Juana, ambas mortas, Custardoy estava se referindo a elas, unindo-as em sua morte com exagero ou má-fé. "Nem Barba-Azul", dissera. "Azarento", dissera. Nem Barba-Azul. Ninguém se lembra de Barba-Azul.
– Ah, não? – fez. – Bem, a coisa meio que parou com sua mãe, se se descuidasse você não existiria. Mas, olhe, também sobreviveu a ela, não há quem possa com ele. Que em paz descanse, hem? – acrescentou com respeito burlesco. Falava de Ranz com estima, talvez com admiração.

Olhei para as mulheres, que não nos davam a menor atenção, estavam absortas em sua conversa (sem dúvida relato de casos), da qual chegava até nós de vez em quando uma frase solta pronunciada em voz mais alta ("Mas isso é demais", ouvi que dizia com sincero assombro a que nos dava as costas, a outra mostrava as coxas despreocupadamente e de outro ângulo poder-se-ia ver o bico das calcinhas, supus, suas fortes coxas morenas me fizeram pensar em Miriam, a mulher de Havana de uns dias atrás. Isto é, recordar sua imagem e pensar que em outro momento devia pensar nela. Apenas uns dias atrás, talvez Guillermo, como nós, também já tivesse voltado).

– Isso é obra do acaso, ninguém sabe a ordem da morte, podia ter sido ele, como também pode vir a nos enterrar. Minha mãe viveu bastantes anos.

Custardoy filho acendeu por fim um cigarro e deixou o isqueiro em cima da mesa, renunciou à chama e

aspirou da brasa. De vez em quando virava-se um pouco a fim de olhar as trintonas sentadas ao balcão e soprava a fumaça em sua direção, eu esperava que não tivesse a idéia de levantar-se e dirigir-lhes a palavra, era uma coisa que fazia com freqüência e com grande desenvoltura e às vezes sem uma só olhada prévia, um só olhar correspondido ou cruzado com a mulher com quem de repente se punha a falar. Era como se soubesse desde o primeiro momento quem queria ser abordado e com que propósito, num lugar público ou numa festa ou até na rua, ou talvez fosse ele que fizesse surgir a disposição e o propósito. Perguntei-me quem ele teria abordado em minha festa do Cassino, mal o vi. Voltou a olhar para mim de frente com seus olhos desagradáveis, aos quais porém eu estava tão acostumado.
– Como você quiser, um acaso. Mas três vezes é acaso demais.
– Três vezes?

Essa foi a primeira vez na minha vida que ouvi uma alusão à mulher estrangeira com a qual não tenho parentesco e da qual agora sei alguma coisa mas não o bastante, nunca saberei demais, há pessoas que estiveram no mundo durante muitos anos e das quais ninguém lembra nada, como se no fim das contas não houvessem estado, e essa primeira vez eu nem sabia que se aludia a ela ou a quem se aludia, ainda não sabia da sua existência ("três vezes é acaso demais"). A princípio quis acreditar que fosse um erro ou um lapso, e Custardoy, a princípio, o fez passar por tal, talvez tivesse previsto falar-me apenas de minha tia Teresa ou talvez não tivesse previsto nada, contar-me o que naqueles dias de pressentimentos desastrosos e primeiros passos matrimoniais eu teria preferido continuar sem saber, embora seja difícil saber se queremos saber ou continuar ignorando algo depois que já sabemos.
–. Quero dizer duas – emendou Custardoy com pressa, talvez fosse tudo não premeditado e sem má in-

tenção, conquanto fosse improvável que não houvesse nenhuma, regular ou boa, Custardoy não é homem meditativo mas intencionado é, sim. Sorriu também com pressa (seus compridos dentes conferiam a seu rosto agudo cordialidade ou quase) ao mesmo tempo que lançava mais fumaça em direção às mulheres: a que estava de costas, sem perceber sua procedência, afastou-a com mão irritada como se fosse um mosquito. Custardoy acrescentou sem pausa: – Escute, e fique claro que não tenho nada contra seu pai, muito pelo contrário, você sabe muito bem. Mas que uma delas se mate logo depois do casamento não parece obra do acaso. Isso nunca pode entrar na ordem da morte de que você fala.

– Que se mate?

Custardoy mordeu os lábios num gesto demasiado expressivo para ser espontâneo. Em seguida chamou o garçom agitando dois dedos e aproveitou para olhar com salacidade para as mulheres, que continuavam sem prestar nenhuma atenção em nós (embora uma delas tenha prestado à nossa fumaça como se presta a um mosquito. A que estava de frente disse em voz muito alta e risonha: "Bom bom bom, é que me dá nojo." Disse aquilo encantada, esteve a ponto de dar uns tapinhas nas coxas morenas). Custardoy, porém, estava tão atento a elas quanto à sua conversa comigo, sempre desdobrado, sempre desejando ser mais de um e encontrar-se onde não se achava. Acreditei que ia se levantar e insisti para impedi-lo: "Que está dizendo, que se mate?" Mas ele se limitou a pedir ao garçom outra cerveja.

– Outra cerveja. Não vai me dizer que não sabe.

– Do que está falando?

Custardoy acariciou o bigode ainda escasso e centrou o rabicho curto com um gesto inevitavelmente feminino. Não sei por que usava aquele rabicho ridículo e mal lavado, parecia um artesão ou um camponês setecentista. Soprou a cerveja. Aos seus quase quarenta

anos sujeitava-se às modas, tinha ímpeto. Ou talvez em seu caso fosse influência da pintura.
— Espuma demais — disse. — É o cúmulo — acrescentou — que você não saiba de nada, é incrível como as famílias se calam diante dos filhos; quem sabe o que você deve saber da minha de que eu, em compensação, não tenho uma puta de idéia.
— Não sei — afirmei às pressas.
Voltou a brincar com a chama, apagara seu cigarro, mal, fedia.
— Parece que dei uma mancada. Ranz vai ficar furioso. Não sabia que você não sabia como a irmã de sua mãe morreu.
— De doença, sempre me disseram. Nunca perguntei muito. Diga, o que você sabe?
— Talvez não seja verdade. Faz um tempão que meu pai me contou.
— E o que ele contou?
Custardoy fungou duas vezes. Durante todo aquele tempo não tinha ido ao banheiro cheirar uma carreirinha, mas aspirou como se voltasse de lá. Acendeu e apagou a chama.
— Não diga a Ranz que lhe contei, está bem? Eu não queria que ficasse zangado comigo por isso. Pode ser que eu não esteja bem lembrado, ou que tenha entendido mal.
Não respondi, sabia que iria me contar mesmo que eu não lhe fizesse aquela promessa.
— Do que você se lembra? O que entendeu?
Custardoy acendeu outro cigarro. Aqueles dedos todos eram falsos: teve bastante humor para dar duas chupadas no cigarro e lançar uma nuvem de fumaça sem tragar na direção das trintonas (aquela fumaça, muito mais abundante e lenta em sua viagem do que quando se traga). A que nos dava as costas virou-se um instante, muito mecanicamente, e soprou de lado para afastá-la. Ela também mostrava as coxas, que ainda não

haviam visitado a piscina. Seu olhar já havia caído sobre Custardoy, embora por apenas alguns segundos, os que sua companheira demorou para lhe dizer com segurança e desdém pela pessoa de quem falava: "Está louquinho por mim, mas não gosto da cara dele, e é cheio da grana, o que você faria?"
— Que sua tia matou-se com um tiro pouco depois de voltar da viagem de lua-de-mel com Ranz. Isso você sabia, que se casou com ele.
— Sim, eu sei.
— Entrou no banheiro, pôs-se diante do espelho, abriu a blusa, tirou o sutiã e procurou o coração com a ponta da pistola do próprio pai, que estava na sala de almoço com parte da família e uns convidados. Isso é o que me lembro que meu pai me contou.
— Na casa de meus avós?
— Foi o que entendi.
— Meu pai estava lá?
— Não no momento, chegou logo depois, creio.
— Por que se matou?
Custardoy fungou, talvez um leve resfriado de primavera, embora seguisse as modas não era homem para ter febre do feno, essa bobagem. Negou com a cabeça.
— Não tenho a menor idéia, e não creio que meu pai soubesse, ou não quis me dizer. Se alguém sabe é seu pai, mas talvez nem mesmo ele, não é fácil saber por que as pessoas se matam, nem as mais próximas, todo o mundo fica transtornado, todo o mundo passa maus bocados, às vezes sem razão e quase sempre em segredo, as pessoas viram a cara contra o travesseiro e esperam o dia seguinte. De repente não esperam. Nunca conversei com Ranz sobre esse assunto, como é que se vai perguntar a um amigo por que sua mulher se matou com um tiro depois de se casar com ele? Nem que tenha sido há séculos. Não sei, poderia perguntar a você se lhe acontecesse a mesma coisa, e não quero ser azarento, bato na madeira. Mas não a um amigo

tantos anos mais velho e a quem respeito tanto. O respeito inibe algumas conversas, que acabamos nunca tendo.
— Sim, o repeito inibe.

Tornara a dizer "azarento", pensei automaticamente em traduzir a palavra para o inglês, francês ou italiano, minhas línguas, não sabia o termo em nenhuma delas, "mau-olhado" sim, "evil eye", "gettatura", mas não é a mesma coisa. Cada vez que anunciava que batia na madeira não batia, mas no vidro de seu caneco de chope. Já eu batia na minha cadeira.
— Sinto muito, pensei que soubesse.
— Costumam dar às crianças versões adocicadas do que acontece ou aconteceu, suponho que depois fique difícil desenganá-las. Talvez não se consiga encontrar o momento quando se deixa de ser criança, é difícil traçar uma linha, quando é tarde bastante para reconhecer uma mentira antiga ou revelar uma verdade oculta. Deixa-se o tempo correr, suponho, e quem disse a mentira chega a acreditar nela ou a esquece, até que alguém como você dá uma mancada e rompe o silêncio de uma vida inteira.
"Mau-olhado" em francês eu também não sabia. Já soubera mas não lembrava, "guignon", lembrei de repente. "Vai ver que com essas coisas você vai me dar azar", ouvi que a loura de pele tostada dizia, era expressiva, sua voz era rouca, uma dessas mulheres espanholas que não medem o tom da voz nem o alcance de suas palavras nem a aspereza de seus gestos nem o comprimento de suas saias, com demasiada freqüência as espanholas exalam desprezo pela boca e pelo olhar e pelos despóticos gestos e pelas coxas cruzadas, herança espanhola em Cuba o braço de Miriam e também seus gritos e seus saltos altos e suas pernas como facas ("Você é meu", "Eu te mato"). Luisa não é assim, as novas gerações também desprezam, porém de maneira mais contida, Luisa é mais suave, embora com um sen-

tido da retidão que às vezes a leva a ficar seríssima, às vezes se sabe que não está brincando, ela acredita que neste instante estou com meu pai, mas meu pai saiu inesperadamente e por isso estou ouvindo revelações de Custardoy, se é que são verdadeiras, devem ser, pois nunca teve capacidade inventiva, em suas histórias sempre se ateve ao que havia ou lhe havia acontecido, talvez por isso tenha de viver as coisas e experimentar suas duplicidades, porque só assim pode contá-las, só assim concebe o inconcebível, há quem não conheça outras fantasias além das consumadas, quem não seja capaz de imaginar nada e é pouco previdente por isso, imaginar evita muitas desgraças, quem antecipa sua morte raras vezes se mata, quem antecipa a dos outros raras vezes assassina, é preferível assassinar e matar-se com o pensamento, não deixa seqüelas nem pistas, nem mesmo com o gesto distante do braço que agarra, é tudo questão de distância e tempo, se se está um pouco longe a faca golpeia o ar em vez de golpear o peito, não penetra na carne morena ou branca mas percorre o espaço e não acontece nada, seu percurso não é computado nem registrado, é ignorado, não se castigam as intenções, as tentativas fracassadas tantas vezes são silenciadas e até negadas por aqueles que as sofrem porque tudo continua sendo igual depois delas, o ar é o mesmo e não se abre a pele nem a carne muda e nada se rasga, é inofensivo o travesseiro apertado debaixo do qual não há nenhum rosto, e depois tudo é igual a antes porque a acumulação e o golpe sem destinatário e a asfixia sem boca não são suficientes para variar as coisas nem as relações, não o é a repetição, nem a insistência, nem a execução frustrada nem a ameaça, isso só agrava mas não muda nada, a realidade não se acrescenta, são apenas como o gesto de segurar de Miriam e suas palavras ("Você é meu", "Está em débito", "Vou te pegar", "Vai comigo para o inferno"), que não impediram os beijos posteriores e o cantarolar no

quarto ao lado junto do homem do braço canhoto, Guillermo é o nome dele, a quem tinha dito: "Ou ela ou eu, você vai ter uma morta."
– Devo ter dado uma mancada – disse Custardoy filho –, mas acho que é melhor saber as coisas, melhor inteirar-se de tudo antes tarde do que nunca. Isso já foi há muito tempo, na realidade que importância ainda pode ter como sua tia bateu as botas?
Meu pai tivera uma morta, uma verdadeira morta, das que de fato não podem estar na ordem, como dissera Custardoy antes. Morre mais quem morre pela própria mão, talvez mais ainda quem morre em minhas mãos. Também dissera: "Mas três vezes é acaso demais", depois retificara. Hesitei sobre se voltava àquilo, se eu insistisse acabaria me contando o que havia ou sabia, tinha certeza, algo parcial ou errôneo, algo, porém o que é possível, sim, é não querer saber nada quando ainda não se sabe, depois já não é, ele tinha razão, é melhor saber as coisas, mas só quando já se sabe (eu ainda não sabia). Foi então que me veio uma lembrança perdida desde a infância, desde então – a infância –, algo mínimo e tênue que se deve perder, essas cenas insignificantes que retornam fugazmente como se fossem canções ou representações ou a momentânea percepção presente do que é passado, a própria lembrança chega censurada enquanto se recorda. Eu estava brincando sozinho com meus soldadinhos em casa de minha avó havanesa e ela se abanava, como em tantas tardes de sábado em que minha mãe me deixava com ela. Mas dessa vez minha mãe estava doente e foi Ranz que veio me buscar pouco antes do jantar. Raras vezes os vi juntos a sós, meu pai e minha avó, minha mãe estava sempre mediando ou no meio, não daquela vez. A campainha tocou ao anoitecer e ouvi os passos de Ranz que avançavam pelo infinito corredor seguindo os da empregada até o aposento em que eu me encontrava com minha avó, terminando a última brincadeira, ela

falando entre os dentes e cantarolando e rindo ocasionalmente diante de meus comentários, como riem por qualquer coisa as avós com seus netos. Ranz ainda era jovem então, embora eu não achasse, era um pai. Entrou na sala com a gabardine sobre os ombros, nas mãos as luvas recém-tiradas, estava fresco, era primavera, minha avó começava a abanar-se sempre antes do tempo, talvez sua maneira de chamar o verão, ou então se abanava em todas as estações. Antes que Ranz dissesse qualquer coisa ela foi logo lhe perguntando: "Como está Juana?" "Melhor, parece", respondeu meu pai, "mas não venho de casa agora." "O médico já esteve lá?" "Quando eu saí, ainda não tinha passado, avisou que só poderia passar tarde, talvez esteja lá agora. Podemos telefonar, se você quiser." Disseram algo mais, sem dúvida, ou talvez tenham telefonado, mas minha lembrança (sentado a uma mesa diante de Custardoy) fixou o que pouco depois minha avó disse a meu pai: "Não sei como você é capaz de sair por aí para tratar de suas coisas com Juana doente. Não sei como não se põe a rezar e não cruza os dedos cada vez que sua mulher se resfria. Já perdeu duas, filho." Lembrei ou pensei lembrar que ato contínuo minha avó levou a mão à boca, minha avó tapou a boca um instante como para impedir que saíssem dela as palavras que já tinham saído e eu tinha ouvido e às quais então não dei a menor atenção, ou talvez só tenha dado – como se demonstra agora – porque ela tapou a boca para suprimi-las. Meu pai não respondeu, e é agora que esse gesto de há vinte e cinco ou mais anos adquire sentido ou, melhor dizendo, foi há cerca de um ano que adquiriu, enquanto eu estava sentado diante de Custardoy e pensava no que ele havia dito: "Três vezes é acaso demais", e retificara, e depois lembrei que minha avó dissera por sua vez: "Já perdeu duas, filho", e se arrependera. Chamara Ranz de "filho", seu genro duas vezes ou seu duplo genro.

Não insisti com Custardoy, não quis saber mais naquele momento, além do mais ele tinha mudado de assunto.
— Essas duas lhe apetecem? — perguntou-me de repente. Virara quase completamente e olhava sem contenção nem dissimulação para as trintonas, que por sua vez acusavam o olhar direto e sem pestanas e separado e de repente falavam mais baixo, ou momentaneamente não falaram, ao se sentirem observadas e consideradas, ou talvez admiradas sexualmente. A última frase delas antes da interrupção ou da mudança de tom, pronunciada pela que estava de costas, chegara quase ao mesmo tempo que a pergunta de Custardoy, talvez a tivessem ouvido apesar da justaposição, Custardoy seguramente me perguntara para que elas ouvissem, para que soubessem, para que estivessem a par de sua iminência. "Já estou cheia dos homens", dissera a das coxas brancas. "Essas duas lhe apetecem?", perguntara Custardoy (conseguir ser percebido é fácil, basta levantar a voz). Então tinham contido a respiração e olhado para nós, a pausa necessária para se ver quem está nos desejando.
— Lembre-se de que me casei. São para você as duas.
Custardoy bebeu mais um gole de cerveja e se levantou com o cigarro e o isqueiro na mão (já nada de espuma). Seus poucos passos até o balcão soaram metálicos, como se tivesse nas solas placas ou lâminas de dançarino de sapateado, ou talvez fossem alças de sapateiro, de repente me pareceu mais alto, ao se afastar.
As duas mulheres já riam com ele quando tirei o dinheiro do bolso da calça e deixei-o na mesa e saí para voltar para casa com Luisa. Saí sem me despedir de Custardoy (ou o fiz com um gesto da mão à distância) nem das trintonas que se transformariam em suas desconhecidas e espantadas íntimas ao cabo de um pouco

de cerveja e chiclete e gim e tônica e gelo, e fumaça de cigarros, e amendoins, e risos, e carreirinhas, e a língua no ouvido, e também de palavras que eu não escutaria, o incompreensível sussurro que nos persuade. A boca está sempre cheia, é a abundância.

Naquela noite, vendo o mundo do meu travesseiro com Luisa a meu lado, como é costume entre os recém-casados, com a televisão na frente e nas mãos um livro que eu não lia, contei a Luisa o que Custardoy o moço me contara e o que eu não tinha querido que me contasse. A verdadeira unidade dos casados e dos casais em geral é dada pelas palavras, mais que as palavras ditas – ditas voluntariamente –, as palavras que não se calam – que não se calam sem que nossa vontade intervenha. Não é tanto que entre duas pessoas que compartilham o travesseiro não deva haver segredos porque assim decidem – o que é bastante grave para constituir um segredo e o que não é, se pode ser silenciado –, mas é que não é possível deixar de contar, e de relatar, e de comentar e enunciar, como se essa fosse a atividade primordial dos casais, pelo menos dos que são recentes e ainda não sentem a preguiça da fala. Não é somente que com a cabeça num travesseiro nos lembremos do passado e até da infância e venham à memória e também à língua as coisas remotas e mais insignificantes e todas adquiram valor e pareçam dignas de ser rememoradas em voz alta, nem que estejamos dispostos a contar nossa vida inteira a quem também encosta a cabeça em nosso travesseiro como se necessitássemos de que essa pessoa pudesse *nos ver* desde o princípio – sobretudo desde o princípio, isto é, desde criança – e pudesse *assistir* através da narrativa a todos os anos em que não nos conhecíamos e em que agora acreditamos que nos esperávamos. Não é apenas, tampouco, um afã comparativo ou de paralelismos ou de busca de coincidências, o de saber cada um onde estava o outro nas diferentes épocas de suas existências e fantasiar com a possibilidade improvável de se terem conhecido *antes*, para os amantes seu encontro sempre parece produzir-se tarde demais, como se o tempo de sua paixão nunca fosse o mais adequado ou nunca bastante longo retrospectivamente (o presente é desconfiado), ou talvez seja que não suportam que não tenha havido paixão entre eles, nem sequer intuída, enquanto os dois já estavam no mundo, integrados à sua passagem mais veloz e no entanto de costas um para o outro, sem se conhecerem nem talvez quererem se conhecer. Não é também que se estabeleça um sistema de interrogatório diário a que por cansaço ou por rotina nenhum cônjuge escape e todos acabem respondendo. É antes que estar junto de alguém consiste em boa medida em pensar em voz alta, isto é, em pensar tudo duas vezes em vez de uma, uma com o pensamento e outra com o relato, o casamento é uma instituição narrativa. Ou talvez seja que há tanto tempo passado em companhia mútua (por pouco que seja nos casais modernos, sempre tanto tempo) que os dois cônjuges (principalmente o homem, que se sente culpado quando permanece em silêncio) hão de valer-se do que pensam e lhes passa pela cabeça e lhes acontece para distrair o outro, e assim acaba por não sobrar quase resquício dos fatos e dos pensamentos de um indivíduo que não seja transmitido, ou então traduzido matrimonialmente. Também são transmitidos os fatos e os pensamentos dos outros, que os confiaram a nós privadamente, daí uma frase tão corrente que diz: "Na cama se conta tudo", não há segredos entre os que a compartilham, a cama é um confessionário. Por amor ou pelo que é sua essência – contar, informar, anunciar, comentar, opinar, distrair, escutar e rir, e projetar em vão – uma pessoa trai os outros, os amigos, os pais, os irmãos, os consangüíneos e os não-consangüíneos, os amores antigos e as convicções, as ex-amantes, o próprio passado e a própria infância, a própria língua que deixa de falar e sem dúvida a própria pátria, tudo o que em toda pessoa há de secreto, ou talvez de passado. Para agradar a quem se ama denigre-se o resto do existente, nega-se e execra-se tudo para contentar e tranqüilizar um só que pode ir embora, a força do território que o travesseiro delimita é tanta que exclui de seu seio o que não está nele, é um território que por natureza não permite que nada esteja nele exceto os cônjuges, ou os amantes, que em certo sentido *ficam sozinhos* e por isso conversam e nada calam, involuntariamente. O travesseiro é arredondado e macio e amiúde branco, e com o tempo o arredondado e branco acaba substituindo o mundo e sua frágil roda.

Com Luisa falei na cama de minha conversa e de minhas suspeitas, da revelada morte violenta (segundo Custardoy) de minha tia Teresa e da possibilidade de que meu pai tivesse sido casado outra vez, uma terceira vez que teria sido a primeira de todas, antes de sua união com as meninas e da que eu não sabia nada, se é que houve. Luisa não compreendeu que eu não tivesse querido continuar perguntando, as mulheres sentem uma curiosidade sem mescla, sua mente é indagatória e bisbilhoteira mas também inconstante, não imaginam

ou não antecipam a índole do que ignoram, do que pode vir a ser averiguado e do que pode vir a ser feito, não sabem que os atos se cometem sozinhos ou que uma só palavra os põe em marcha, precisam experimentar, não prevêem, talvez estejam dispostas a saber quase sempre, em princípio não temem nem suspeitam o que se possa contar-lhes, não se lembram de que depois de saber às vezes tudo muda, inclusive a carne ou a pele que se abre, ou algo que se rasga.
— Por que não lhe perguntou mais? — perguntou-me. De novo estava na cama, como estivera naquela tarde em Havana, uns dias atrás tão-somente, mas agora era ou iria ser normal, como todas as noites, de noite, eu também estava debaixo dos lençóis ainda novinhos (parte do enxoval, supus, palavra estranha e antiga, não sei como se traduz), já não estava doente nem lhe incomodava um sutiã que puxava a pele, mas vestia uma camisola que eu a vira pôr minutos antes, no próprio quarto, no momento de enfiar-se nela me dera as costas, ainda a falta de costume de ter alguém à frente, dentro de uns anos, talvez meses, não se dará conta de que estou diante dela, ou então não serei alguém.
— Não sei se quero saber mais — respondi.
— Como é possível? Eu mesma já estou cheia de curiosidade com o que você me falou.
— Por quê?
A televisão estava ligada mas sem som. Vi aparecer nela Jerry Lewis, o cômico, um filme antigo, talvez de minha infância, não se ouvia nada além de nossas vozes.
— Como por quê? Se há algo a saber sobre alguém que eu conheço, quero saber. Além do mais é seu pai. E agora é meu sogro, como não vai me interessar saber o que aconteceu com ele? Mais ainda se ocultou. Você vai lhe perguntar?
Hesitei um segundo. Pensei que gostaria de saber, não tanto o que teria acontecido quanto se havia verdade ou imaginação ou boato nas palavras de Custar-

doy. Mas se houvesse verdade teria de continuar perguntando.
— Não creio. Se ele nunca quis me falar de nada disso, não vou obrigá-lo a essa altura. Uma vez, não faz muitos anos, perguntei-lhe por minha tia e ele me disse que não queria retroceder quarenta anos. Quase me expulsou do restaurante em que estávamos. Luisa riu. Achava graça em quase tudo, normalmente só via o lado engraçado que têm todas as coisas, até as mais patéticas ou terríveis. Viver com ela é viver instalado na comédia, isto é, na juventude perpétua, como o é viver junto de Ranz, talvez por isso duas mulheres, ou três, tivessem querido viver com ele. Embora ela seja realmente jovem e possa mudar com o tempo. Ela também gostava de meu pai, ele a divertia. Luisa gostaria de ouvi-lo.
— Eu vou perguntar a ele — disse.
— Nem pensar.
— A mim ele contaria. Quem sabe não está esses anos todos esperando que apareça em sua vida alguém como eu, alguém que possa lhe servir de intermediário com você, os pais e os filhos são muito desastrados entre si. Talvez ele nunca lhe tenha contado sua história por não saber como fazê-lo ou por você não ter perguntado direito. Eu saberei fazer com que me conte.
Jerry Lewis manejava um aspirador na televisão. O aspirador era como um cachorro e se rebelava.
— E se for uma coisa que não seja contável?
— O que quer dizer? Tudo é contável. É só começar, palavra puxa palavra.
— Uma coisa que já não se deve contar. Uma coisa cujo tempo passou, cada tempo tem seus relatos, e, se se deixa passar a ocasião, então é melhor calar para sempre, às vezes. As coisas prescrevem e se tornam inoportunas.
— Não acredito que passe o tempo de nada, tudo está aí, esperando que alguém o faça voltar. Além do

mais, todo o mundo gosta de contar sua história, inclusive os que não têm nenhuma. Se os relatos são diferentes, o significado é o mesmo.

Virei-me um pouco para encará-la mais de frente. Ia estar sempre ali, a meu lado, essa pelo menos é a idéia, fazendo parte da minha história, na minha cama que não é propriamente minha cama mas nossa, talvez dela, disposto a esperar a hora de sua volta pacientemente, se alguma vez se fosse. Rocei seu seio com meu braço ao me mexer, seu seio nu sob o tecido leve, visível pouco abaixo desse tecido. Meu braço ficou de maneira que o contato perdurasse, para se interromper ela teria agora de se mexer.

– Olhe – eu lhe disse –, as pessoas que guardam segredos durante muito tempo nem sempre o fazem por vergonha ou para se proteger, às vezes é para proteger outros, ou para conservar amizades, ou amores, ou casamentos, para tornar a vida mais tolerável a seus filhos ou para tirar-lhes um medo, já costumam ter muitos. Quem sabe simplesmente não queiram incorporar ao mundo o relato de um fato que oxalá não tivesse acontecido. Não o contar é apagá-lo um pouco, esquecê-lo um pouco, negá-lo, não contar sua história pode ser um pequeno favor que fazem ao mundo. É preciso respeitar isso. Talvez você não gostasse de saber tudo de mim, talvez não queira saber com o passar do tempo, mais tarde, nem que eu saiba tudo de você. Talvez você não gostasse que um filho nosso soubesse tudo sobre nós. Sobre nós em separado, por exemplo, antes de nos conhecermos. Nem mesmo nós sabemos tudo sobre nós, nem em separado antes nem juntos agora.

Luisa afastou-se um pouco num gesto natural, isto é, afastou seu seio de onde estava meu braço, já não houve contato. Pegou um cigarro em sua mesa-de-cabeceira, acendeu-o, fumou duas rápidas vezes, tentou bater a cinza que ainda não tinha se formado, de repente estava um pouco nervosa, seria um pouco contra seu costume.

Era a primeira vez que se fazia alusão ao filho, nenhum dos dois havia falado nunca desse projeto até então, era cedo demais, tampouco agora, a primeira alusão não havia sido um projeto, mas hipotética e para ilustrar outro assunto. Sem olhar para mim, falou:
– Claro que vou querer saber se um dia você pensar em me matar, como aquele homem do hotel de Havana, aquele Guillermo. – Falou isso sem me olhar e falou rápido.
– Você ouviu?
– Claro que ouvi, estava ali do mesmo modo que você, como não ia ouvir?
– Não sabia, você estava adormecida com febre, por isso não lhe contei nada.
– Também não me contou no dia seguinte, se achou que eu não tinha ouvido. Podia ter me contado como me conta tudo. Ou talvez na verdade não me conta tudo.

Luisa estava de repente irritada, mas eu não podia saber se era por não lhe ter contado o que reconhecia ter ouvido ou se a irritação era contra Guillermo, ou talvez contra Miriam, ou mesmo contra os homens, as mulheres têm mais sentido de grupo e muitas vezes se irritam com todos os homens ao mesmo tempo. Também podia estar irritada porque a primeira menção ao filho tinha sido hipotética e de passagem e não uma proposta nem um desejo.

Pegou o controle remoto da televisão e deu uma veloz passada pelos outros canais para deixá-la de novo onde estava. Jerry Lewis tentava comer espaguete: começara a girar o garfo e agora tinha o braço inteiro enrolado no macarrão. Olhava para ele com estupor e dava-lhe dentadas. Ri como uma criança, tinha visto aquele filme na minha infância.
– O que achou do tal Guillermo? – perguntei-lhe. – O que acha que ele vai fazer? – Agora podia ter a conversa que em seu momento não quisemos ter, nem Lui-

sa nem eu, a febre. Pode ser que tudo espere sua repetição, mas nada retorna do mesmo modo como teria acontecido e não aconteceu. Agora já não importava, ela o tinha expressado brutalmente e com ligeireza, dissera-me: "Vou querer saber se um dia você pensar em me matar." Eu ainda não tinha respondido àquilo, é tão fácil não responder ao que não se quer entre pessoas que comentam tudo e falam sem pausa, as palavras se superpõem e as idéias não duram e desaparecem, embora às vezes voltem, se insistirmos.

— O pior de tudo é que não vai fazer nada — disse Luisa. — Tudo continuará como até agora, a tal Miriam esperando e a mulher agonizando, se é que está doente ou existe, como a outra fez bem em duvidar.

— Não sei se está doente, mas com certeza existe — disse eu. — Aquele homem é casado — sentenciei.

Luisa ainda não olhava para mim, falava voltada para Jerry Lewis e continuava mal-humorada. É mais jovem que eu, talvez não tivesse visto o filme em sua infância. Tive vontade de pôr o som mas não o fiz, isso teria acabado com a conversa. Além do mais, ela estava com o controle remoto na mão, na outra o cigarro já pela metade. Fazia um pouco de calor, não tanto: vi seu decote umedecido de repente, brilhava um pouco.

— Dá no mesmo, mesmo que ela morresse ele não faria nada, não iria trazer aquela mulher de Havana.

— Por quê? Você não a viu, eu sim. Era bonita.

— Claro que é, mas é também uma mulher que lhe enche a paciência, e isso ele sabe ou sente. Encheria sempre, aqui e ali, como amante e como esposa, aquela mulher só tem interesse pelo que lhe vem de fora, depende inteiramente do outro, ainda há muitas assim, não lhes ensinaram nada além de se preocupar consigo mesmas em sua relação com outro. — Luisa se detêve, mas continuou em seguida, como se tivesse se arrependido da palavra "ensinar". — Talvez nem lhes ensinem, simplesmente herdam, nascem cansadas de si mesmas,

conheci muitas assim. Passam metade da vida esperando, depois não chega nada, ou o que chega vivem como se não fosse nada, depois passam outra meia vida recordando e alimentando o que lhes pareceu tão pouco ou não era nada. Assim eram nossas avós, nossas mães ainda são assim. Com essa Miriam não há ganho futuro, só o que já há, que em todo caso irá sendo menos, para que mudar as coisas então: menos bonita, menos desejo, mais reiteração. Aquela mulher jogou todas as suas cartas, desde o início já não tinha nenhuma boa, nela não há surpresa, não pode dar mais do que já dá. Alguém só se casa se espera alguma surpresa, ou ganho, alguma melhora. Bom, nem sempre é assim. – Ficou calada um segundo e depois acrescentou: – Tenho muita pena daquela mulher.
– Talvez não possa dar mais, mas em compensação pode deixar de ser um peso, é esse o ganho futuro que há com ela. Poderia deixar de ser um peso se Guillermo se casasse com ela um dia. Também há homens assim.
– Homens como?
– Homens cansados de si mesmos e que só se preocupam com sua relação com outro, ou com outra. A esses homens convém que lhe encham a paciência, isso os ajuda a passar de um dia a outro, os entretém, os justifica, como as mulheres de quem enchem a paciência.
– Esse Guillermo não é assim – sentenciou Luisa (nós dois somos sentenciosos).
Agora sim olhou para mim, embora com o canto do olho, um olhar desconfiado – herdada a desconfiança –, ou assim me pareceu. Havia uma pergunta possível e mesmo provável e mesmo obrigatória, mas ela podia fazê-la ou podia fazê-la eu: "Por que se casou comigo?" Ou então: "Por que acha que eu me casei com você?"
– Custardoy me perguntou esta tarde por que eu tinha me casado com você. – Foi essa minha maneira de fazer e não fazer a pergunta.

Luisa se deu conta de que era de esperar que dissesse: "E o que você respondeu?" Também podia se calar, tem tanta consciência das palavras quanto eu, somos da mesma profissão, embora ela trabalhe menos agora. Calou-se momentaneamente, com o controle remoto deu outra passada rápida pelos canais, foi questão de segundos, voltou a parar em Jerry Lewis, ou trouxe-o de volta, ele dançava agora com um homem muito bem-vestido num enorme salão vazio. Esse homem, reconheci-o e lembrei-me dele no mesmo instante, era o ator George Raft, especializado durante muitos anos em papéis de gângster e consumado dançarino de boleros e rumbas, atuava no célebre *Scarface*. Jerry Lewis pusera em dúvida que fosse ele ("Ora, vamos, o senhor não é George Raft, se parece com ele, mas não é ele, queria era ser George Raft") e obrigava-o a dançar um bolero para demonstrar que dançava bolero como George Raft e portanto era Raft. Os dois homens dançavam agarrados no meio do salão vazio e às escuras, suas duas figuras iluminadas por um foco. Era uma cena cômica e deliciosa. Dançar como alguém com um incrédulo para demonstrar a esse incrédulo que se é esse alguém. Aquela cena era em cores e as outras haviam sido em preto-e-branco, talvez aquilo não fosse um filme mas uma antologia do comediante. Ao parar de dançar e separar-se com timidez, lembro que Lewis dizia a Raft como se lhe fizesse um favor: "Está bem, acredito que o senhor é o autêntico Raft" (mas continuávamos sem som e eu não ouvia aquilo agora, as palavras eram uma recordação inexata de minha infância, em inglês talvez houvesse dito "the real Raft" ou "Raft himself"). Luisa não disse "E o que você respondeu", mas:

— E você respondeu?

— Não. Ele só quer saber de cama, o que na realidade me perguntava era isso.

— E você não respondeu.

– Não.
Luisa pôs-se a rir, de repente recuperara seu bom humor.
– Mas que conversa de crianças – disse, rindo. Creio que enrubesci um pouco, na verdade enrubescia por Custardoy, não por mim, eles então mal se conheciam e por isso, diante dela, eu me sentia responsável por Custardoy, que vinha de mim, um velho amigo, não exatamente, você se sente responsável pelo que pode envergonhá-lo e tudo pode envergonhar diante de quem se ama (no início de amar esse alguém), é também por isso que se trai uma pessoa, mas sobretudo se trai o próprio passado, que se repudia e ao qual se renuncia (nele não estava ela, que é quem nos salva e nos torna melhores, que nos enaltece, ou nisso acreditamos enquanto a queremos).
– Por isso eu não quis entrar nela – falei.
– Que pena – fez ela. – Agora você poderia me contar o que disse a ele.
Agora era eu que não tinha vontade de rir, tantas vezes se fica a destempo por uma questão de segundos. Mas o riso costuma esperar.
Sentia-me incomodado. Ficara envergonhado. Guardei silêncio. Por que contar? Depois falei:
– Quer dizer que você não acredita que Guillermo um dia vá matar sua mulher doente. – Voltei a Havana e ao que a tinha feito ficar séria. Queria que voltasse a ficar séria.
– Que matar, que matar – respondeu, muito segura. – Ninguém mata ninguém porque outra pessoa que pode cair fora pede. Ou já teria matado, as coisas difíceis parecem possíveis quando você pensa um pouco nelas, mas se tornam impossíveis se você pensa demais. Sabe o que vai acontecer? O homem deixará de ir a Cuba um dia, vão se esquecer, ele continuará casado a vida inteira com sua mulher, doente ou não, e se estiver casado fará o possível para que ela se cure. É sua garantia.

Continuará tendo amantes, irá procurar aquelas que não enchem a paciência. Por exemplo, também casadas.
– É isso que você gostaria que acontecesse?
– Não, isso é o que vai acontecer.
– E ela?
– Ela é menos previsível. Pode encontrar outro homem logo e o que viver com ele lhe parecerá pouco ou nada. Também pode se matar como anunciou, quando vir que é verdade que ele não vem mais. Também pode esperar e depois recordar. Em todo caso está liqüidada. As coisas nunca sairão como ela quer.
– Dizem que as pessoas que avisam não se matam.
– Que bobagem. Há de tudo.
Tirei das mãos dela o controle remoto. Deixei na mesa-de-cabeceira o livro que mantivera aquele tempo todo nas minhas, sem ler uma linha. Era *Pnin*, de Nabokov. Não o terminei e estava me agradando muito.
– E quanto a meu pai e minha tia? Agora parece que ela se matou, segundo Custardoy.
– Se quer saber se avisou terá de perguntar a ele. Não quer que eu lhe pergunte, não é?
Demorei um pouco para responder:
– Não. – Refleti um pouco e depois disse: – Creio que não. Preciso pensar melhor.
Pus som na antologia cinematográfica de Jerry Lewis. Luisa apagou a luz de seu lado e se virou como se fosse dormir.
– Já vou desligar – disse-lhe.
– A luz não me incomoda. Se puder tirar o som da televisão, por favor.
Jerry Lewis estava agora no anfiteatro de um cinema com um saco de pipocas na mão, antes de começar a sessão. Ao aplaudir caíam todas na cabeça de uma digna senhora de cabelos brancos, sentada na frente. "Oh, senhora", dizia, "caíram pipocas no seu cabelo, deixe-me tirá-las", e em quinze segundos destruía completamente o penteado da senhora. "Oh, fique quieta um

momento", dizia-lhe enquanto revolvia e manuseava seus cabelos, transformados nos de uma mênade. "Haja cabelo", criticava. Dei uma gargalhada, essa cena tão breve eu não tinha visto em criança, tinha certeza, era a primeira vez que via e ouvia.
Tirei novamente o som, como Luisa pedira. Não estava com sono, mas quando dois dormem juntos tem de haver um mínimo de acordo em relação aos horários de se deitar e de levantar, de almoçar e de jantar, o café da manhã é outra coisa, lembrei que não tinha comprado leite, Luisa se irritaria de manhã, eu tinha ficado de comprar. Mas ela tem bom gênio.
– Esqueci-me de comprar o leite – disse-lhe.
– Tudo bem, eu desço amanhã num instante – respondeu.
Desliguei a televisão e o quarto ficou escuro, minha luz não tinha sido acesa porque não cheguei a ler. Durante uns segundos não vi nada, depois meus olhos se acostumaram um pouco à escuridão, não muito nunca, Luisa gosta de dormir com a persiana abaixada, eu não. Virei-me e dei-lhe as costas, não nos tínhamos dado boa-noite, mas talvez não fosse necessário dar sempre, todas as noites ao longo dos anos futuros. Mas naquela noite talvez sim, ainda.
– Boa noite – disse-lhe.
– Boa noite – respondeu ela.
Ao nos darmos boa-noite não nos tínhamos chamado de nada, nenhum dos apelidos habituais, os casais não são capazes de não os ter, vários, ou pelo menos um para acreditar que são outros ou não sempre os mesmos e evitar se chamar por seus verdadeiros nomes, que guardam para quando se insultam ou estão irritados ou têm de se dar uma má notícia, por exemplo que alguém vai ser deixado. Meu pai deve ter recebido apelidos de pelo menos três mulheres, tudo teria soado igual, parecido, uma repetição, ter-se-ia confundido, ou talvez não, com cada mulher teria sido diferente, quan-

do lhes tivesse dado uma má notícia tê-las-ia chamado de Juana, Teresa e outro nome que desconheço mas que ele não terá esquecido. Com minha mãe dispusera de longos anos, com minha tia Teresa quase não tivera tempo, talvez tão pouco quanto o que eu e Luisa tínhamos de casados, para eles não houve anos futuros, nem mesmo meses, tinha se matado, segundo Custardoy. E a terceira que foi a primeira, quanto teria durado, como teriam se chamado ao se despedir e se darem as costas ou só ela a ele ou só ele a ela e abraçar cada um separadamente o travesseiro compartilhado (isso é uma maneira de dizer, porque há sempre dois travesseiros).
– Não vou querer saber se você um dia pensar em me matar – disse no escuro a Luisa.
Talvez tenha soado sério, porque então ela se virou e notei de imediato seu contato que tinha perdido fazia um instante, seu seio conhecido contra minhas costas, e no mesmo instante senti-me respaldado. Virei-me, e então notei suas mãos nas minhas têmporas, que me acariciavam ou me recriminavam, e notei seus beijos no nariz, olhos e boca, no queixo, testa e faces (o rosto todo). Meu rosto deixou-se beijar tanto quanto o rosto é beijável, porque naquele momento, depois daquela frase – depois de ficar de frente para ela –, já era eu quem a protegia e a respaldava.

Não muito depois, como disse, passados a viagem de núpcias e também o verão, tive de começar a me ausentar por causa de meu trabalho de tradutor e intérprete (agora mais intérprete) nos organismos internacionais. O acordo com Luisa era que ela trabalharia menos durante um tempo e se dedicaria a montar nossa casa comum e nova (artificiosamente), até que pudéssemos fazer coincidir o mais possível nossas presenças e ausências ou então, inclusive, mudássemos de emprego. No outono, em meados de setembro, começa em Nova York o período de sessões da Assembléia Geral das Nações Unidas, que se prolonga por três meses, e tive de ir para lá, como nos outros anos em que ainda não conhecia Luisa, na minha qualidade de temporário (precisam de uns tantos durante a Assembléia), oito semanas interpretando para depois voltar a Madri e não me mexer nem interpretar durante pelo menos outras oito.

Você não se diverte nessas cidades, nem mesmo em Nova York, pois está lá trabalhando durante cinco dias por semana, e os dois restantes são tão falsos (como um inciso) e você está tão exausto que só pode se dedicar a recuperar as forças para a semana seguinte, passear um pouco, espiar de longe os toxicômanos e os futuros delinqüentes, ir às lojas (por sorte quase tudo está aberto domingo), ler o *New York Times* gigantesco o dia inteiro, tomar sucos energéticos ou de tutti-frutti e ver televisão de noventa canais (é provável que em algum deles apareça Jerry Lewis). Você quer descansar seu ouvido e sua língua, mas é impossível, sempre acaba escutando e falando, mesmo que esteja sozinho. Não é meu caso. A maioria dos chamados temporários aluga um sórdido apartamento durante sua estada, sempre mais barato que um hotel, um apartamento mobiliado de cozinha embutida, e todos hesitam entre cozinhar ali e suportar o cheiro do que vão comer ou comeram ou almoçar e jantar sempre fora, o que é cansativo e muito caro numa cidade em que nada custa o que se diz que custa, e sim quinze por cento mais a título de gorjeta nos restaurantes e depois oito por cento suplementar para todas as coisas a título de imposto local nova-iorquino (um abuso, em Boston são apenas cinco). Tenho a sorte de ter nessa cidade uma amiga espanhola que com grande amabilidade me aloja durante minhas oito semanas de assembléia. Mora ali permanentemente, é uma colega que trabalha como intérprete fixa das Nações Unidas, está em Nova York há doze anos, tem uma casa agradável e não sórdida, na qual se pode cozinhar de vez em quando sem que o cheiro de comida invada a sala e os quartos (nos apartamentos raquíticos, como se sabe, tudo é um). Conheço-a há mais tempo do que está fora da Espanha, conheço-a da Universidade, ambos éramos estudantes, embora ela seja quatro anos mais velha do que eu, o que significa que agora tem trinta e nove e que tinha um a menos quando eu estive ali depois de meu casamento, nessa ocasião de que estou falando ou da que me disponho a falar. Então, quando éramos estudantes, isto é, em Madri e já faz quinze anos, dormimos juntos duas vezes isoladas, ou talvez três ou podem ter sido quatro (não mais), seguramente nenhum dos dois nos lembramos bem dessas vezes, mas *sabemos* delas, e o conhecimento desse dado, muito mais o conhecimento do que o próprio fato, faz com que nos tratemos com delicadeza em nosso caso e ao mesmo tempo com grande confiança, quero dizer que nos contamos tudo e nos dizemos palavras de consolo ou distração ou ânimo quando percebemos que essas palavras são necessárias para um ou outro. Também sentimos saudade um do outro (saudade vaga) quando não estamos juntos, uma dessas pessoas (na vida de cada um há quatro ou cinco, e delas se sofre de verdade a perda) que você está acostumado a informar do que acontece, isto é, nas quais você pensa quando lhe acontece algo, divertido ou dramático, e para as quais acumula fatos e anedotas. De boa vontade você aceita reveses porque irá relatá-los a essas cinco pessoas. "Tenho de contar isso a Berta", pensa alguém (penso eu muitas vezes).

    Berta sofreu um desastre numa estrada faz seis anos. Ficou com uma perna destroçada, com múltiplas fraturas expostas, teve osteomielite, cogitou-se amputá-la, salvou-a por fim mas perdeu parte do fêmur, que teve de ser encurtado, razão pela qual desde então manca um pouco. Não tanto que não possa usar sapatos de salto alto (e usa-os com graça), mas o salto de um sempre tem de ser um pouco mais comprido e grosso do que o do outro, manda fazer especiais. Ninguém nota esses saltos desiguais se não estiver prevenido, mas percebe-se que ela manca um pouco, sobretudo quando está esgotada ou em casa, onde não faz esforços para enobrecer o modo de andar: abandona-se ao fechar a porta atrás de si e guardar a chave no bolso, já não dissimula, duplica-se a manqueira. Também ficou com uma cicatriz no rosto, é coisa leve, tão leve que não quis corrigi-la mediante cirurgia, é como uma meia-lua na bochecha direita que às vezes, quando dormiu mal ou teve um dissabor ou está muito cansada, escurece e se torna mais visível. Então, durante uns instantes acho que tem uma mancha, que se sujou, e lhe digo isso. "É a cicatriz", ela me lembra, que ficou azul ou roxa. Foi casada quando era mais jovem, em parte foi por isso que mudou para a América e procurou emprego lá. Divorciou-se com três anos de casada, voltou a se casar dois anos depois e um ano mais tarde divorciou-se de novo. Desde então nada lhe durou muito. Desde uns seis anos depois do acidente, sente-se velha injustificadamente e descrê de suas possibilidades de conquistar alguém (duradouramente, entenda-se). É uma mulher bonita, com traços que nunca foram muito juvenis e que portanto não a fizeram mudar muito desde os tempos da Universidade. Vai ter na velhice um aspecto agradável, sem essas transformações que tornam irreconhecíveis alguns rostos de nosso passado, ou nosso rosto, para o qual nunca olhamos adequadamente. Mas, por mais injustificado que a meu ver seja seu sentimento, o caso é que o tem e, embora ainda não se tenha rendido nem pendurado as chuteiras, sua relação com os homens tem sido viciada nos últimos tempos por esse sentimento obsessivo e involuntário, uma relação angustiada, ainda não indiferente, como provavelmente será dentro de não muito. Nestes anos, toda vez que passei minha temporada de temporário na cidade em que mora, entraram e saíram do apartamento numerosos indivíduos (a maioria norte-americanos, alguns espanhóis, até mesmo um ou outro argentino; a maioria chegava acompanhando-a, outros telefonavam e marcavam encontro fora, poucos vinham buscá-la, alguns até tinham a chave) que não mostraram o menor interesse em me conhecer e que portanto não deviam ter o menor interesse nela (interesse a longo prazo, quero dizer, desejamos conhecer os amigos de quem pode estar conosco durante algum tempo, e até ser agradável com eles). Cada um desses indivíduos a decepcionou ou a abandonou, em muitas ocasiões depois de uma só noite compartilhada. Em cada um desses indivíduos ela depositou ilusão, em nenhum deixou de ver um projeto, até mesmo na primeira noite que tantas vezes prometia ser a última, e cumpria. Cada vez lhe é mais difícil reter alguém e cada vez o tenta com maior afinco (ainda não lhe chegou, digo, a hora da indiferença, tampouco a do cinismo).

Quando estive lá depois de meu casamento, de meados de setembro a meados de novembro, fazia já dois anos que começara a experimentar os encontros marcados através de agências e também, havia um ano, a escrever para as seções de contatos pessoais (*personals*, se chamam) de jornais e revistas. Fizera um vídeo para a agência, que desde então – mediante pagamento – enviava-o aos interessados em alguém como ela. A expressão é absurda, mas é a que se utiliza e a própria Berta emprega, "gente interessada em alguém como eu", isto é, Berta aproximando-se de um modelo anterior mas inexistente em vez de criar o seu. Nesse vídeo ela falava sentada num sofá (mostrou-me o vídeo, conservava o original, a agência fazia e enviava cópias), estava bonita, muito bem-arrumada, parecia serena, parecia mais jovem, falava em inglês diante da câmara, no fim soltava algumas frases convencionais em espanhol para atrair outros possíveis espanhóis solitários, residentes ou de passagem, ou os que gostam de um toque exótico ou os que na América chamam de hispanos. Falava de seus gostos, de seus passatempos, de suas idéias (não muitas idéias), não de seu trabalho, mencionava seu acidente, mencionava sua leve manqueira com um sorriso de desculpa, era obrigada a confessar os defeitos físicos para que ninguém se sentisse logrado; depois aparecia em casa, regando as plantas, folheando um livro (era de Kundera, um erro), com música de fundo (ouvia-se um violoncelo de Bach ao fundo, um lugar-comum), com avental na cozinha, escrevendo cartas sentada a uma mesa com luz elétrica. Eram muito breves os vídeos, uns três ou cinco minutos, todos plácidos. Ela (emprego o plural por isso) também os recebia mediante modesta soma, vídeos de homens que tinham ou não visto o seu e queriam conhecê-la ou dar-se a conhecer a desconhecidas. Recebia um par deles a cada semana, durante minha estada nós os víamos juntos, ríamos, eu a aconselhava, embora me sentisse incapaz de aconselhá-la a sério, parecia-me apenas uma brincadeira, era difícil para mim acreditar que ela pudesse ter ilusões acerca de um daqueles indivíduos. Tinham de ser indivíduos anômalos, estranhos e não muito confiáveis, eu pensava, para se prestar àquilo. Quando pensava nisso esquecia que Berta também se prestava, e era minha amiga, e digna de confiança. A agência era bastante séria, ou pelo menos assim se apresentava, tudo era controlado desde o primeiro encontro, não havia nada de muito mau gosto, censuravam os vídeos se necessário, tudo era plácido. Nos contatos pessoais por correspondência a coisa era diferente, ali não havia nenhum controle de nenhum tipo, nenhum intermediário, e logo se entrava nas matérias carnais, os correspondentes pediam no mesmo instante vídeos insinuantes e depois lascivos, diziam palavras audaciosas, faziam piadas repugnantes que a Berta já não pareciam tanto, nada do que se faz parte repugna, nada do que se transforma em costume. Em pouco tempo não se interessou mais apenas pelo que lhe chegava através da agência, embora continuasse pedindo fitas para acreditar que ainda contava com o mundo plácido, mas se correspondia e trocava vídeos com homens estranhos ou mais anômalos, gente com cara e corpo mas ainda sem nome, gente com iniciais ou apelidos, lembro-me de alguns dos quais me falava, "Taurus", "VMF", "De Kova", "The Graduate", "Weapons", "MC", "Humbert", "Sperm Whale" ou "Gaucho", eram esses os cognomes. Todos sorriam diante da câmara com desenvoltura, vídeos caseiros, sem dúvida tinham-se filmado sozinhos, só eles em casa, falando com ninguém, com alguém desconhecido ou por conhecer, ou talvez com o mundo que os ignorava. Alguns falavam do travesseiro, encostados na cama e de cueca ou sungas minúsculas, encolhendo a barriga, com o tórax untado de óleo como se fossem atletas. Mas não eram. Os mais atrevidos (quanto mais idade, mais ousados) apareciam nus, eretos, mas falando como se nada estivesse acontecendo, sem mencionar o que muitas vezes não ficava notável. Berta ria ao vê-los e eu também ria, mas a contragosto, porque sabia que Berta, depois de rir, responderia a um deles, e lhe mandaria seu vídeo, e marcaria encontro com ele e talvez viesse com ele ao apartamento. E nessas ocasiões, depois de fechar a porta e guardar a chave na bolsa, continuaria corrigindo o passo e, embora já estivesse em casa, não abandonaria seu esforço para dissimular a manqueira, pelo menos até chegar ao quarto, numa cama não se anda.

Duas semanas depois de eu chegar a Nova York no ano do meu casamento, Berta (era um fim de semana, também o segundo e já com o início do acúmulo do cansaço) mostrou-me uma carta que lhe chegara na caixa postal que alugara para receber seus *personals*. Costumava me dar essas cartas para ler quando eu estava lá de modo a compartilhar a diversão (a dor, depois, compartilhava menos), mas neste caso também queria verificar se eu via na carta o mesmo que ela.

– Vejamos o que você acha – disse ao passá-la a mim.

A carta era escrita em inglês e à máquina e não dizia grande coisa, o tom era desenvolto mas educado, até um pouco sóbrio para essa classe de correspondência. O indivíduo vira o anúncio de Berta na seção de *personals* de uma revista mensal e se mostrava interessado em estabelecer contato. Mencionava que ia estar na cidade um par de meses (o que, entendia, podia ser um atrativo mas também dissuasório) e acrescentava que no entanto vinha a Manhattan com bastante freqüência, várias vezes por ano (o que era promissor e cômodo, dizia, garantia que não ia ser um estorvo). Como se não tivesse o costume de escrever esse tipo de carta e ignorasse que o normal é começar utilizando um pseudônimo ou um apelido ou as iniciais, desculpava-se por assinar apenas "Nick" (assinatura à mão) e justificava isso alegando que, por trabalhar "numa arena ou campo muito visível ou exposto" ("as I work in a very visible arena", eram suas palavras exatas), devia ser muito discreto por ora, se não reservado, se não secreto. Assim dizia, "se não reservado, se não secreto".

Depois de ler a carta eu disse a Berta o que Berta esperava:

— Foi um espanhol que escreveu esta carta.

O inglês era bastante correto, mas com algumas indecisões, uma insuficiência inconfundível e várias expressões não diria pouco inglesas, mas que pareciam uma tradução demasiado literal do castelhano: tanto Berta como eu como Luisa estamos acostumados a detectar essas transparências de nossos compatriotas quando falam ou escrevem línguas. Mas, se o homem era espanhol, parecia caprichoso ou absurdo que se dirigisse a Berta em inglês, já que o anúncio que ela punha e pagava todos os meses nessa revista proclamava antes de mais nada sua origem: "Young woman from Spain...", assim começava, embora se envergonhasse um pouco, na hora dos encontros, de ter-se apresentado como ainda "young": ao sair achava-se asquerosa e via todas as suas rugas, mesmo depois do colágeno, mesmo as que não existiam. Na carta de "Nick" intrigava-lhe sobretudo a "arena muito visível". A verdade é que desde o começo de seu relacionamento ou pré-relacionamento com desconhecidos eu nunca a tinha visto tão excitada após um primeiro contato. "Uma arena muito visível!", exclamava e repetia rindo um pouco, em parte pelo lado pretensioso e cômico da frase, em parte pelo entusiasmo da esperança. "Em que será que ele trabalha? Uma arena muito visível, isso soa a cinema ou televisão. Será locutor? Há vários que me agradam, mas, claro, se for espanhol então não sei, não os conheço, quem sabe você sim." Ficava pensando e ao cabo de um momento acrescentava: "Quem sabe é um esportista, ou um político, embora não creia que um político se arrisque a fazer essas coisas. Embora na Espanha as pessoas sejam muito descaradas. Dizer que trabalha numa arena muito visível é como dizer que é famoso. Por isso quis passar de início por americano. Quem poderá ser?"

– Pode ser que essa coisa de arena seja mentira, uma artimanha para dar-se ares de importante e despertar interesse. Com você está conseguindo.

– Pode ser, mas em todo caso a expressão tem sua graça. Arena. Embora muito americana, se ele for espanhol, de onde a terá tirado?

– Da televisão, onde se aprende tudo. Também pode ser que não seja nada famoso mas acredite que sim. Talvez seja agente da bolsa, ou médico, ou empresário, e se ache importante e por isso exposto, quando ninguém conhece essa gente, principalmente aqui na América.

Eu estimulava seus achados e suas ilusões, era o mínimo que podia fazer. Isto é, o mínimo que podia fazer era escutá-la, prestar atenção em seu mundo, alentá-la, dar importância às coisas a que ela dava e me mostrar otimista, é esta a função primeira da amizade, a meu ver.

– Talvez seja cantor – dizia ela.
– Talvez seja escritor – eu replicava.

Berta respondeu para a caixa postal que "Nick" lhe indicava, "P.O. Box", assim se chama uma caixa postal em inglês, todo o mundo as utiliza, há milhões delas espalhadas por todo o país. Mas, se durante minhas estadas Berta não deixava de me mostrar nenhuma carta nem vídeo de nenhum correspondente, não fazia o mesmo com suas respostas escritas, que mandava sem guardar cópia e sem me deixar ver, e eu entendia isso, pois uma pessoa pode tolerar o juízo oblíquo de seus atos nunca integralmente visíveis e que cessam, mas não das suas palavras integralmente legíveis e que permanecem (muito embora o juízo frontal seja involuntário e benévolo por parte de quem o faça e não o expresse).

Alguns dias mais tarde chegou a resposta à sua resposta, outra carta que não deixou de me mostrar. Continuava sendo em decoroso e dubitativo inglês, língua em que Berta lhe escrevera, segundo me disse, para não feri-lo em seus conhecimentos lingüísticos nem decepcioná-lo, e era mais breve e mais lasciva, como se minha amiga o tivesse convidado a sê-lo, ou talvez não, talvez no segundo passo as mínimas formas imprescindíveis em todo primeiro contato tendessem a desaparecer. Agora não assinava "Nick", mas "Jack", nome que preferia "esta semana", dizia, e o nome estava de novo escrito à mão, o *c* e o *k* eram idênticos nos dois. Pedia-lhe agora um vídeo para conhecer seu rosto e sua voz, e desculpava-se por ainda não mandar o dele (logo, deve ter sido Berta quem o solicitou primeiro): como ainda estava se instalando para seus dois meses na cidade, não tivera tempo de comprar uma câmara ou descobrir em que tipo de estabelecimento podia fazê-lo, da próxima vez mandaria. Nessa ocasião não fazia nenhuma referência à sua arena nem contava nada mais de si mesmo, apenas falava um pouco de Berta, que procurava imaginar brevemente (três linhas) na intimidade. Ainda empregava termos cafonas e não grosseiros, frases próprias de canções intimistas: "Já antecipo o momento de tirar sua roupa e acariciar sua pele suave", coisas assim. Só no final, justo antes da assinatura, "Jack" se despedia com uma indecência brutal: "Quero comer você", dizia em inglês. Mas pareceu-me que aquilo estava escrito a frio e à guisa de lembrete inclemente, para que Berta não fosse pensar que tal coisa pudesse não figurar no programa que estavam confeccionando. Ou talvez fosse uma maneira de eliminar as cafonices melódicas anteriores, ou de calibrar a tolerância e o vocabulário (a tolerância léxica) de sua correspondente. Berta tinha tolerância e humor para isso, e mais: continuava rindo, seus olhos brilhavam, mancava menos, sentia-se lisonjeada esquecendo por um instante que para aquele homem que a desejava ou queria comê-la ela ainda não era mais que umas letras, umas iniciais, a promessa de alguém, "BSA", umas palavras escritas numa língua que não era a dela nem a dele; e que, uma vez que ele a visse ou visse seu vídeo e ela fosse algo mais, poderia não ser mais desejada ou nem sequer comível, como lhe ocorrera em uma ou outra ocasião; e que depois de consumar-se o desejo – se se consumasse – podia ser rejeitada, como acontecia quase todas as vezes fazia tempo, não sabia ou não queria saber por quê.

Tinha consciência disso tudo (passado o instante), mas respondeu a "Jack" como respondera a "Nick" e mandou-lhe uma cópia de seu vídeo de agência e pôs-se a esperar. Durante os dias de espera estava nervosa mas também animada, carinhosa comigo como são as mulheres quando têm uma ilusão, embora comigo ela sempre seja. Uma tarde em que voltei do trabalho antes de Berta e peguei a correspondência em sua caixa ela se delatou mais que nunca. Mal abriu a porta e guardou a chave na bolsa (e não se entregou logo ao modo de andar doméstico, a concentração a impedia de fazê-lo), veio a mim e me perguntou a toda pressa, sem me cumprimentar antes:

— Você pegou a correspondência ou não havia nada?
— Peguei. Está ali na mesinha o que há para você. Recebi uma carta de Luisa.

Correu até a mesinha e examinou os envelopes (um, dois e três) e não abriu nenhum até tirar a gabardine e passar pelo banheiro e pela geladeira e calçar uns mocassins que a desequilibravam mais. Naquela noite nem eu nem ela saímos, e enquanto eu via o concurso *Family Feud* na televisão e ela lia (não Kundera, por sorte), disse-me:

— Como estou boba, estou alterada, esqueço as coisas, antes achei que podia haver na correspondência alguma coisa de Arena Visível. Se me escrever, mandará para a caixa postal, não para cá, não sabe meu endereço nem meu nome, como estou desnorteada! — Interrompeu-se um segundo e logo acrescentou: — Você acha que ele vai voltar a escrever?

— Claro que sim. Como não vai escrever depois de te ver no vídeo? — respondi.

Ficou calada, acompanhou comigo um teste de *Family Feud*. Depois disse:

— Cada vez que espero uma resposta fico horrorizada com a idéia de que ela não venha e também de que chegue. Tudo se torna um desastre depois, mas enquanto está para acontecer tenho a impressão da absoluta limpeza e da infinita possibilidade. Sinto-me como com quinze anos, não combina comigo o ceticismo, é estranho. Não posso evitar ter ilusões. A maioria dos caras com quem depois me encontro são inapresentáveis, tipos repugnantes, às vezes acabo saindo e indo jantar com eles e indo além só porque são precedidos pela espera e pelas cartas, se não fosse assim nem atravessaria a rua em companhia deles. Suponho que sentem o mesmo em relação a mim. — Fez uma pausa, ou talvez tenha prestado atenção na outra pergunta de *Family Feud*. Depois continuou: — Por isso o estado perfeito é o da espera e o da ignorância, o ruim é que se eu soubesse que esse estado ia durar indefinidamente então também não me agradaria. Veja só, de repente há um cara que por um motivo qualquer me agrada particularmente, sem eu saber nada dele, como este Nick ou Jack, por que lhe terá passado pela cabeça mudar de nome, não é comum. Enquanto não o conheço, sobretudo antes de ver seu vídeo se o mandar, ou sua fotografia, sinto-me quase feliz. Desde há muito tempo são os únicos dias em que me sinto de fato contente e de bom humor. Depois me mandam aqueles vídeos ridículos que querem ser ousados, essa coisa do vídeo é uma praga, e mesmo assim muitas vezes marco encontro com eles, pensando que tudo o que antecedeu o encontro pessoal na realidade não conta. É artificial demais, penso, as pessoas se comportam de outra maneira quando estão cara a cara. É como se desse outra oportunidade a eles, anulando de repente o que a primeira lhes deu, ou deu a mim. É curioso, mas os vídeos, apesar da falsidade da situação em que normalmente são feitos, nunca enganam. Note que um vídeo é visto impunemente, como a televisão. Nunca vemos ninguém em pessoa com tanto detalhe nem com tanto descaramento, porque em qualquer outra circunstância sabemos que o outro também está nos vendo, ou que pode nos descobrir se o estivermos espiando às escondidas. É um invento infernal, acabou com a fugacidade do que acontece, com a possibilidade de nos enganarmos e de contarmos depois as coisas de maneira diferente de como aconteceram. Acabou com a recordação, que era imperfeita e manipulável, seletiva e variável. Agora você não pode se lembrar a seu bel-prazer do que está gravado, como é que você vai se lembrar do que sabe que pode voltar a ver tal qual, inclusive mais devagar do que se produziu? Como é que você vai alterar? – Berta falava arrastado, estava com a perna ruim escondida sob seu corpo, na poltrona, e na mão segurava o livro, como se ainda não tivesse resolvido interromper a leitura nem interromper meu concurso: falava, portanto, como que entre parênteses, isto é, sem querer dizer tanto. — Ainda bem que só se filmam alguns momentos do conjunto de uma vida, mas esses momentos, veja bem, nunca enganam, mais pelo tipo de olhar de quem os contempla do que por haver no filmado muita autenticidade. Quando vejo os vídeos desses homens fico arrasada, embora também ache graça e acabe saindo com alguns deles. Fico arrasada ainda mais quando os vejo chegar com suas roupas estudadas e horrendas e seus preservativos no bolso, nunca há nenhum que tenha se esquecido de pegá-los, todos pensaram: "Well, just in case." Se houvesse um que não pensasse nisso na primeira noite seria pior, talvez me apaixonasse por ele. Agora estou iludida com este Nick, ou Jack, um espanhol caprichoso que se faz passar por americano, tem de ser simpático, com sua arena visível, e que resolve levar isso adiante. Estes dias vivo mais conformada e até contente porque espero a resposta dele e que me mande seu vídeo, bem, e também porque você está aqui. E o que acontecerá? Seu vídeo será asqueroso, mas o verei várias vezes até me acostumar a ele, até que não pareça ruim demais e seus defeitos acabem me atraindo, esta é a única vantagem da repetição, ela distorce tudo e torna tudo familiar, o que repele na vida atrai finalmente quando se vê bastantes vezes numa tela de tevê. Mas já saberei, no fundo, que o que esse cara quer é me comer uma noite e só, como já se encarregou de me prevenir, e que depois desaparecerá, quer me agrade quer não, quer eu queira que desapareça quer não. Quero vê-lo e não quero vê-lo, quero conhecê-lo e que continue sendo um desconhecido, quero que me responda e que sua resposta não chegue. Mas se não chegar vou ficar desesperada, deprimida, vou pensar que quando me viu não gostou, e isso sempre me machuca. Nunca sei o que querer.

 Berta tapou o rosto com o livro aberto sem se dar conta: ao contato das páginas com seu rosto deixou-o cair e então cobriu-se com as mãos, como fora sua intenção. Não chorava, só se escondia um pouco, um instante. Deixei de assistir a *Family Feud* e me levantei e me aproximei dela. Peguei o livro no chão e pus-lhe a mão no ombro. Ela pegou minha mão e a acariciou (mas foi um segundo), para depois afastá-la muito lentamente, ou repeli-la com suavidade.

Não houve rosto no vídeo de "Nick" ou "Jack", que da terceira vez quis chamar-se "Bill", "talvez seja meu nome definitivo, talvez não", dizia ainda em inglês no cartão que acompanhava a fita, e o *i* era idêntico ao *i* de "Nick". Talvez tivesse chegado no dia em que não podia vir para casa e não veio, mas Berta pegou-o dois dias depois, quando foi olhar na caixa postal da agência de correio mais próxima, onde recebia sua correspondência mais pessoal, ou talvez impessoal. Ainda tinha a gabardine posta quando entrei aquela tarde no apartamento, precedera-me em alguns minutos, eu seguramente teria chegado antes se ela não tivesse passado pelo correio nem se tivesse entretido ou ficado nervosa com a chave que abria a caixa prateada. Segurava o pacote na mão (o pacote com forma de fita de vídeo), ergueu-o e agitou-o com um sorriso, para mostrá-lo, para comunicá-lo a mim. Estava imóvel, logo não mancava.

– Vamos vê-lo juntos esta noite, depois do jantar? – perguntou-me confiante.

– Esta noite vou jantar fora. Não sei a que horas volto.

– Bem, se eu puder agüentar, espero até você voltar. Se não, deixo a fita em cima da televisão e você vê depois, antes de ir se deitar, para comentarmos amanhã.

– Por que não vemos agora?

– Não, ainda não estou preparada. Quero deixar passar umas horas, saber que o tenho e ainda não o ver. Tentarei esperar você o mais que puder.

Estive a ponto de cancelar meu encontro. Berta preferia ver o vídeo comigo, para estar protegida enquanto o visse ou para lhe dar a importância visual que verbalmente vinha lhe dando fazia dias. Aquilo era um acontecimento, talvez solene, é necessário dar importância ao que a tem para os amigos. Mas meu encontro era praticamente um compromisso de trabalho, um alto funcionário espanhol amigo de meu pai e de visita à cidade, com um inglês aceitável mas inseguro, tinha me pedido para acompanhar ele e sua mulher (ela mais jovem) a um jantar com outro casal, um senador norte-americano e sua esposa norte-americana (ela mais jovem), para entreter as senhoras enquanto os homens falavam de negócios sujos e dar-lhe uma ajuda no inglês se, como era provável, precisasse. As senhoras eram não só mais jovens como umas frívolas loucas que depois do jantar fizeram de tudo para ir dançar e conseguiram: dançaram comigo e com outros caras durante horas (nunca com seus maridos, metidos nas safadezas) e se apertavam muito, principalmente a espanhola, cujos peitos contra meu peito me pareceram de silicone, como madeira talvez molhada, não ousei tirar provas digitais. Tinham dinheiro e vida boa aqueles dois casais, faziam negócios, injetavam-se silicone, falavam de Cuba com conhecimento de causa, iam a lugares onde se dança agarrado.

Cheguei em casa depois das duas, por sorte o dia seguinte era sábado (bom, eu tinha aceito aquela noitada por ser sexta-feira). Estava aceso o abajur a cuja luz Berta lera e lia, o que costumava deixar aceso quando ia se deitar e eu não tinha chegado, ou eu deixava quando era o contrário. Não estava com sono, ainda trazia em meus ouvidos a música a cujo som tinha dançado com as duas frívolas e o som das vozes viris que preparavam planos para a nova Cuba (eu tinha traduzido numerosas vezes as dificuldades do funcionário). Olhei para o relógio sabendo a hora e lembrei-me então do aviso de Berta, "Tentarei esperar você o mais que puder". Não tinha podido me esperar até o fim da dança. Em cima da televisão, como dissera, estava uma fita de vídeo com um cartão, o cartão de "Bill" ("talvez seja meu nome definitivo") de que já falei. A fita era breve como costumam ser as fitas pessoais, estava no fim, não tinha sido rebobinada. Introduzi-a para fazê-la voltar atrás, ainda vestia minha gabardine. Sentei-me sobre ela, amassando-a, as abas, nunca se deve fazer isso, depois você fica semanas com aspecto de indigente. Apertei o *play* e comecei a assistir, sentado na minha gabardine. Durante os três ou quatro minutos gravados o plano não mudou, foi sempre o mesmo, a câmara parada, e o que nele se via era um torso sem rosto, o enquadramento cortava a cabeça do homem na parte de cima (dava para ver o pescoço, o gogó pontudo) e embaixo chegava apenas até a cintura, o corpo ereto. Esse homem estava de roupão, um roupão azul-claro recém-estreado ou lavado, talvez um desses que os hotéis caros emprestam a seus clientes. Ou talvez não, já que à altura do peito, à esquerda, liam-se as discretas iniciais, "PH", talvez se chamasse Pedro Hernández. Também se viam seus antebraços, mantinha-os cruzados, ocultando as mãos, as mangas do roupão não eram muito compridas, uma espécie de quimono que deixava descobertos os braços peludos e fortes e talvez compridos, cruzados e imóveis, secos, não molhados, não acabara de sair do chuveiro ou da banheira, o roupão talvez fosse apenas uma forma de não usar roupas reconhecíveis nem significativas de nada, um anonimato indumentário: a única coisa que se via dele era um relógio preto e grande no pulso direito (as mãos metidas debaixo dos braços), talvez um canhoto ou simplesmente um caprichoso. Falava em inglês, outra vez, mas seu sotaque o denunciava como espanhol muito mais ainda que sua escrita. Aquele homem não podia acreditar que fosse capaz de passar por americano ante uma espanhola residente em Nova York e que trabalhava de intérprete (mas isso ele não sabia) falando daquela maneira; no entanto o fazia, a língua como disfarce, como pista falsa, as vozes mudam ligeiramente quando falam uma língua que não é a sua, sei disso muito bem, ainda que a falem imperfeitamente e sem se esforçar (o homem não falava mal, apenas tinha sotaque). A gola do roupão deixava ver um triângulo de seu peito, também muito peludo e com alguns pêlos brancos, poucos, os pêlos eram predominantemente escuros. Com aquele roupão e com tanto pêlo lembrou-me Sean Connery, o grande ator, um herói de minha infância: quando fazia o agente com licença para matar, freqüentemente estava de toalha ou roupão ou quimono, se não me falha a memória. No mesmo instante pus no homem sem rosto a cara de Connery, é difícil ouvir alguém falar na televisão sem imaginar sua fisionomia. Num momento da gravação entrou no campo visual seu queixo porque o abaixou, muito poucos segundos, parecia partido sem chegar a sê-lo, uma sombra de covinha, uma mosca, a fenda no osso mas não na pele, que no entanto a deixava transparecer (não lembro se o ator Sean Connery tem o queixo partido). Durante mais de um minuto viu-se a imagem quase imóvel do torso com os braços cruzados (mas respirava) e não se ouviu nada, como se o homem tivesse posto em funcionamento a câmara antes de estar preparado para dizer suas palavras, ou talvez estivesse pensando nelas, ou memorizando-as. Na realidade ouvia-se bem no fundo uma música, como se ao longe houvesse um rádio ou uma televisão ligada. Eu já estava a ponto de fazer a fita avançar aceleradamente para ver se aquilo mudava e havia ou não uma mensagem quando por fim "Bill" começou a falar. Sua voz era quase vibrada. Tendia ao sussurro mas era um pouco aguda, quase estridente, não parecia muito adequada a um homem peludo nem por conseguinte a Sean Connery. Seu gogó se mexia. Fazia pausas estranhas ao falar, como se antes de enfrentar o vídeo houvesse redigido seu texto com frases simples e curtas e o estivesse recitando. Às vezes as repetia, era difícil saber se como recurso estilístico ou involuntariamente, para corrigir sua pronúncia. O efeito era sombrio. As frases não só eram curtas, mas soavam cortantes. Sua voz era como uma serra. Sua voz era como a de Havana através da sacada ou da parede, como a de Guillermo, cuja tradução é William, cujo diminutivo é Bill e não Nick ou Jack. "Recebi seu vídeo, obrigado", dizia essa voz em seu inglês inteligível mas espanholizado para o qual ele teria traduzido e do qual traduzo eu agora, passado o tempo. "A verdade é que promete muito. Você é muito atraente. Mas isso é que é ruim. Que só promete. Não basta. Não basta. Por isso, também mando algo parcial. Incompleto. Para você, ver minha cara seria como para mim ver seu corpo. Seu corpo. Para as mulheres é a cara que importa. Os olhos. É o que vocês dizem. Para os homens a cara com corpo. Ou o corpo com cara. É assim. Já disse que trabalho numa arena muito visível." ("A very visible arena", dizia outra vez, e a última palavra ele pronunciava à espanhola, não podia evitá-lo por causa da origem espanhola da palavra. Recostei-me. A gabardine ficou ainda mais amassada.) "Muito visível. Não posso me dar a conhecer a nenhum desconhecido sem mais nem menos. Se não estou convencido de que vale a pena. Para sabê-lo tenho de ver você inteira. Inteira. Tenho de ver você nua. Com o máximo de detalhe possível. Você diz que sofreu um acidente. Diz que manca um pouco. Um pouco. Mas não me deixa ver quão pouco é esse pouco. Queria ver essa perna ferida. Como ficou. Ver seus peitos. Sua boceta. Se possível bem aberta. Ver seus peitos. Sua boceta. Devem ser lindos. Só depois de ver tudo isso poderíamos marcar um encontro. É assim. Se seus peitos e sua boceta e sua perna me convencerem de que vale a pena correr o risco. Se ainda continuar lhe interessando. Talvez você já não queira continuar com isso. Vai achar que sou muito direto. Brutal. Cruel. Não sou cruel. Não posso perder muito tempo. Não posso perder muito tempo. Não posso correr riscos inúteis. Você me agrada. É muito bonita. É verdade o que digo. É muito bonita. Você me agrada muito. Mas com o que me mandou sei tão pouco de você quanto você agora de mim. Vi muito pouco de você. Não sou cruel. Quero ver mais. Mande-me isso. Mande-me. Então me deixarei ver. Se valer a pena. Acho que vai valer. Continuo querendo comer você. Agora mais. Agora mais. É assim." A gravação continuava durante uns segundos, já sem voz, o mesmo plano de sempre, o triângulo peludo e os braços cruzados, o relógio preto no pulso direito, o gogó parado que se movera ao falar, as mãos ocultas, não pude ver se usava aliança no anular, como Guillermo usava, eu a tinha visto da minha sacada. Depois o torso se levantou e saiu de campo pela esquerda (sempre o comprido roupão), e durante mais alguns segundos pude ver o que até então estivera tapado, um travesseiro, uma cama grande ou de casal desfeita, em cujo pé ele se tinha sentado para a filmagem. Imediatamente depois a tela ficou cheia de chuvisco e o indicador cronométrico parou, era uma fita virgem, uma dessas de quinze ou vinte minutos que estão substituindo as cartas ou talvez as fotos, pois as cartas já foram substituídas anteriormente. Ao apagar a tela e perder sua luz, muito mais forte do que a do abajur de leitura, vi Berta atrás de mim, refletida no vidro agora escuro, e me virei. Estava de pé, de penhoar, com cara de sono ou antes de insônia, quantas vezes teria visto e ouvido o vídeo antes de minha chegada, e agora saíra do quarto para vê-lo de novo, em minha companhia ou enquanto eu o via pela primeira vez. Tinha as mãos nos bolsos do penhoar, estava descalça, com os cabelos em desalinho pelas vezes que virara no travesseiro, estava bonita, sem se maquiar. Mancaria se andasse, estava descalça. Não se mexeu. Tinha saído de minha cabeça a música de minhas danças, mas não a Cuba da conversa. Tirou as mãos

dos bolsos e cruzou os braços como "Bill" fizera para se dirigir a ela e não se deixar ver; apoiou as costas na parede e me disse:
— É isso aí.
Minha gabardine estava ficando um lixo. Levantei-me.
— É isso aí — falei.

Nos dias seguintes esperei que fosse Berta quem voltasse a falar dele, de "Nick" ou "Jack" ou "Bill" ou "Arena Visível" ou talvez Pedro Hernández, ou talvez Guillermo de Miriam, embora logo tenha me inclinado a esquecer essa possibilidade, pois sempre desconfiamos de nossa primeira impressão quando diz respeito a algo ou alguém que nos impõe uma segunda e uma terceira e mais, alguém cujas palavras ou cuja imagem ficam em nossa memória tempo demais, como uma música para dançar que dança em nosso pensamento. Mas durante esses dias, durante o fim de semana imediatamente seguinte (sábado e domingo inteiros), Berta não disse nada ou não quis introduzir o tema de conversação, andou pela casa e saiu como que distraída, não de mau humor mas sem tê-lo bom, sem o nervosismo alegre dos dias de espera, às vezes me perguntando mais que de costume, sobre meus planos, sobre meu casamento e minha casa ainda recentes, sobre meu pai e sobre Luisa, que só conhecia por fotos e pelo telefone. Se eu pensava em "Bill" com freqüência, pensava eu, ela não poderia fazer outra coisa que não pensar nele, era a ela que ele falara em seu roupão, era ela que ele queria ver mais antes de concordar em vê-la, aquele homem que precisava de tantas certezas. Ninguém utilizou o vídeo naquele fim de semana, como se fosse de mau agouro ou estivesse contaminado, e a fita de "Bill" permaneceu dentro dele sem que ninguém a rebobinasse nem a tirasse, outra vez no fim, como eu a tinha encontrado primeiro e depois deixado.

Mas na segunda-feira, quando ambos fomos para o trabalho de manhã, ao chegar em casa de tarde encontrei-me com Berta, ela também recém-chegada (a bolsa ainda aberta, na bolsa a chave, a gabardine tirada mas em cima do sofá), com o vídeo na tela. Estava vendo-o mais uma vez e fazendo pausas, ia parando aqui e ali inutilmente, já que, como expliquei, a imagem era invariável durante os três ou quatro minutos de sua duração. Os dias já eram bastante curtos, anoitecia, era segunda-feira, o trabalho da Assembléia tinha sido estafante para mim, supus que para ela também, depois a gente precisa de uma distração, não escutar. Mas Berta ainda escutava. Eu não disse nada, só a cumprimentei, fui para meu quarto, passei pelo banheiro, me refresquei, ao voltar à sala ela continuava estudando a fita, parando-a e fazendo-a avançar um pouco para pará-la outra vez.

— Reparou que em certo momento dá para ver o queixo dele? – me perguntou. – Aqui. – Tinha congelado a imagem em que "Bill" inclinava o queixo deixando-o aparecer no enquadramento.

— Sim, já tinha reparado naquela noite – respondi. – É quase partido.

Segurou a pergunta um segundo (mas foi só um segundo).

— Só com isso você não poderia reconhecê-lo, não é? Se o visse de repente, quero dizer. Se visse a cara dele em outro lugar.
— Não, como poderia reconhecê-lo? — disse eu. — Por quê?
— Nem mesmo sabendo que se tratava dele? Sabendo antes, quero dizer, que tinha de ser ele. Olhei na tela o queixo parado.
— Sabendo talvez sim, talvez pudesse confirmá-lo. Por quê?
Berta desligou o vídeo com o controle remoto e a imagem desapareceu (a imagem que poderia voltar à sua vontade). Tornava a ter o olhar aceso ou móvel.
— Olhe, esse sujeito me deixa intrigada. É um safado, mas estou pensando em lhe mandar o que me pede. Nunca fiz isso com ninguém, ninguém tinha se atrevido a pedi-lo assim desse modo, e eu nunca respondi às encenações sujas com outra minha do mesmo gênero, você pode imaginar. Mas na realidade poderia ser divertido fazê-lo uma vez. — Berta não queria esforçar-se para buscar argumentações, por isso se interrompeu e simplesmente mudou de tom: sorriu. — Assim meu corpo ficaria para a posteridade, ainda que fosse uma posteridade muito breve, todo o mundo acaba apagando as fitas e voltando a utilizá-las. Mas tiraria uma cópia para minha velhice.
— Sua perna para a posteridade também, não é? — disse-lhe.
— Veríamos a questão da perna, que filho da puta. — A fisionomia endureceu um instante enquanto soltava o insulto (foi apenas um instante, porém). — Mas antes de me decidir tenho de vê-lo, saber algo mais, é angustiante esse roupão sem cara. Tenho de saber como ele é.
— Mas não vai poder vê-lo enquanto não mandar o vídeo, diz ele, e mesmo assim não é seguro. Terá de dar seu visto favorável, o filho da puta. — Minha fisionomia estava endurecida, suponho, desde o início da con-

versa, não apenas durante o insulto. Havia três noites talvez.
— Não posso fazer nada porque ele viu meu vídeo e já conhece meu rosto. Mas você ele não viu; nem sabe que você existe. Nós sabemos o número de sua caixa postal, pela qual terá de passar de vez em quando. Já verifiquei onde fica, pertence à Kenmore Station, não é muito longe. Você poderia ir lá, identificar a caixa, vigiá-la, esperar e ver a cara dele quando for pegar sua correspondência.

Berta dissera "Nós sabemos", estava me incluindo em sua curiosidade e seu interesse, ou mais que isso. Estava me assimilando a ela.

— Está louca? Quem sabe quando ele irá lá, pode passar dias sem ir. O que você quer, que eu passe o dia inteiro numa agência de correio?

O olhar de Berta velou-se de irritação. Não era freqüente nela. Resolvera o que se devia fazer, não admitia contradição, nem mesmo uma objeção.

— Não, não pretendo isso. Só que você vá um par de vezes nos próximos dias, em momentos livres, ao sair do trabalho, meia hora, quem sabe tem sorte, só isso. Pelo menos tentar. Se não der certo um par de vezes, azar, esqueçamos. Mas não é tão grave experimentar. Estes dias ele estará esperando minha resposta, ainda não vou mandar o vídeo, talvez passe todos os dias para ver se chegou. Se está aqui a trabalho, talvez tenha um horário das nove às cinco, é bem possível que passe pela caixa postal ao sair, depois das cinco, é o que eu costumo fazer. Talvez dê certo. — Voltara a empregar o plural, dissera "esqueçamos". Devo ter olhado para ela com mais reflexão que aborrecimento, porque acrescentou já tranqüila, sorriu: — Por favor. — A meialua, a cicatriz, em compensação, ficara bem azulada: estive a ponto de limpar seu rosto.

Três vezes fui à agência do correio de Kenmore Station, a primeira na tarde seguinte depois do trabalho, a segunda dois dias depois, na quinta-feira daquela semana, também depois do estafante dia de interpretações. Não fiquei meia hora, como Berta propusera, mas quase uma hora em ambas as ocasiões, vítima da apreensão que sempre assalta os que esperam em vão, o temor de que justo quando vamos embora chegue a pessoa que se atrasava tanto, como sem dúvida aconteceu com a mulata Miriam naquela tarde de calor em Havana, quando arrastava com celeridade o salto do outro lado da esplanada e Guillermo não aparecia e ela não ia embora. Guillermo também não apareceu terça nem quinta, ou "Bill", ou "Jack" ou "Nick", ou Pedro Hernández. Por sorte, em Nova York há um número bastante grande de sujeitos em atitude suspeita ou até delituosa a todas as horas e em todas as partes para que pudesse chamar a atenção de alguém um indivíduo de gabardine, jornal e livro, de pé numa dependência em que as pessoas ativas pegavam ou entregavam pacotes e de vez em quando entrava alguém apressado, com uma chave na mão, para abrir sua caixa postal prateada, introduzir o braço e com ele juntar e tirar às vezes um butim de envelopes, às vezes de novo a mão vazia. Mas nenhum desses indivíduos com pressa se dirigiu ao P.O. Box 524, que eu localizara desde o início.

– Mais uma vez – pediu Berta na noite de sexta, uma semana depois de receber o vídeo, ao cabo de sete dias o que nos pôs a pique é o que nos traz à tona, às vezes acontece. – Amanhã de manhã, no fim de semana, talvez esteja tão ocupado que só pode passar aos sábados.

– Ou talvez esteja tão livre que passou todos estes dias em qualquer das muitas horas em que eu não estava lá. Isso não tem sentido, estive lá a cada vez uma hora.

– Eu sei, e lhe agradeço muitíssimo, não sabe quanto. Mas só mais uma vez, por favor, para tentar no fim de semana. Se não der certo, desistiremos.

— Mas digamos que apareça. O que você vai tirar a limpo se eu o vir? Vai querer que eu o descreva? Não sou escritor. E como vou saber se ele lhe agradaria. Além do mais eu poderia mentir e dizer que é bonito se for feio, ou feio se for bonito, de que vai adiantar? Você não vai mandar ou deixar de mandar o que ele está pedindo por isso, em função da pinta que eu contar que ele tem. O que você vai fazer se eu disser que é monstruoso, ou com cara de bandido? Vai dar no mesmo. Talvez eu diga isso em todo caso, para que você não mande a fita nem tenha mais contato com ele.

Não houve resposta de Berta a minhas últimas frases, suponho que não quisesse saber por que eu preferia que não tivesse mais contato com ele, ou antes sabia por que e aborrecia-lhe ouvi-lo.

— Não sei, ainda não sei como reagirei ao que você me disser. Mas preciso saber algo mais, não suporto que esse sujeito tenha visto a minha cara, na minha casa, e que eu não tenha visto a dele, nem que ninguém tenha visto, você, quero dizer, a arena visível, que sujeitinho mais astuto. Depois que você o vir decidirei. Não sei o quê, ainda, mas decidirei então. Eu mesma iria, mas ele me reconheceria, e então com certeza não iria querer saber de nada.

E eu teria pago para não saber de nada.

Na manhã seguinte, o sábado de minha quinta semana de permanência (era outubro), fui com o *New York Times* gigantesco até Kenmore Station disposto a esperar de novo durante uma hora, talvez mais: quem espera, ainda que de má vontade, acaba querendo esgotar ao máximo suas possibilidades, ou esperar vicia. Postei-me, como tinha feito terça e quinta, junto de uma coluna que me servia de apoio e ocultava meu corpo ou me permitia descansar um pé de vez em quando (flexionando a perna como para me coçar), e comecei a ler o jornal detidamente, não tanto a ponto de não perceber a presença de cada indivíduo que chegava até sua caixa e a abria com morosidade ou impaciência e voltava a fechá-la com satisfação ou contida fúria. Por ser sábado havia menos gente e os passos soavam menos pudicos ou mais individualizados no chão de mármore, de modo que eu só precisava levantar a vista cada vez que aparecia algum usuário dos P.O. Boxes. Ao cabo de uns quarenta minutos (eu já estava nas páginas de esporte) soaram uns passos mais estridentes e individualizados que os outros, como se as solas tivessem placas metálicas ou então uma mulher de salto alto. Ergui o olhar e vi se aproximar a passo rápido um sujeito que só de vê-lo me pareceu espanhol, sobretudo por suas calças, as do meu país são inconfundíveis e têm um corte particular, não sei em que consiste mas faz com que quase todos os meus compatriotas pareçam ter as pernas retas demais e a bunda bem alta (não estou certo de que o corte os beneficie). (Mas pensei tudo isso mais tarde.) Sem necessidade de olhar, ele se aproximou da *minha* caixa postal, a 524, e procurou a chave num bolso da calça patriótica. Podia abrir a 523 ou a 525, pensei enquanto a procurava (o bolso do isqueiro, o da cintura, mas foi um segundo). Usava bigode, estava bem-vestido em conjunto, sem dúvida era europeu (mas também podia ser nova-iorquino ou da Nova Inglaterra), teria uns cinqüenta anos (mas bem-vividos, ou melhor, bem-cuidados), era bastante alto, passou tão rápido junto de mim que quando quis ver sua cara já estava de costas, procurando a chave e virado para sua caixa. Fechei o jornal instintivamente (um erro), fiquei observando-o (outro erro) e vi que abria a 524 e enfiava o braço até o fundo da caixa tão funda. Tirou vários envelopes, três ou quatro, nenhum podia ser ainda de Berta, logo se correspondia com muito mais gente, talvez fossem todas mulheres curiosas, as pessoas que escrevem para os *personals* não se limitam a uma tentativa, embora num momento dado, como Berta agora (mas talvez não "Bill"), possam concentrarse num só indivíduo e esquecer-se do resto, todos desconhecidos. Fechou a caixa e virou-se olhando para os envelopes sem satisfação nem fúria (um deles me pareceu um pacote, podia ser um vídeo pela forma e tamanho). Parou depois de dar dois passos, depois pôs-se a andar de novo, com celeridade de novo e ao passar junto de mim seus olhos cruzaram com os meus que já não estavam no jornal. Talvez também tenha me reconhecido como espanhol, talvez por minhas calças. Olhou-me olhando-me, quero dizer que fixou a vista com deliberação um instante e, por conseguinte, pensei, se voltasse a me ver me reconheceria (como eu a ele). Do ator Sean Connery, à parte o pêlo que agora não mostrava (estava de paletó e gravata, e levava no braço uma gabardine escura, como quem saiu um momento do carro que não dirige), só tinha as grandes entradas que não ocultava e as sobrancelhas, que se elevavam muito e em seguida caíam muito também e se prolongavam até as têmporas, conferindo-lhe, como a Connery, uma expressão aguda. Não pude ver seu queixo nem compará-lo, mas vi que tinha na testa rugas acentuadas embora não envelhecedoras, seguramente um homem gesticulante. Não era feio, ao contrário, provavelmente era atraente ou bonito em seu gênero, seu gênero de homem ocupado e maduro e determinado, um homem com dinheiro e vida folgada (talvez recente): devia fazer negócios, talvez fosse a lugares onde se dança agarrado, sem dúvida falaria de Cuba com conhecimento de causa, se fosse Guillermo – Guillermo de Miriam. Mas não se injetaria silicone, seu próprio olhar penetrante vedaria isso.

Pensei que poderia segui-lo um pouco; era uma maneira de prorrogar a espera, que na realidade já tinha acabado. Quando o vi sair da dependência, quando calculei que as portas de vaivém fechadas amorteceriam o ruído de meus sapatos no indiscreto mármore, pus-me a andar, ao mesmo passo veloz para não perder a distância. Da porta da rua vi como se aproximava de um táxi parado e pagava-o da calçada e o dispensava, devia ter decidido caminhar um pouco, fazia um dia bonito (não pôs a gabardine, jogou-a agora no ombro, vi que era azul aguado, pedante, já eu trazia posta a minha, que é da cor tradicional das gabardines ou crua). Caminhava olhando para os envelopes de vez em quando, de repente abriu um sem reduzir o passo, leu rapidamente seu conteúdo, rasgou as duas coisas, conteúdo e envelope, e jogou-as numa cesta junto da qual passou logo depois. Não me atrevi a revolvê-la, deu-me vergonha a idéia e temia perdê-lo. Continuou caminhando, olhava para a frente, um desses homens que vão sempre de cabeça erguida, para ganhar estatura ou parecer dominantes. Levava na mão os outros envelopes e o pacote com o vídeo (com certeza era um vídeo). Então, ao atentar para a sua mão, vi a aliança no dedo anular daquela mão direita, ao contrário de mim, que a usava na esquerda desde havia alguns meses, já estava me acostumando. De novo sem reduzir o passo abriu outro envelope e fez o mesmo que fizera com o primeiro, mas desta vez guardou os pedaços no bolso do paletó, talvez porque não houvesse cesto à mão (um homem cívico). Parou para contemplar uma vitrine de livros da Quinta Avenida, Scribner's se estou bem lembrado, nada deve ter-lhe interessado ou só a loja o atraiu, porque de imediato prosseguiu sua marcha. Ao fazer essa parada pôs a gabardine, bom, não, jogou-a nos ombros sem enfiar os braços nas mangas, como Ranz, meu pai, fez toda a vida e ainda costuma fazer, e não deviam fazer em compensação muitos norte-americanos (só os gângsteres, George Raft). Eu o seguia a pouca distância, seguramente pouca demais para o que é prudente nesses casos, mas eu nunca havia seguido ninguém. Ele não tinha por que suspeitar; embora não estivesse dando exatamente um passeio, andava rápido demais e praticamente sem parar, a não ser nos sinais, e isso nem sempre, há menos trânsito aos sábados. Parecia estar com pressa, embora não o bastante para ter conservado o táxi. Voltava andando aonde quer que fosse, mas era óbvio que ia a algum lugar já decidido, talvez a pressa e a necessidade de espera viessem do pacote que levava na mão, provavelmente aquele vídeo não tinha no embrulho nenhuma identificação de nenhuma espécie, apenas um cartão dentro, talvez "Bill" pensasse que podia se tratar de minha amiga Berta, para ele "BSA", talvez achasse que a estivesse levando nua na mão naquele instante. Parou outra vez diante de uma superperfumaria ou perfumaria imensa, talvez enjoado pelo cheiro multitudinário que a mistura de todas as marcas juntas difundia na rua. Entrou, e eu entrei atrás dele (pareceu-me que ficar esperando à porta daria mais na vista). Lá não havia vendedoras para atender, os clientes perambulavam incontrolados, escolhiam seus perfumes e pagavam na saída. Vi-o parar diante de um balcão de Nina Ricci, e ali, apoiando-se um momento sobre o vidro, abriu o terceiro envelope e leu sua carta mais devagar: esta ele não rasgou, e foi parar no bolso da gabardine de cor tão petulante (a carta rasgada foi para o paletó, era um homem metódico). Pegou um vidrinho de amostra de Nina Ricci e aspergiu o pulso esquerdo, no qual não trazia relógio nem nada. Esperou os segundos de rigor e depois cheirou-o delicadamente sem receber impressão aparente, já que continuou avançando até chegar a outro balcão de menor importância em que conviviam várias marcas. Foi com Eau de Guerlain que banhou o outro pulso – o relógio preto e grande deve ter ficado orvalhado. Cheirou (a pulseira) após os segundos de espera habituais dos conhecedores, e deve ter gostado, porque decidiu adquirir o frasco. Ainda se entreteve na sessão masculina, agora experimentou dois aromas no verso de cada mão, logo não lhe restariam zonas incontaminadas pelos perfumes díspares. Pegou um frasco de uma marca americana de nome bíblico, Jericho ou Jordan ou Jordache, não lembro, devia querer conhecer os produtos locais. Peguei Trussardi para mulher, estando casado nunca seria demais, pensei (pensava com freqüência em Luisa), ou também podia dar de presente a Berta (peguei um segundo vidro ao pensar nisso). Foi então, na fila para pagar (cada um em sua fila separados por outra no meio, ele mais perto do que eu da caixa que lhe correspondia), que virou a cabeça e me viu e sem dúvida me reconheceu. Seus olhos eram penetrantes, como já me haviam parecido na agência do correio, mas não revelavam nada em sua penetração, nem estranheza nem mal-estar nem receio (nem temor nem ameaça), penetrantes mas muito opacos, como se sua penetração fosse cega, como se fosse um desses personagens de tevê que se crêem intensos e esquecem que não podem sê-lo, ao olharem sempre para uma câmara e nunca para alguém. Saiu e pôs-se a andar de novo, e apesar de tudo eu fui atrás dele, apesar de saber-me descoberto. Agora sim parava com mais freqüência, fingindo que olhava vitrines ou conferia sua hora com a dos relógios da rua, e voltava para me vigiar, tive de dissimular comprando revistas e cachorros-quentes que não queria em absoluto, nas carrocinhas da rua. Mas sua caminhada durou pouco mais: ao chegar à rua 59 "Bill" virou com rapidez para a esquerda e eu o perdi de vista uns segundos e, quando cheguei à esquina e foi possível que tornasse a entrar em meu campo visual, por milagre consegui ver como subia correndo a escadaria com marquise do luxuoso Hotel Plaza e desaparecia por sua porta, em passo ainda ligeiro, cumprimentado pelos porteiros de uniforme e chapéu a cujo cumprimento respondeu. Na mão levava seu vídeo e a sacola com perfumes, eu nas minhas levava revistas e o *New York Times* gigantesco, a sacola de meus perfumes e um cachorro-quente. A distância da esquina até lá ele deve ter vencido correndo, na esperança de chegar ao hotel a tempo de eu não ver onde entrava: Plaza Hotel o célebre nome, PH as iniciais discretas, o roupão era emprestado e ele não se chamava Pedro Hernández.

Tudo isso foi o que contei a Berta, embora sem lhe mencionar minha imaginação de que aquele indivíduo podia ser o mesmo que fizera esperar e enraivecera uma tarde em Havana a mulata Miriam das pernas robustas e da bolsa grande e do gesto de agarrar, um homem casado e com uma mulher doente, ou talvez em boa saúde. Berta ouviu tudo com veemência dissimulada e uma recatada expressão de triunfo (o triunfo lhe era dado pelo êxito final de sua idéia, de minhas visitas a Kenmore Station, sobretudo). Não fui capaz de lhe mentir e dizer que "Nick", "Jack" ou "Bill" era monstruoso, não era e assim lhe disse. Tampouco pude lhe dizer que sua cara era de bandido, não era e assim lhe disse, embora também não me agradasse com sua gabardine jactanciosa e seus olhos penetrantes e indecifráveis e suas sobrancelhas caídas e erguidas como as de Connery e seu bigode cuidado e seu queixo com a fenda em sombra e sua voz como uma serra. Com aquela voz faria negócios e falaria de Cuba com conhecimento de causa. Com aquela voz seduzira Berta. Não me agradava. Dei de presente a Berta o primeiro vidro de Trussardi.

Passaram-se uns dias sem que Berta nem eu voltássemos a mencioná-lo (eu calava para dissuadir, ela devia estar calculando), dias de trabalho intenso nas Nações Unidas: uma manhã tive de traduzir o discurso da mesma alta autoridade de meu país cujas palavras havia alterado no momento em que conhecia Luisa. Nessa oportunidade eu me abstive de fazê-lo, estávamos na Assembléia, mas, enquanto vertia para o inglês e para os fones de ouvido mundiais sua prosopopéia espanhola e seus conceitos divagantes e errôneos, lembrei-me por força daquela outra vez e, com vivacidade, do que nela se dissera por minha mediação, enquanto Luisa respirava às minhas costas (respirava junto de minha orelha esquerda como um sussurro e quase me roçava, seu peito quase minhas costas). "As pessoas gostam em boa medida porque são obrigadas a gostar", dissera a autoridade inglesa. Depois acrescentara: "Qualquer relação entre as pessoas é sempre um acúmulo de problemas, de forçamentos, também de ofensas e humilhações." E um pouco mais tarde: "Todo o mundo obriga todo o mundo, não tanto a fazer o que não quer, mas antes o que não sabe se quer, porque quase ninguém sabe o que não quer e menos ainda o que quer, não há meio de saber isso." E ainda tinha continuado, enquanto nosso altíssimo dirigente guardava silêncio, talvez já cansado daquele discurso ou como se estivesse aprendendo alguma coisa: "Às vezes obrigou-os a isso algo externo ou quem já deixou de estar em suas vidas, obriga-os o passado, seu descontentamento, sua própria história, sua infeliz biografia. Ou até coisas que ignoram e não estão a seu alcance, a parte de nossa herança que todos carregamos e desconhecemos, quem sabe quando se iniciou esse processo..." Por último tinha dito: "Às vezes me pergunto se não seria melhor que estivéssemos todos quietos, que estivéssemos todos mortos, afinal de contas é a única coisa que no fundo queremos, a única idéia futura a que nos vamos acostumando, e diante dela não cabem dúvidas nem arrependimentos antecipados." Nossa alta autoridade tinha ficado calada, e a alta funcionária inglesa, que naqueles dias outonais já perdera sua função e não comparecia à Assembléia nova-iorquina, enrubescera após seu falso solilóquio, ao ouvir o silêncio extenso que o seguiu e a tirou de seu emocionado transe. Eu então lhes dera outra mão e pusera na boca daquela senhora uma proposta inexistente: "Por que não saímos para dar um passeio nos jardins? Faz um dia glorioso." (Eu havia inventado esse anglicismo para dar verossimilhança à frase.) E tínhamos saído os quatro para passear pelos jardins, naquela tão gloriosa manhã em que Luisa e eu nos conhecemos. Agora nosso alto funcionário continuava em sua função, talvez graças à sua prosopopéia e a seus conceitos divagantes e tão errôneos quanto os da alta autoridade britânica, mas a ela não tinham bastado para conservar seu cargo (devia ser uma mulher deprimida e sem dúvida pensativa, e isso em política cava o próprio túmulo). Depois do discurso cruzei com ele num corredor, rodeado de seu séquito (acabava meu turno e ele era cumprimentado insinceramente por sua peroração) e, dado que o conhecia, ocorreu-me cumprimentá-lo estendendo-lhe a mão e chamando-o por sua função, com a palavra "senhor" anteposta. Foi uma ingenuidade. Ele não me reconheceu em absoluto, apesar de eu haver tergiversado suas palavras no passado e tê-lo feito dizer coisas inexistentes que nunca lhe teriam passado pela cabeça, e depois dois guarda-costas me agarraram a mão estendida e a não estendida e as puseram em minhas costas, segurando-as com tamanha violência (triturando-as, esfarelando-me) que por um instante imaginei-me algemado, isto é, com grilhões. Por sorte um supremo funcionário das Nações Unidas, que teria me percebido e estava ali ao lado, me identificou no ato como o intérprete e assim conseguiu que os que respaldavam nosso altíssimo dirigente me soltassem. Ele já ia adiante pelo corredor com seus parabéns fingidos e um improcedente barulho de chaves (maníaco de seu chaveiro, fazia-o dançar no bolso). Ao vê-lo se afastar observei que suas calças também eram conterrâneas, compartilhavam o famoso e inconfundível corte. Não teria ficado bem o contrário num representante tão representativo de nosso país distante.

 Eu contava a Berta esse caso naquela noite em casa, e ela, contra o costume quando eu lhe contava casos, não ouvia divertida tampouco assombrada, menos ainda com veemência, sua cabeça concentrada no que a

teria rondado naquele dia, ou mais dias, um projeto, "Bill" sem dúvida.
– Você me ajuda a fazer o vídeo? – perguntou-me sem pausa quando acabei de relatar meu episódio.
– Ajudar? Que vídeo?
– Vamos, não se faça de bobo. O vídeo. Vou mandá-lo. Decidi mandá-lo. Mas num vídeo assim não posso filmar a mim mesma, não sairia bem. Os enquadramentos e essa coisa toda, a câmara não pode estar fixa, tem de se mover. Você me ajuda? – Empregara um tom ligeiro, quase de divertimento. Devo ter olhado para ela com uma expressão idiota, porque acrescentou (e o tom já não foi ligeiro): – Não me olhe com essa expressão idiota e responda. Vai me ajudar? Está claro que se não mandarmos não vai mais dar sinal de vida.

Eu disse (a princípio não pesei minhas palavras):
– E daí? É tão grave assim que não dê? Quem é ele? Pense nisso. Quem é ele? Que importância tem se não mandarmos? Ainda podemos não mandá-lo, ele ainda não é ninguém, você nem sequer viu a cara dele.

Ela tinha voltado a empregar o plural: "se não mandarmos", dissera, dando já por favas contadas minha participação. Talvez já não fosse tão injustificado que o empregasse, já que eu fora a Kenmore Station e a outros lugares, até a marquise do Hotel Plaza. Eu também o havia empregado, por assimilação, por contágio, "se não mandarmos", "ainda podemos não mandar". Tinha feito aquilo sem intenção.

– Para mim tem importância, para mim é muito grave.

Liguei a televisão, era hora de *Family Feud*, programa diário, e as imagens ajudariam a mitigar a contrariedade que estava se criando, talvez a calar as palavras, é impossível não olhar de vez em quando para uma tela acesa.

– Por que não tenta negociar um encontro? Escreva-lhe de novo, talvez responda, não mande ainda o que está pedindo.

— Não quero perder mais tempo. Vai me ajudar ou não?
Seu tom não tinha nada de leve agora, foi imperativo ou quase. Olhei para a tela. Disse:
— Preferia não ter de fazê-lo.
Ela também olhou. Disse:
— Não tenho mais ninguém a quem pedir.
Depois ficou calada a noite inteira, mas não em minha companhia, e sim entre a cozinha e seu quarto. Quando passava recendia a Trussardi.
Mas durante o fim de semana nos encontramos mais em casa, como de costume (era o sexto de minha estada, ia se aproximando o momento de voltar a Madri, para minha casa nova com Luisa, falava com ela duas vezes por semana, nunca de alguma coisa, como são as conversas apressadas e um tanto amorosas, e além do mais intercontinentais), e sábado Berta voltou a insistir. "Tenho de fazer esse vídeo", disse, "você tem de me ajudar." Naqueles últimos dias mancara um pouco mais que o habitual, como se inconscientemente quisesse me dar dó. Era absurdo. Não respondi e ela continuou: "Não posso pedir a mais ninguém. Estive pensando, a única pessoa em quem teria confiança é Julia, mas ela não sabe nada disso tudo, sabe da agência e que escrevo aos *personals* e que de vez em quando saio com alguém que nunca dá certo, mas nem sequer sabe que mando e recebo vídeos, nem que chego a me deitar com alguém. Não sabe nada de Arena Visível, você em compensação está a par desde o início, até viu a cara dele, não me obrigue agora a contar tudo a outra pessoa, as pessoas sempre acabam falando. Eu morreria de vergonha se os colegas soubessem. Tem de me ajudar."
Fez uma pausa e hesitou em dizer e por fim disse (a vontade sempre mais lenta que a língua): "Afinal de contas, você já me viu nua, é outra vantagem."
"Qualquer relação entre as pessoas é sempre um acúmulo de problemas, de forçamentos, também de

ofensas e humilhações", pensei. "Todo o mundo obriga todo o mundo", pensei. "Esse tal de Bill já obrigou Berta, e Berta está procurando me obrigar, Bill forçou, também a ofendeu e humilhou antes de se conhecerem, talvez ela não se dê conta ou no fundo não lhe importe, vive instalada nisso, Berta me força para me convencer, como Miriam força Guillermo a se casar com ela, e talvez Guillermo force sua mulher espanhola, para que por fim morra, force sua morte. Eu forcei e obriguei Luisa, ou foi Luisa a mim, não está claro, quem meu pai forçaria, ou quem o ofenderia e o obrigaria, ou como foi que em sua vida houve duas mortes, talvez tenha forçado alguma, não quero saber, o mundo é plácido quando não se sabe, não seria melhor que ficássemos todos quietos? Mas embora fiquemos quietos há problemas e forçamentos e humilhações e ofensas, e também obrigações, às vezes obrigamos a nós mesmos, sentido do dever se chama isso, talvez meu dever seja ajudar Berta no que me pedir, é preciso dar importância ao que a tem para os amigos, se me negar a ajudá-la eu a ofenderei, e humilharei, toda negativa é sempre uma ofensa e um forçamento, e é verdade que a vi nua, mas isso faz muito tempo, eu sei mas não lembro, passaram-se quinze anos e ela é mais velha e manca, era jovem então e não sofrera acidentes e suas pernas eram iguais, por que terá precisado recorrer a isso, nunca mencionávamos nosso passado tão mínimo, mínimo em si e diante do presente tão extenso, eu também era jovem, aquilo aconteceu e ao mesmo tempo não aconteceu, como tudo, por que fazer e não fazer, por que dizer sim ou não, por que se cansar com um quem sabe ou um talvez, por que dizer, por que calar, por que se negar, por que saber alguma coisa se nada do que acontece acontece, porque nada acontece sem interrupção, nada perdura nem persevera nem se recorda incessantemente, o que sucede é idêntico ao que não sucede, o que descartamos ou deixamos passar idêntico ao

que pegamos e agarramos, o que experimentamos idêntico ao que não provamos, aplicamos toda a nossa inteligência e nossos sentidos e nosso afã à tarefa de discernir o que será nivelado, ou já está, e por isso estamos cheios de arrependimentos e de ocasiões perdidas, de confirmações e reafirmações e ocasiões aproveitadas, quando o certo é que nada se afirma e tudo se vai perdendo. Ou talvez a verdade seja que nunca há nada."
"Está bem, mas vamos fazer depressa, agora mesmo", disse a Berta. "Vamos nos apressar." E empreguei o plural em minhas frases, plenamente justificado.
"Vai fazer?", disse ela com gratidão indissimulada e súbita, e com alívio.
"Diga-me o que tenho de fazer e farei. Mas depressa, venha, prepare-se, quanto antes começarmos e terminarmos melhor."
Berta se aproximou de mim e me deu um beijo no rosto. Saiu da sala e foi buscar sua câmara, mas logo depois voltamos ao cômodo de onde a tinha trazido, porque escolheu como cenário seu quarto, com a cama desarrumada. Estávamos tomando o café da manhã, ainda era cedo.
Aquele corpo não tinha nada a ver com o que eu lembrava ou já não lembrava, embora a verdade seja que só o olhei através da câmara, para fazer os enquadramentos e as aproximações que ela ia me sugerindo, como se vê-lo indiretamente fosse uma maneira de não o contemplar, cada vez que interrompíamos a gravação uns segundos para pensar numa nova pose ou variar a tomada (variá-la eu, pensá-la ela) eu olhava para o chão ou bem para o fundo, para a parede e o travesseiro, para além de sua figura, com meu olhar opaco. Berta sentara-se primeiro no pé da cama, como fizera "Bill" com seu roupão azul-claro, e também nisso Berta o imitara, pusera seu roupão (que era branco) depois de me pedir que a esperasse tomar banho, saiu com os cabe-

los úmidos e o roupão fechado, abriu-o um pouco depois, deixou que fosse se abrindo na altura do tórax, o cinto ainda amarrado, eu não me lembrava daqueles seios crescidos ou aperfeiçoados pela passagem do tempo ou talvez pelo tato, não podia acreditar que fosse um busto injetado, era como se tivessem se transformado ou se tornado maternos desde que eu tinha deixado de vê-los, por isso não só me senti indiscreto, mas também perturbado (talvez como um pai que deixou de ver nua sua filha quando a filha deixou de ser criança e a vê de repente adulta, por acidente ou por uma desgraça). Seu corpo inteiro, o que eu ia vendo pela objetiva, era mais forte do que aquele que eu abraçara em Madri já fazia quinze anos, talvez tivesse praticado natação ou ginástica durante os doze anos que morava na América, um país em que se cuidam e se modelam os corpos, apenas isso. No entanto além de mais vigoroso era mais velho, a cor escurecida como escurece a pele da fruta quando começa a apodrecer, as dobras junto das axilas, na cintura, a superfície estriada em algumas zonas por aquele craquelê em sombra que só se percebe de muito perto (as estrias quase brancas, como se estivessem pintadas com o pincel mais fino, em madeira), os próprios seios tão fortes separados mais do que o conveniente, seu canal alargado, não suportariam bem certos decotes. Berta deixara a vergonha de lado, ou assim parecia, já eu não, esforçava-me para pensar que estava filmando aquilo para outros olhos, os olhos de "Bill" ou Guillermo, os olhos penetrantes e indecifráveis do indivíduo do Hotel Plaza, PH, seu olhar penetrante e ao mesmo tempo opaco seria o olhar que veria o que eu estava vendo, a ele estava destinado, não ao meu, opaco mas não penetrante, eu não o estava vendo embora o ângulo que tinha escolhido fosse o que lhe caberia ver, dependia de mim (mas também de Berta) o que ele veria em sua tela mais tarde, nem mais nem menos, só o que decidíssemos, o que gravássemos para a posteridade tão breve. Berta fizera seu roupão deslizar até a cintura, o cinto ainda amarrado, as pernas cobertas pelas abas, apenas o torso descoberto (mas inteiramente descoberto). Eu só filmava seu rosto de passagem, em algum movimento que o vídeo fazia e que a alcançava, talvez querendo deslindar o conhecido rosto (nariz, olhos e boca; queixo, testa e faces, todo o rosto) do corpo desconhecido, o corpo mais velho e mais forte, ou apenas esquecido. Não se parecia com o de Luisa, que é o corpo a que eu estava então e estou agora acostumado, embora me tenha dado conta naquele momento de que o de Luisa eu nunca tinha observado tão em detalhe, através de uma câmara, este corpo de Berta era como madeira molhada sobre a qual se cravam facas, o de Luisa indiscreto como mármore sobre o qual soam os passos, mais jovem e menos cansado, menos expressivo e mais intacto. Não falávamos enquanto eu filmava, o vídeo registra as vozes, talvez já não houvesse divertimento nem alívio para minha amiga Berta, para mim nunca houve, as vozes rebaixam o que acontece, comentar esfuma os fatos, contá-los também, fizemos uma pausa, parei de filmar, tudo durou muito pouco, era preciso gravar apenas uns minutos, mas ainda não tínhamos acabado. Eu olhava cada vez mais com os olhos de "Bill" que eu vira mas não Berta, não eram os meus mas os seus, ninguém poderia me acusar de ter olhado com esse olhar, de ter olhado olhando, como disse antes, porque não fui eu exatamente mas ele através de meus olhos, os dele e os meus opacos, os meus cada vez mais penetrantes. Mas ela desconhecia esses olhos, ainda não tínhamos terminado. "A boceta", eu disse a Berta, e não sei como disse, como me atrevi a dizer, mas disse. "Falta-nos a boceta", disse, e utilizei o plural para me envolver, ou talvez para atenuar o que estava dizendo, duas palavras apenas, depois quatro, as duas primeiras repetidas na segunda frase (falava talvez pela boca de "Bill"). Berta não respondeu, não disse nada, não sei se olhava para mim, eu não olhava para ela (nesse instante não estava filmando), mas para o fundo, para a parede e o travesseiro a partir do qual os doentes e os recém-casados acabam vendo o mundo, também os amantes. Soltou o cinto e abriu o roupão na altura do abdome também, ainda tapava as pernas com as abas do roupão, isto é, deixava ver o interior das coxas mas não sua frente nem mais abaixo, o resto, as abas caíam verticais como uma cascata azul-pálida ocultando as extremidades (ou era cascata branca), uma mais comprida e a outra mais curta, e eu filmei, aproximando-me, uns segundos de vídeo, para a posteridade efêmera, Berta tiraria uma cópia, tinha dito. Fechou o roupão logo em seguida, quando acabei de gravar o final de suas coxas e me afastei um pouco com a câmara. Pensei que sua cicatriz estaria roxa, continuei sem olhar para ela, ainda tinha de lhe dizer alguma coisa, ainda não tínhamos terminado, ainda nos faltava algo do que "Bill", "Jack" ou "Nick" nos exigira, faltava-nos a perna. Acendi um cigarro e ao fazê-lo caiu uma brasa na cama desarrumada, mas chegou apagada e não comeu o lençol. Então consegui dizê-lo, ou disse-o "Bill" ou disse-o Guillermo com nossa voz de serra. "A perna", dissemos-lhe, disse-lhe. "Falta-nos a perna", dissemos, "lembre-se de que Bill quer vê-la."

Se agora me lembro disso tudo é porque o que aconteceu depois, muito pouco depois e em Nova York ainda, assemelhou-se sob um aspecto (mas creio que só um, ou foram dois, ou três) ao que veio a acontecer ainda mais tarde (porém pouco mais tarde), quando eu já havia regressado a Madri para junto de Luisa e voltado a ter com mais força e talvez mais razão os pressentimentos de desastre que me acompanhavam desde a cerimônia de casamento e que ainda não se dissiparam (pelo menos não inteiramente, e talvez nunca se afastem). Ou talvez se tratasse de um terceiro mal-estar, um mal-estar diferente dos que eu experimentara durante a viagem de núpcias (sobretudo em Havana) e mesmo antes, uma nova sensação desagradável que no entanto, como a segunda, é possível que tenha sido inventada ou imaginada ou achada, a resposta necessária mas insuficiente para a aterradora pergunta do mal-estar inicial: "E agora?", uma pergunta que se responde uma e outra vez e apesar disso sempre reaparece, ou se reconstitui a si mesma ou está sempre ali, incólume depois de cada resposta, como a história da boa barrica que foi contada a todas as crianças para desespero delas e que minha avó havanesa me contava nas tardes em que minha mãe me deixava com ela, tardes transcorridas entre canções e jogos e histórias e olhares involuntários para os retratos dos que haviam morrido, ou nas quais ela via passar o tempo passado. "Quer que eu conte a história da boa barrica?", perguntava com bondosa malícia minha avó. "Sim", eu respondia como todas as crianças. "Não estou perguntando se sim ou não, mas se você quer que eu conte a história da boa barrica", continuava minha avó, rindo. "Não", eu mudava a resposta como todas as crianças. "Não estou perguntando se não ou sim, mas se você quer que conte a história da boa barrica", ria cada vez mais minha avó, e assim até o desespero e o cansaço, aproveitando-se de que nunca ocorria ao menino desesperado dar a resposta que quebraria o feitiço, "Quero que me conte a história da boa barrica", a mera repetição como salvação, ou a enunciação que não ocorre à criança porque ainda vive no sim e no não, e não se dá ao trabalho de um quem sabe ou um talvez. Mas esta outra pergunta de então e de agora é pior, e repeti-la não serve para nada, como não serviu, ou não a respondeu, ou não a anulou o fato de eu a devolver a meu pai no Cassino da Calle de Alcalá, 15, quando ele a formulou em voz alta, os dois num quarto a sós depois do meu casamento. "É o que pergunto", dissera eu. "E agora?" A única forma de se safar dessa pergunta não é repeti-la, mas que ela não exista e não a fazer nem permitir que ninguém a faça. Mas isso é impossível, e talvez por isso, para respondê-la, é necessário inventar problemas e sofrer apreensões e ter suspeitas e pensar no futuro abstrato, pensar com cérebro tão doente ou tão doentiamente com o cérebro, "so brainsickly of things", como disseram a Macbeth que não fizesse, ver o que não há para que haja algo, temer a doença ou a morte, o abandono ou a traição, e criar ameaças, ainda que por pessoa interposta, ainda que analogicamente ou simbolicamente, e talvez seja isso que nos leve a ler romances e crônicas e a ver filmes, a busca da analogia, do símbolo, a busca do reconhecimento, não do conhecimento. Contar deforma, contar os fatos deforma os fatos e os tergiversa e quase os nega, tudo o que se conta passa a ser irreal e aproximado embora seja verídico, a verdade não depende de que as coisas *tenham sido* ou acontecido, mas de que permaneçam ocultas e sejam desconhecidas e não contadas, enquanto se relatam ou se manifestam ou se mostram, mesmo que seja no que parece mais real, na televisão ou no jornal, no que se chama realidade ou vida ou vida real até, passam a fazer parte da analogia e do símbolo, já não são fatos, mas se transformam em reconhecimento. A verdade nunca resplandece, como diz a fórmula, porque a única verdade é a que não se conhece nem se transmite, a que não se traduz em palavras nem em imagens, a encoberta e não averiguada, e talvez por isso se conte tanto ou se conte tudo, para que nunca tenha ocorrido nada, uma vez que se conta.

 O que aconteceu quando de meu regresso não sei direito o que foi ou, melhor dizendo, não sei nem saberei talvez antes de muitos anos o que tinha acontecido durante minha ausência. Só sei que uma noite de chuva, estando em casa com Luisa, quando passara uma semana da minha volta de Nova York, após oito de trabalho e de acompanhar Berta, levantei-me da cama e deixei o travesseiro e fui até a geladeira. Fazia frio ou a geladeira me fez sentir frio, passei pelo banheiro e pus um robe (senti-me tentado a utilizar o roupão como robe, mas não o fiz), e em seguida, enquanto Luisa passava por sua vez pelo banheiro para se lavar, entretive-me um momento no quarto em que trabalho e dei uma olhada de pé em alguns textos, com a coca-cola na mão e já com sono. A chuva caía como cai tantas vezes na desanuviada Madri, uniforme e cansativamente e sem vento que a sobressalte, como se soubesse que ia durar dias e não tivesse fúria nem pressa. Olhei para fora, para as árvores e para os fachos de luz dos postes curvos que iluminam a chuva caindo e a fazem parecer prateada, e então vi uma figura na mesma esquina em que se postaram mais tarde o velho tocador de realejo e a cigana com pratinho e trança, aquela mesma esquina que só se vê parcialmente da minha janela, uma figura de homem que, ao contrário deles, entrava inteiramente em meu campo visual porque se protegia da água, ou não tanto, debaixo do beiral do telhado do edifício que não me priva de luz e temos em frente, em cuja parede estava encostado, distante do asfalto, seria difícil que um carro o atropelasse e quase não havia tráfego. Também se protegia com um chapéu, o que é raro de se ver em Madri embora um pouco menos nos dias de chuva, usam-no alguns senhores mais velhos, como Ranz, meu pai. Aquela figura (isso se vê no mesmo instante) não era a de um senhor mais velho, mas a de um homem ainda jovem e alto e ereto. A aba de seu chapéu e a escuridão e a distância não me permitiam ver seu rosto, quero dizer distinguir suas feições (via a mancha branca de qualquer rosto nas trevas, o seu estava distante do facho de luz mais próximo), porque justamente o que me fez deter-me para observá-lo foi o fato de que tinha a cabeça erguida e olhava para cima, olhava exatamente – ou assim achei – para nossas janelas ou, melhor dizendo, para a que agora ficava à minha esquerda e que era a do nosso quarto. O homem, de sua posição, não podia ver nada do interior desse quarto, a única coisa que podia ver – e talvez espiasse – era se havia ou não luz nele, ou talvez – pensei – a sombra de nossas figuras, a de Luisa ou a minha, se nos aproximássemos o bastante ou se o tivéssemos feito, não lembrava. Podia estar esperando um sinal, com as luzes que se acendem e se apagam, como com os olhos, fizeram-se sinais desde tempos imemoriais, abrir e fechar os olhos e agitar tochas à distância. A verdade é que o reconheci de imediato apesar de não ver seus traços, as figuras da infância são inconfundíveis em todo lugar e tempo à primeira vista de olhos, ainda que tenham mudado ou crescido ou envelhecido desde então. Mas levei alguns segundos para reconhecê-lo, para reconhecer que sob o beiral do telhado e a chuva eu reconhecia Custardoy o moço olhando para nossa janela mais íntima, esperando, escrutando, como um apaixonado, um pouco como Miriam ou como eu mesmo uns dias antes, Miriam e eu em outras cidades além do oceano, Custardoy aqui, na esquina da minha casa. Eu não tinha esperado como um apaixonado, mas talvez tenha sim esperado que terminasse a mesma coisa cujo fim Custardoy quem sabe esperava, que Luisa e eu apagássemos a luz definitivamente para poder nos imaginar dormindo ou dando-nos as costas, não de frente e talvez abraçando-nos acordados. "O que Custardoy estará fazendo ali", pensei, "é um acaso, a chuva o surpreendeu quando passava por nossa rua e está se protegendo sob o beiral do edifício em frente, não se atreve a tocar a campainha nem a subir, é tarde, mas não pode ser, está ali postado já deve fazer algum tempo, assim parece por sua atitude e pela maneira como está levantada a gola do paletó, que ele fecha segurando-a com suas mãos ossudas enquanto ergue os olhos separados e negros e enormes quase sem pestanas para nosso quarto, o que será que espia, o que será que procura, o que será que quer, por que estará espiando, sei que veio algumas vezes com Ranz durante minha ausência, visitar Luisa durante minha ausência, meu pai o trouxe, o que se chama passar pela casa, a visita do sogro e de um amigo seu e formalmente meu, deve ter-se apaixonado por Luisa, mas ele não se apaixona, não sei se ela estará a par disso, que estranho numa noite de chuva, quando já voltei, molhando-se na rua como um cão." Estes foram meus primeiros e rápidos e desordenados pensamentos. Ouvi como Luisa saía do banheiro e voltava para nosso quarto. Chamou-me de lá por meu nome e me disse (uma parede entre os dois mas ambas as portas que dão para o corredor abertas): "Não vem se deitar? Venha, já é tarde." Sua voz soava tão natural e animada como durante todos aqueles dias desde meu regresso, já faz uma semana, como soara uns minutos antes, enquanto me dizia coisas amorosas no comum e compartilhado travesseiro. Em vez de lhe dizer o que estava acontecendo, o que eu estava vendo, o que estava pensando, abstive-me, como também me abstinha de sair ao terraço e chamar Custardoy pelo nome e lhe perguntar sem mais: "Ei! Que está fazendo aí?", a mesma pergunta que sem me conhecer Miriam tinha me feito com naturalidade da esplanada, como alguém se dirige a um conhecido com quem tem intimidade. E respondi com dissimulação (a dissimulação da suspeita, embora ainda não soubesse disso): "Apague já a luz se quiser, ainda não estou com sono, vou revisar um trabalho um instante." "Está bem, mas não demore muito", disse ela, e vi que apagava a luz, vi pelo corredor. Fechei com cuidado minha porta e ato contínuo apaguei minha luz, o pequeno abajur que acendera no quarto em que trabalho para ver os textos, então soube que todas as nossas janelas tinham ficado às escuras. Voltei a olhar pela minha, Custardoy filho ainda olhava para cima, o rosto erguido, a mancha branca voltada para o céu escuro, apesar do beiral do telhado a chuva batia nela, gotas sobre as faces talvez misturadas ao suor não a lágrimas, a gota de chuva que vai caindo do beiral sempre no mesmo ponto cuja terra vai amolecendo até ser penetrada e formar-se um buraco e talvez um conduto, buraco e conduto como o de Berta que eu tinha visto e gravado e o de Luisa no qual havia permanecido, apenas uns minutos antes. "Agora vai embora", pensei, "ao ver as luzes apagadas irá embora, como eu abandonei minha espera quando vi apagadas as da casa de Berta não faz muitos dias. Então sim era o sinal combinado, eu também estive esperando um tempo na rua, como Custardoy agora, como Miriam há mais tempo, só que no caso de Miriam ela não sabia que de cima observavam-na dois rostos ou manchas brancas e quatro olhos, os de Guillermo e os meus, e neste caso Luisa não sabe que a espiam dois olhos da rua sem vê-la, e Custardoy ignora que os meus o estão vigiando do céu escuro, do alto, enquanto cai a chuva que parece de mercúrio ou prata sob os postes de iluminação. Em compensação ambos sabíamos, Berta e eu em Nova York, onde estávamos cada um, ou podíamos supô-lo. "Agora vai embora", pensei, "tem de ir para que eu possa voltar a meu quarto com Luisa e me desvencilhar de sua presença, não poderia conciliar o sono nem respaldar Luisa adormecida sabendo que Custardoy continua lá embaixo. Eu o vi espiar tantas vezes pela janela de meu quarto durante minha infância, como eu espio agora, aspirar ao exterior e cobiçar o mundo a que já pertence e do qual o separavam uma sacada e algumas vidraças, dando-me as costas com sua nuca rapada e intimidando-me em meu próprio quarto, era um garoto temível e é um homem temível, é um homem que sabe desde o primeiro momento quem quer ser abordado e com que propósito, num lugar público ou numa festa ou até mesmo na rua e também sem dúvida numa casa a que tenha ido de visita, ou veio, ou talvez seja ele quem faça surgir a disposição e o propósito, em Luisa não os havia antes de minha partida, ao contrário de Berta, em quem já os havia antes da minha chegada e durante minha estada e ainda haverá depois de minha partida, tenho certeza. Continuará vendo Bill, cujo nome é Guillermo, terá voltado a vê-lo? Ou talvez Guillermo já tenha regressado à Espanha como eu depois de seus projetados dois meses, dos três Berta era a única que ficava, tenho de ligar para ela, fui embora mas fiquei envolvido e assimilado, o plural se torna inevitável e acaba aparecendo em toda parte, que será que Custardoy quer conosco agora, que será que procura em nós." Eu não tinha querido nem procurado nada enquanto esperava fora da casa de Berta, tinha sido algo imprevisto, com o que não contávamos. Era o sétimo fim de semana de meus projetados oito, o seguinte ao que relatei e em que fiz um vídeo de poucos minutos, e nos dias anteriores àquele penúltimo o correio fluíra, nosso vídeo tinha sido mandado segunda-feira (sem que Berta fizesse uma cópia) e fizera efeito, ou parecera a "Bill" bastante atraente para merecer os riscos. Só respondera com um bilhete, sem se desculpar por não corresponder com nada semelhante e sem ainda mostrar sua cara nem mesmo numa mísera foto, mas propondo um encontro para o sábado seguinte, seu envelope só nos chegou sexta, com certeza não antes desse dia, já que Berta passou por sua caixa postal de Old Chelsea Station todas as tardes daquela semana, depois do trabalho. O bilhete de "Bill" continuava a ser em inglês, como sempre, mas era inequivocamente espanhol marcar assim um encontro, de uma tarde para a noite seguinte. "Eu a reconhecerei", dizia, no Oak Bar do Hotel Plaza, um lugar de encontros antes do teatro ou do jantar ou mesmo da ópera, sem saber que ela sabia que também era o lugar em que ele se hospedava, isto é, onde tinha seu travesseiro. Para aquela noite Berta tinha marcado havia semanas um jantar com sua companheira Julia e outras pessoas, eu também ia, decidiu que era melhor não avisar sobre sua ausência para que não insistissem ou quisessem passar para vê-la se dissesse que estava doente, e fui eu quem, uma vez no restaurante do porto, tive de desculpá-la alegando insuportável dor de cabeça e sentindo-me um intruso ao me apresentar sozinho, mal conhecia aquelas pessoas.

Antes de sair, enquanto me barbeava e me preparava, Berta se arrumava (talvez por assimilação) para se encontrar por fim com "Bill" e com "Jack" e com "Nick", e disputávamos caladamente o espelho do banheiro, o próprio banheiro. Ela estava impaciente e já recendia a Trussardi. "Ainda não acabou?", perguntou-me de repente ao ver que eu ainda terminava a barba. "Não sabia que você já ia sair", respondi, "podia ter ido me barbear no quarto." "Não, só vou sair daqui a uma hora", foi sua resposta seca, mas já estava vestida com muito estudo e só lhe faltava pintar-se, coisa que, segundo eu sabia, fazia muito rapidamente (calçava-se ainda mais rápido, estaria com os pés limpíssimos). Mas eu ainda não tinha posto a gravata quando ela voltou a entrar no banheiro vestida de maneira diferente e não menos estudada. "Ah, como está bonita." "Estou horrenda", respondeu ela, "não sei o que vestir, o que você acha?" "Talvez estivesse melhor antes, embora assim também esteja muito bonita." "Antes? Só me vesti agora", disse, "o que usava antes era para ficar este momento em casa, não para sair à noite." "Ah, caía bem em você", respondi enquanto lavava uma lente, a gravata solta em torno do pescoço. Saiu e ao cabo de uns minutos apareceu com outra roupa, mais provocante se é que esta palavra tem algum sentido, suponho que sim, pois não é raro empregá-la para descrever as roupas das mulheres e existe em todas as línguas que conheço, as línguas não costumam equivocar-se juntas. Olhou-se no espelho à distância para ver-se o mais completamente possível (não havia espelho de corpo inteiro na casa, eu me pus de lado e interrompi o laço da gravata); flexionou uma perna e com a mão alisou a saia um pouco curta e muito estreita, como se temesse alguma dobra imaginária que lhe enfeasse a bunda, ou talvez tenha ajustado a calcinha insubmissa através do tecido que a cobria. Preocupava-se com seu aspecto vestida, "Bill" já a tinha visto nua, embora na tevê.

— Não fica com um pouco de medo? — perguntei.
— A que está se referindo?
— Um desconhecido, nunca se sabe. Não quero ser azarento, mas, como você disse, no mundo há muita gente com a qual não se pode nem atravessar a rua.
— A maioria desses caras trabalham em arenas visíveis: nós os vemos diariamente nas Nações Unidas e o mundo inteiro atravessa a rua com eles. Além do mais, a mim pouco importa. Já estou acostumada, se tivesse medo não conheceria ninguém. Sempre se pode voltar atrás, e se não der certo, azar. Bom, nem sempre, às vezes é tarde demais.
Observava-se seguidamente, de frente, de um lado, de outro e de costas, mas não me perguntava se continuava melhor antes ou agora, eu já não queria intervir sem que ela me pedisse. Pediu.
— Estou horrível, acho que engordei — falou.
— Chega de cismar, você está ótima, faz uns dias achava que estava magra demais — disse-lhe eu, e acrescentei para distraí-la de seus olhares e considerações desconsideradas para consigo mesma: — Onde acha que ele vai levá-la?
Umedeceu na torneira uma escova diminuta e penteou as sobrancelhas para cima a fim de realçá-las.
— Levando-se em conta que não é de fazer rodeios e que marcou encontro já no hotel, suponho que vai querer me levar direto para o quarto. Mas não tenho a menor intenção de ficar sem jantar esta noite.
— Talvez tenha organizado o jantar no quarto, como nos filmes de sedutores.
— Se for assim, é esperto. Lembre-se de que ainda não vi a cara dele. Talvez nem me sente para tomar um drinque, depois de vê-la. — Berta tentava se animar, estava insegura, queria pensar momentaneamente que as coisas podiam não ser como iam ser, que ainda teria de ser convencida, isto é, seduzida. Sabia como iam ser porque em grande medida dependiam dela, estava seduzida muito antes de "Nick" lhe escrever, pela disposi-

ção e o propósito, que são o que mais convence e o que mais seduz. Por isso acrescentou logo, como se diante de mim não quisesse se enganar mais que um instante: – Ah, e não se preocupe se não voltar, talvez não venha dormir.

Eu saí do banheiro e acabei de dar o nó na gravata no meu quarto, com a ajuda de um espelho de mão. Já estava quase pronto para sair, meu encontro que tinha sido o seu era mais cedo que o seu encontro final que não era meu. Pus o paletó e com a gabardine já no braço aproximei-me de novo da porta do banheiro para me despedir, sem me atrever a cruzar o umbral, como se uma vez arrumado já não tivesse direito de fazê-lo, apesar do esquecimento das regras sociais entre nós, entre dois amigos que tinham se abraçado acordados quinze anos antes.

– Pode me fazer um favor? – perguntei-lhe de repente com a cabeça assomando ao banheiro (de repente porque ainda não tinha decidido fazer a pergunta, ainda estava pensando quando lhe disse).

Ela não parou de se olhar (procurava ou criava imperfeições agora com uma pinça diante do espelho, todo dela). Respondeu:

– Diga.

Voltei a pensar no assunto e voltei a falar antes de ter me decidido a fazê-lo (como quando traduzo e às vezes me antecipo um pouco às palavras do traduzido porque adivinho o que vem), enquanto ainda pensava: "Se lhe pedir vai querer explicações."

– Você se importaria de soltar ao longo da conversa o nome de Miriam, para ver como ele reage, e depois me contar?

Berta puxou com força o pêlo de uma sobrancelha que ela condenara e já prendia com a pinça. Agora sim olhou para mim.

– O nome de Miriam? Por quê? O que você sabe? É a mulher dele?

– Não, não sei nada, é só um teste, uma idéia.
– Ora, ora – disse ela, e moveu várias vezes o indicador da mão esquerda como que me atraindo para si ou como que dizendo: "Desembuche", ou "Explique", ou "Conte". Foi uma revoada.
– Verdade, não sei nada, não é nada, só uma suspeita, uma idéia minha, além do mais agora não há tempo, tenho de ser pontual para avisá-los da sua ausência, amanhã eu conto. Se você lembrar e se puder, solte esse nome na conversa, não importa como, diga que tinha desmarcado um jantar com uma amiga que se chama assim, qualquer coisa, é só o nome. Mas não insista.
Berta se interessava pelo desconhecido, a todo o mundo interessa testar e voltar com notícias, ainda que não saiba com que propósito.
– Está bem – disse –, tentarei. E você pode me fazer um favor?
– Diga – respondi.
Ela falou sem pensar ou estivera pensando antes e já tinha se decidido.
– Tem preservativos para me arranjar? – disse rapidamente e com a boca pequena enquanto já não olhava para mim (estava pintando os lábios com um pincel mínimo e com muito cuidado).
– Devo ter algum no *nécessaire* – respondi com tanta naturalidade quanto se me tivesse pedido uma pinça, ainda estava com a sua na pia; mas era uma naturalidade tão fingida que não pude evitar acrescentar: – Achei que você desejasse que algum dos homens com quem se encontra não os tivesse algum dia.
Berta pôs-se a rir e disse:
– É, mas não quero correr o risco de que seja Arena Visível que não os tenha.
Em sua risada havia verdadeira alegria, como havia no cantarolar que ainda consegui ouvir (devia estar se

penteando diante do espelho, já a sós, sem minha presença encostada na moldura de uma porta que não era a do meu quarto) enquanto ia em direção à saída, a risada e o cantarolar das mulheres de sorte, ainda não avós nem viúvas nem já solteironas, aquele canto insignificante e sem destinatário e que ninguém julga e que agora não era o prelúdio do sono nem a expressão do cansaço, mas o sorriso tolo ou expressão e prelúdio do desejado, ou do adivinhado, ou do já sabido.

Mas aconteceu algo imprevisto que, pensando depois, não era de modo algum imprevisível. Voltei do meu jantar por volta da meia-noite e, como sempre faço antes de me deitar quando estou sozinho, liguei a televisão e me dediquei brevemente a percorrer os canais para saber o que acontecera no mundo durante minha ausência. Ainda estava nisso quando a porta da rua, que eu havia fechado sem trancar minutos antes, tornou a se abrir e Berta apareceu. Não guardou a chave na bolsa, conservou-a na mão. Mancava menos que nunca, ou dissimulava mais, não mancava. Estava com a gabardine aberta, notei que não usava o último vestido que eu vira nela no banheiro, quem sabe quantas vezes mais teria mudado depois da minha saída. Era outro vestido provocante e bonito e ela trazia a pressa desenhada no rosto (ou era susto, ou era embaraço ou era a noite, cara de noite).

– Ainda bem que não foi se deitar – disse.
– Acabo de chegar. O que há?
– Bill está lá embaixo. Não quer que vamos a seu hotel, bom, nem mesmo me disse que está num hotel. O que não quer é que vamos onde ele se hospeda, quer vir aqui. Eu lhe disse que um amigo estava passando uns dias, e ele falou que não quer testemunhas, bom, isso é normal, não? Que podemos fazer?

Tivera a delicadeza de empregar o plural também agora, embora esse plural não devesse me incluir, mas sim "Bill", que esperava lá embaixo, talvez nós três.

– O que fazíamos quando estudantes, suponho – disse eu me levantando e me lembrando de outro plural apenas nosso, o que houvera no passado. – Vou dar uma volta.

Não hesitou, era o que esperava. Não protestou, era o que pedia.

– Não vai demorar muito – disse –, uma hora, uma hora e meia, não sei. Na Quarta Avenida, um pouco mais abaixo, há um *fast food* aberto vinte e quatro horas, vai ver, é enorme. Bom, não é tarde, deve haver muitos lugares abertos ainda. Não se incomoda?

– Não, claro que não. Tome todo o tempo que precisar: melhor três horas?

– Não, não será tanto. Podemos fazer uma coisa. Deixarei acesa a luz desta sala, dá para ver da rua. Quando ele se for, eu apago. De baixo você poderá ver se a casa está às escuras e então já poderá subir, está bem?

– Está bem – respondi. – E se ele quiser ficar para dormir?

– Não, isso com certeza não. Leve alguma coisa para ler. – Disse aquilo como uma mãe.

– Comprarei o jornal de amanhã. Onde está ele? – perguntei. – Lembre-se de que me viu, se agora me vir sair e me reconhecer, vai dar problema.

Berta se aproximou da janela e eu me aproximei atrás dela. Olhou para a esquerda e para a direita e divisou "Bill", à direita. "Está ali", disse apontando com o indicador. Meu peito roçava contra suas costas, suas costas respiravam agitadas, com pressa ou embaraço ou susto ou eram noturnas. A noite estava avermelhada e nublada, mas não parecia que fosse chover. Via a figura de "Bill", virada, bastante distante de nosso portão, esperando, distante também do único facho de luz que entrava em nosso campo visual (Berta mora numa rua de prédios baixos num terceiro andar, não numa avenida de arranha-céus).

– Não se preocupe – falou –, desço com você para avisá-lo. Ele é o primeiro interessado em que ninguém o veja. Vá para a esquerda ao sair e pronto, ele não vai se virar até eu avisá-lo. Tem certeza de que não se incomoda? – E Berta acariciou-me a face, carinhosa comigo como são as mulheres quando têm uma ilusão, ainda que esta só vá durar um instante ou sua duração já esteja acabando.

Saí e perambulei por um tempo. Entrei em várias lojas, ainda abertas, tudo sempre está aberto naquela cidade, Berta tinha pensado de repente como uma espanhola, talvez porque um a esperasse e ela falasse com outro. Numa biboca de coreanos que nunca fechava comprei o *New York Times* de domingo, o mais gigantesco da semana, leite para casa, tinha acabado. Entrei numa loja de discos e comprei um, a trilha sonora original de um filme antigo, não havia em CD, apenas em vinil fora de catálogo. Era sábado, as ruas estavam cheias de gente, vi os toxicômanos e os delinqüentes futuros à distância. Entrei numa livraria noturna e comprei um livro japonês pelo título, chamava-se *House of the Sleeping Beauties* em inglês, o título não me agradava mas comprei por causa dele. Estava me enchendo de pequenos pacotes, enfiei tudo numa sacola de plástico, a do disco, a maior, joguei fora as demais, as de papel cru das bibocas não têm alças, são incômodas e ocupam inteiramente as mãos, ou melhor, enchem-nas, como se enchem as mãos de um homem em sua noite de núpcias e também as da mulher, que nestes tempos vem a ser sinônimo de primeira vez, tão passível de esquecimento se não houver segunda, inclusive se não houver terceira nem quarta nem quinta, embora todos saibam disso. Estávamos na noite de núpcias de "Bill" e Berta, essa noite acontecia enquanto eu perambulava dando tempo ao tempo pela cidade, matar o tempo se chama isso. Vi o *fast food* a que Berta tinha feito menção, na realidade fora me dirigindo para lá sem pensar, por sua menção.

Ainda não entrei, era preciso reservá-lo para mais tarde porque, ao contrário de outros, permanecia aberto vinte e quatro horas, podia precisar dele, li o letreiro. Já não se via o céu nas avenidas, luzes demais e esquinas demais, eu sabia que estava vermelho e nublado, não choveria. Continuei caminhando sem me afastar muito e foi passando o tempo, o tempo tão perceptível quando o estamos matando, cada segundo parece adquirir individualidade e solidez, como se fossem pedrinhas que você vai deixando cair da mão no chão, relógio de areia, o tempo se torna rugoso e quebrado, como se já fosse pretérito ou tivesse passado, vê-se passar o tempo passado, não seria assim para Berta nem para Guillermo, tudo estava resolvido desde a primeira carta, tudo combinado, e a última formalidade fora cumprida durante o jantar, onde quer que tenham ido, falar um pouco sem prestar atenção e com impaciência, simular esmero numa conversa, numa anedota, observar a boca, servir o vinho, ser educado, acender cigarros, rir, o riso é às vezes o prelúdio do beijo e a expressão do desejo, sua transmissão, sem que se saiba por quê, o riso desaparece depois durante o beijo e a consumação, quase nunca há risos enquanto as pessoas se abraçam despertas no travesseiro e as bocas já não se observam (a boca está cheia e é a abundância), tende-se à seriedade por mais risonhos que sejam os prolegômenos e as interrupções, a demora, a espera, a prolongação e as pausas, um respiro, o riso se corta, às vezes também as vozes, calam-se as vozes articuladas, ou falam com vocativos ou interjetivamente, não há nada a traduzir.

Por volta das duas e meia finalmente senti um pouco de fome, meu jantar já estava distante, voltei ao *fast food* vinte e quatro horas e pedi um sanduíche, uma cerveja, abri o *New York Times* gigantesco, li as páginas das seções internacional e de esportes, começava a ficar difícil matar tanto tempo, não queria voltar antes de transcorridas as três horas que eu tinha oferecido a Berta. Embora, quem sabia, talvez "Bill" já tivesse ido embora, talvez tivesse terminado a seriedade e também os risos, quando tudo está acertado a execução às vezes é breve e não se dilata, os homens são impacientes e querem ir embora, de repente incomoda-lhes a cama desarrumada e a visão dos lençóis e as manchas, o resto, o rasto, o corpo imperfeito no qual agora reparam e não querem reparar (antes apenas o abraçavam, agora lhes é desconhecido), tantas vezes se representou em pintura e no cinema a mulher abandonada no leito, nunca o homem ou apenas se morreu como Holofernes, a mulher um despojo, talvez Berta já estivesse só e esperasse minha volta ou ansiasse por minha volta, minha mão amiga em seu ombro, não se sentir desconhecida nem despojo. Paguei e saí, e ainda lentamente fui voltando para a rua e para a casa, já havia menos gente, não se vara tanto a noite como em Madri, onde é um delírio na noite de sexta e de sábado, naquela cidade começavam a se ver tão-somente táxis. Eram três e vinte quando me encontrei no ponto em que "Bill" esperara que eu desocupasse o apartamento, bem longe do portão, bem longe do facho de luz único, agora, da calçada, via outros a certa distância, a prefeitura economiza nas ruas o que esbanja nas avenidas. Dali não se via a luz da sala, demasiado em perspectiva, dei uns passos, um terceiro andar, aproximei-me para chegar a uma posição mais frontal e vi a luz acesa, ainda acesa, "Bill" não tinha ido embora, continuava ali, ainda não considerava Berta uma desconhecida. Então não me mexi mais, decidi ao contrário continuar esperando na rua, era tarde demais para procurar um hotel, devia ter pensado nisso antes, tinha preguiça de voltar ao *fast food*, já não havia muitos outros abertos, eu não estava mais com fome, um pouco de sede, não queria perambular mais, estava cansado de caminhar e de notar o tempo. Lembrei-me do ator Jack Lemmon naquele filme dos anos sessenta, nunca podia entrar em seu apartamento, fiquei perto do poste de luz, grudado no poste como um bêbado de piada, no chão minha sacola de plástico avolumada pela caixa de leite e na mão o jornal para lê-lo à luz da rua. Mas não lia, esperava como fizera Miriam, só que a mim não preocupava a deterioração de meu aspecto durante a espera e sabia qual era a situação exata, isto é, por que me faziam esperar, não estava furioso com ninguém, apenas esperava um sinal. Olhava com freqüência para a janela, como Custardoy olhava agora para a do meu quarto, estava velando a falsa noite de núpcias de "Bill" e Berta, como aquela sogra cubana da canção e da história tinha velado a de sua filha com o estrangeiro que na manhã seguinte se transformou em cobra (ou foi durante a noite, a noite de núpcias, a filha que não foi ouvida pediu socorro, o genro tapeou e convenceu a sogra chamando-a assim, "minha sogra") e deixou um rasto de sangue nos lençóis, ou talvez fosse o sangue da virgem desposada, a carne muda ou a pele se abre ou algo se rasga, Berta não deixaria o seu aquela noite. Ranz conhecera três noites de núpcias, três verdadeiras, nelas algo às vezes se rasga, antigamente. A luz continuava acesa talvez tempo demais, quinze para as quatro, falar, repetir, prosseguir, não mais risos, ou "Bill" teria decidido ficar para passar a noite, não era provável, já não se ouvia nem o murmúrio do tráfego pelas avenidas, de repente temi por Berta, não fica com um pouco de medo, eu lhe perguntara, se não der certo, azar, ela respondera, as pessoas morrem, parece impossível mas as pessoas morrem como morrera minha tia Teresa e a primeira mulher de meu pai, quem quer que fosse, continuava sem saber nada dela, seguramente não queria, já Luisa sim, Luisa estava intrigada, quem sabia se Luisa não estava em perigo tão longe, além do oceano, como a mulher de Guillermo doente que o ignorava, enquanto eu temia de repente por Berta que estava muito perto, além da janela de sua sala acesa, um sinal, a luz de meu quarto estava apagada como eu a deixara, a do seu não se podia saber, não dava para a rua, e era lá que ela estaria com "Bill" e sua voz de serra, a voz inarticulada agora, como eu estivera com Luisa uns minutos antes de ir à geladeira (as vozes interjetivas) e de olhar depois pela janela do quarto de trabalho, para fora, para a esquina da minha casa nova na qual tanta gente pára, um tocador de realejo e uma mulher de trança, um sujeito que vende e alardeia rosas e também Custardoy com sua cara obscena virada para cima e molhada, não desci naquela noite para lhe dar um dinheiro para que fosse embora, não incomodava nem fazia barulho, não podia comprá-lo, não fazia nada, apenas olhava para cima debaixo da chuva com seu chapéu posto, para nosso quarto cujo interior não podia ver por causa da altura, apenas a luz, talvez, que já não estava acesa, Luisa a tinha apagado enquanto eu lhe mentia e observava lá fora sem cobiçar o mundo, meu mundo é meu travesseiro compartilhado desde que me casei e talvez também antes, teria estado alguém nesse mundo ou travesseiro durante minha ausência, alguém que saberia fazer surgir a disposição e o propósito.

Esse pensamento me aterrorizou e não quis pensá-lo, o segredo que não se transmite não prejudica ninguém, quando você já tiver segredos ou se já tem não os conte, tinha me dito meu pai depois de me perguntar e agora, e agora; os dela não o seriam se você os soubesse, dissera, mas não havia em Luisa nenhuma mudança em relação a mim, ou havia sim, não devia temer, já não estava do outro lado do oceano mas ali perto, no outro quarto, eu logo estaria junto dela, respaldando-a, quando Custardoy fosse embora. Eu não havia contado quase nada a Luisa, nada de "Bill" nem de Guillermo, nada do roupão e do triângulo de peito peludo, nada do vídeo nem da voz de serra, nada da perna nem da espera naquela noite de sábado, tudo aquilo não era em si mesmo um segredo ou poderia não o ter sido, mas talvez já o fosse por tê-lo calado durante uma semana desde minha volta, o segredo não tem caráter próprio, determinam-no a ocultação e o silêncio, ou a cautela, ou também o esquecimento, não comentar nem contar porque escutar é o mais perigoso e não é evitável, e só então acontecem as coisas, quando não se relatam, contá-las é espantá-las e afugentar os fatos, os casais se contam tudo o que se refere aos outros, não a si mesmos, a menos que acreditem que pertença a ambos: e então a língua ao ouvido, "I have done the deed", e nessa mera enunciação já está a alteração ou a negação desse fato ou façanha. "Fiz o fato", atreveu-se a dizer Macbeth, disse-o um instante depois de tê-lo feito, quem se atreveria a tanto, não tanto a fazer como a dizer que fez, a vida ou os anos vindouros não dependem do que se faz, mas do que se sabe de alguém, do que se sabe que fez e do que não se sabe porque não houve testemunhas e ele se calou. Talvez seja necessário aceitar o engano, que é parte da verdade assim como a verdade do engano, nosso pensamento é oscilante e ambíguo e não tolera que não haja receios, para ele sempre haverá zonas de sombra e sempre pensa com cérebro tão doente.

    Temia por Berta, já quatro horas, de repente temi que a tivessem matado, as pessoas morrem, as pessoas que conhecemos morrem por mais impossível que pareça, ninguém além dela sabia que era necessário apagar uma luz como sinal combinado, o assassino não tinha por que o fazer quando fosse embora, a luz devia ser apagada precisamente depois que ele se fosse, para me avisar que tinha ido e dizer-me "Suba", a escuridão significava "Suba", talvez a nossa significasse algo para Custardoy, eu veria, minha mensagem era "Vá embora". Peguei minha sacola no chão e comecei a atravessar lentamente a rua para subir sem mais esperar, eram quatro passos e por ali não passava nenhum carro fazia muito, quatro e vinte, horas demais para estranhos. Eu estava no meio da rua, atravessando, quando apareceu um táxi que vinha devagar, como se estivesse procurando o número próximo de seu destino. Desandei meus quatro ou dois passos e tornei à calçada, o taxista chegou à minha altura e olhou para mim com desconfiança (os mendigos e os toxicômanos costumam carregar sacolas de plástico, já os bêbados, de papel cru sem alças); ao me ver melhor ou ao ver minha atitude serena, me fez um gesto interrogativo com a cabeça e me perguntou pelo número da casa de Berta, mal dava para entendê-lo, devia ser grego ou libanês ou russo como quase todos os taxistas desta cidade, todo o mundo dirige. "É ali", disse-lhe apontando para o portão cujo número não se via na noite nublada de um poste de luz isolado, depois me afastei, distanciei-me do facho de luz como se tivesse repentina pressa de prosseguir meu caminho, aquele era o táxi que "Bill" chamara por telefone para voltar ao Plaza, talvez já estivesse saindo e a luz se apagaria, se Berta ainda estivesse viva, um despojo ou não, horas demais. Fiquei a certa distância, ainda mais longe do ponto em que "Arena Visível" havia esperado para subir sem testemunhas, ouvi a buzina com um som breve e seco, significava "Ouça", ou "Estou aqui", ou "Desça". Imediatamente depois abriu-se a porta e vi sair as calças patrióticas, a gabardine que na noite era de um azul escuro, o céu continuava vermelho, talvez fosse ficando ainda mais. Ouvi a porta do táxi se fechar e o motor em marcha, passou junto de mim com velocidade crescente, eu lhe dava as costas. Depois voltei sobre meus passos até o poste, e a luz da sala agora estava apagada, Berta se lembrava de mim e estava viva, as nossas também apagadas, eu acabava de escurecer o quarto em que trabalho, Luisa o quarto de dormir, justo antes, haviam passado apenas alguns segundos. Continuava chovendo mercúrio ou prata sob os fachos de luz, nossa noite era alaranjada e esverdeada como o são tantas vezes as de Madri molhada. Custardoy ainda olhou para cima com sua mancha branca e obscena. "Vá embora", disse-lhe eu com meu cérebro doentio. Então levou a mão ao chapéu e, segurando com a outra a gola erguida do paletó, abandonou o beiral do telhado e dobrou a esquina e desapareceu da minha vista, molhando-se como um apaixonado, ou como um cão.

Quem não teve suspeitas, quem não duvidou de seu melhor amigo, quem não se viu traído e delatado em sua infância, no colégio você já encontra o que o espera mais tarde no cobiçado mundo, os obstáculos e as deslealdades, o silêncio e a cilada, a emboscada; também há um colega que diz "Fui eu", a primeira forma de reconhecimento das responsabilidades, a primeira vez na vida em que você se vê obrigado a dizer ou escuta: "I have done the deed", e depois, à medida que vai crescendo e o mundo já é menos mundo porque não está fora de nosso alcance, diz e escuta isso cada vez menos, deixa-se de lado a linguagem da infância, ela é aposentada por ser demasiado esquemática e simples, mas essas frases cruas e absurdas que então eram sentidas como heroicidades não nos abandonam de todo, mas sobrevivem nos olhares, nas atitudes, nos sinais, nos gestos e nos sons (as interjeições, o inarticulado) que também podem e devem ser traduzidos porque são nítidos tantas vezes e são o que dizem *algo* de verdade e se referem de verdade aos fatos (o ódio sem travas e o amor sem mescla), sem o sofrimento de um quem sabe e um talvez, sem o invólucro das palavras que não servem tanto para dar a conhecer ou relatar ou comunicar quanto para confundir e ocultar e isentar de responsabilidades, o verbal nivela as coisas que como atos são distinguíveis e não se podem mesclar. Beijar ou matar alguém são coisas talvez opostas, mas contar o beijo e contar a morte assimila e associa de imediato ambas as coisas, estabelece uma analogia e erige um símbolo. Na vida adulta, dominada pelas palavras, não se ouve um sim e um não, ninguém diz "Fui eu" ou "Não fui eu", mas continua-se *vendo* tudo isso, quase sempre "Não fui eu", as heroicidades passam a engrossar a lista dos erros.

Quem não suspeitou, e ante as suspeitas se podem tomar duas medidas, ambas inúteis: perguntar e calar. Se você perguntar e obrigar talvez chegue a ouvir "Não fui eu", e terá de reparar no que *não se diz*, no tom, nos olhos esquivos, na vibração da voz, na surpresa e na indignação talvez fingidas; e não poderá voltar a fazer a pergunta. Se você calar, essa pergunta estará sempre virgem e sempre disposta, embora às vezes o tempo as torne incongruentes e quase inefáveis, literalmente extemporâneas, como se tudo acabasse prescrevendo e fazendo sorrir quando pertence ao tempo transcorrido, o passado inteiro parece venial e ingênuo. Se você calar terá de dissipar a suspeita e abolir a pergunta, ou então alimentar a primeira e preparar a segunda com extremo cuidado, o que é impossível é confirmar a suspeita, ninguém sabe nada daquilo a que não assistiu, nem sequer se pode dar crédito às confissões, no colégio se diz "Fui eu" quando não foi, as pessoas mentem da mesma maneira que morrem, parece incrível, mas nunca se pode saber nada. Ou é o que creio. Por isso é melhor às vezes não saber nem o início, nem ouvir as vozes que contam, diante das quais se fica tão inerme, essas vozes narrativas que todos temos e que remontam ao passado remoto ou recente e descobrem segredos que já não importam e no entanto influem na vida ou nos anos vindouros, em nosso conhecimento do mundo e das pessoas, não se pode confiar em ninguém depois de escutá-las, tudo é possível, o maior horror e a maior vileza nas pessoas que conhecemos, como em nós mesmos. E todo o mundo está entregue a contar sem cessar e a ocultar sem cessar ao fazê-lo, só não se conta nem se oculta o que não se diz. Por isso o que se silencia converte-se em segredo, e às vezes chega o dia em que acaba sendo contado.

Eu não dissera nada, não perguntara e ainda não perguntei, quanto mais tempo passar mais improvável e difícil será que o faça. Você deixa passar um dia sem falar, e dois, e uma semana, depois os meses se acumulam imperceptivelmente, e a manifestação da suspeita vai se postergando se ela não crescer, talvez se espere que ela também se converta em passado, em algo venial ou ingênuo e que eventualmente nos faça sorrir. Durante bastantes dias olhava pela janela antes de me deitar, do meu escritório, para a esquina, lá embaixo; mas Custardoy não voltou a aparecer por ali nas noites imediatas, e a vez seguinte que o vi foi em minha própria casa, em cima, um momento. Meu pai viera por volta das oito e meia tomar um drinque com Luisa e comigo antes de ir a não sei que jantar a que Custardoy o convidava, e por isso o moço veio buscá-lo já por volta das dez. Sentou-se uns minutos, tomou brevemente uma cerveja e não notei nada, uma mínima familiaridade recente entre Custardoy e Luisa, mas através de meu pai, tinham se conhecido durante minha ausência através dele, ele presente às duas ou três vezes, isso era tudo, ou assim me pareceu. Muito mais familiaridade havia entre Ranz e Luisa, eles sim tinham se visto a sós e com freqüência, meu pai a tinha acompanhado em suas compras para a artificiosa casa, a tinha levado para almoçar ou jantar, tinha lhe dado conselhos (um homem de gosto, um perito em arte), era evidente que se estimavam, se divertiam um com o outro. Meu pai falou de Cuba durante aquela visita, mas nele isso não tinha nada´ de extraordinário, mais ainda, era um país de que falava com freqüência, seus contatos com ele não haviam sido escassos, de seu casamento com as duas filhas de uma mãe havanesa até algumas transações notáveis de que eu estava a par. Estivera lá em dezembro de 58, semanas antes da queda de Batista: prevendo o que ia acontecer (e os proprietários prevendo-o), adquirira a preço de urgência muitas jóias e quadros valiosos das famílias que se preparavam para a fuga. Ficou com alguns (poucos), outros foram vendidos em Baltimore, Boston ou Malibu, ou então leiloados na Europa (as jóias talvez desmontadas por joalheiros madrilenhos, e uma ou outra foi dada de presente). Era algo de que se gabava, e lamentava não ter tido de novo tanto olho para prever revoluções e seus conseqüentes exílios endinheirados. "A gente rica, quando cai fora, não quer deixar nada atrás para seus inimigos", dizia com o sorriso perpetuamente zombeteiro de seus lábios femininos. "Preferem queimar ou destruir, a deixar cair algo nas mãos deles, mas os ricos sabem que é sempre um pouco melhor vender." Se tinha ido então a Cuba era de se supor que tivesse contatos lá e talvez amizades e que estivera antes, mas suas estadas naquele continente se misturavam, as viagens se confundiam em seus relatos (ele mesmo devia confundi-las), fora tantas vezes para assessorar seus honrados museus norte-americanos e seus fraudulentos bancos sul-americanos, que das possíveis viagens a Cuba só era nítida a pré-revolucionária. (Aos filhos, por outro lado, vai-se contando em desordem à medida que crescem e se interessam, pouco a pouco e com saltos, e para eles o conjunto da vida passada de seus progenitores no melhor dos casos apresenta-se caótico.) Fosse como fosse, ele tinha perdido suas amizades na ilha com o advento de 59 e com o que foi o tão decantado fim dos privilégios, embora curiosamente não me lembre de que tenha tido relações com refugiados cubanos na Espanha. Ou não vinham à nossa casa e eu não lhes fui apresentado. Desde então não havia voltado, de modo que Ranz, quando falava de Cuba agora, fazia-o sem conhecimento de causa. Mas naquela ocasião sua maneira de falar foi extraordinária e diferente, como se a presença de Luisa já tivesse adquirido peso bastante para que prevalecessem o tom e a complacência seguramente empregados com ela a sós, sobre o tão antigo tom, mais irônico, que sempre tinha usado comigo, na infância como na idade adulta. E, quando Luisa saiu da sala um instante para falar ao telefone, a maneira de comentar e contar de meu pai mudou ou, melhor dizendo, se interrompeu. Como se ele desse conta de que eu estava ali, começou a me fazer sobre Nova York perguntas que já fizera imediatamente depois da minha volta (três dias depois almoçamos juntos no La Ancha) e cujas respostas já conhecia ou não lhe interessavam. Embora eu estivesse à sua frente, era a Luisa que se dirigia e quando ela voltou reatou seus comentários com uma vivacidade insólita, apesar de Ranz ter sido vivaz a vida inteira. Talvez o riso de Luisa fosse adequado, talvez risse nos momentos certos (isto é, nos momentos proporcionados por ele), talvez o escutasse como é desejável, ou lhe fizesse os incisos e as perguntas oportunas, ou simplesmente ela era alguém a quem ele queria dar-se a conhecer e contar tudo, alguém novo a quem podia contar sua história sem saltos e em ordem, porque estava interessada desde o princípio e não era necessário aguardar seu crescimento. Meu pai nos relatou várias anedotas para mim desconhecidas, como a de um falsificador veneziano de pequenas virgens românicas esculpidas em marfim que, uma vez terminadas com grande perícia, colocava no sutiã de sua mulher, um sutiã enorme: as secreções do peito (abundantes) e a transpiração das axilas (forte) davam a suas estatuetas uma pátina perfeita. Ou a do diretor de um banco de Buenos Aires, amante da arte, que teimou em não acreditar nele e comprou-lhe uma obra de Custardoy o velho que Ranz levara por encomenda de uma abastada família avarenta que só queria uma boa cópia de um Ingres muito admirado; quando, antes de a entregar, o diretor a viu sem moldura no apartamento de seu hotel (que era o Plaza, de Buenos Aires), ficou tão apaixonado por ela que não quis ouvir que se tratava de uma imitação; meu pai lhe explicou mil vezes a origem e o destino daquela tela e que o original se encontrava em Montauban, mas o banqueiro se persuadiu de que ele estava querendo enganá-lo e de que, com alguma deslealdade, tinha conseguido a obra-prima para outros clientes, a de Montauban seria falsa. "Neste caso", meu pai disse ter dito, incapaz de convencê-lo, "se o senhor me compra como autêntico, terá de me pagar um preço de autêntico." Aquela frase dissuasória converteu-se para o banqueiro na prova de seu acerto. "Nunca Custardoy ganhou tanto dinheiro com uma só peça", disse meu pai. "Pena para nós que não houvesse mais diretores de banco ou de museu tão obcecados. Pena que em geral confiassem em mim cegamente e não pudéssemos utilizar esse procedimento como método." E acrescentou encantado, rindo junto com Luisa: "Não voltei a saber dele, pareceu-me preferível. Espero que ninguém tenha acusado aquele banqueiro de malversação de fundos." Meu pai se divertia e Luisa também se divertia, mas ele muito mais, pensei que ela poderia arrancar dele o que quisesse, e não pensei isso ao acaso, mas pensando também no que ela queria averiguar dele e eu não queria, segundo creio, embora tampouco deixasse de pensar naquilo, isto é, não dissipasse inteiramente o que talvez também se pudesse chamar de suspeita, suponho que não se pode conviver com várias ao mesmo tempo, por isso às vezes se descartam umas – as mais improváveis, ou talvez sejam as mais prováveis: as que ainda não são passado, aquelas sobre as quais ainda poderíamos nos ver obrigados a agir e nos dariam medo e trabalho e alterariam o futuro concreto – e alimentamos outras – as que, no caso de se confirmarem os fatos, parecem irremediáveis e alteram apenas o passado e o futuro abstrato. Creio que descartei qualquer suspeita sobre Luisa, e em compensação tive de alimentar as ainda não formuladas sobre meu pai, ou foi Luisa que naquela mesma tarde, pouco antes de Custardoy tocar a campainha, encarregou-se de recordá-las a mim em voz alta, porque, em meio aos risos e aos sorrisos e às histórias que para mim eram novas, ela disse a Ranz em tom admirativo, chamando-o de senhor como preferiu fazer sempre:

– Na verdade não me admira que o senhor tenha se casado tantas vezes, é uma fonte inesgotável de histórias pouco críveis, e portanto de entretenimento. – E acrescentou em seguida, como para lhe dar a oportunidade de responder à segunda parte e não fazer, se não quisesse, referência alguma à primeira, ao que até então dissera (era um sinal de respeito): – Muitos homens pensam que as mulheres necessitam sentir-se muito queridas e agradadas, até mesmo mimadas, enquanto o que mais nos importa é que nos distraiam, isto é, que nos impeçam de pensar demais em nós mesmas. É uma das razões pelas quais costumamos querer filhos. O senhor deve sabê-lo bem, se não elas não o teriam amado tanto.

Não me dei por aludido, ao contrário. Eu contava a Luisa muitas histórias pouco críveis, embora tivesse calado até aquele momento a de "Bill" e Berta, que a teria divertido muito; mas essa história também era minha e talvez por isso a calasse. Eu havia calado a de Guillermo e Miriam até que Luisa a mencionou e soube que também pertencia a ela, e no dia em que nos conhecemos eu tinha calado ou modificado, ao traduzir as altas autoridades, algumas coisas que tinham dito (sobretudo a nossa) e que me tinham parecido más idéias ou inconveniências ou reprováveis. Naquela ocasião, porém, minha censura não tinha incomodado Luisa, que compreendia tanto ou mais do que eu ambas as línguas, ela era a "rede". Calar e falar são formas de intervir no futuro. Pensei que aquela virtude que Luisa atribuía a meu pai também era a de Custardoy o moço: contava, quando queria, histórias totalmente incríveis com as quais devia distrair meu pai, a mim mesmo contara inúmeras durante a infância e a adolescência, e recentemente uma sobre Ranz e minha tia Teresa e outra mulher com a qual não tenho parentesco, em certo sentido sobre mim mesmo (talvez também essa história fosse minha; talvez Luisa quisesse escutar Custardoy o moço).

O riso de Ranz não se congelou, ao contrário ele o prolongou demais, artificialmente, como para ganhar tempo e decidir a que parte das palavras de Luisa responderia e como (ou se a tudo, ou se a nada). Riu quando já não cabia, até o intraduzível e não-censurável tem sua duração, e nela pode estar seu significado.

— Não me amaram tanto — disse por fim num tom bem diferente do seu tom habitual, como se ainda hesitasse. Se estivesse me respondendo não teria hesitado nem prolongado o riso um segundo (ambas as coisas eram um sinal de respeito, respeito a Luisa). — E quando o fizeram eu não merecia — acrescentou, sem que parecesse uma frase procedente de sua vaidade: eu a conhecia bem demais para não distinguir o que se devia a ela.

Luisa teve a coragem de insistir, perdendo um pouco o respeito (ou talvez fosse uma maneira de me avisar que seu interrogatório estava em marcha e que eu já não o deteria, pensasse eu o que pensasse: a história

podia ser sua se eu não me interessasse por ela, Ranz começara a sê-lo. Talvez fosse outro sinal de respeito, respeito para comigo, ter esperado que eu estivesse presente para pô-lo em marcha, como quem prefere avisar: "A partir de agora não vou fazer caso de você nisto").
— Mas, pelo que soube, além daquela que teria sido minha sogra, o senhor esteve casado com a irmã dela. Não deve ser fácil duas irmãs amarem o mesmo homem. E vá saber quantas outras mulheres amaram o senhor antes.
O tom de Luisa era um tom de gracejo, ligeiro, zombeteiro, como se emprega amiúde com as pessoas de idade quando se quer alegrá-las ou animá-las, um tom de gozação amável que o próprio Ranz praticava, com outros e consigo mesmo, talvez para se animar. No entanto o da resposta não foi assim por um instante. Olhou rapidamente para mim com seu olhar ardente, como para confirmar que a informação recebida por Luisa vinha de mim e não podia ser outra além da que eu tinha. Assim havia de ser, não era estranho: conta-se tudo sobre os outros no travesseiro. Mas eu não lhe fiz nenhum sinal. Depois disse:
— Não creia, as irmãs mais novas costumam se enrabichar com o que é das mais velhas. Não digo que tenha sido o caso, mas em si não tem mérito, muito pelo contrário.
— E antes? — tornou a insistir Luisa, e era óbvio que não esperava que naquele momento lhe contasse o que quer que fosse, nada de substancial em todo caso, Ranz estava a ponto de ir a um jantar, era mais como se estivesse preparando o terreno e lhe anunciando algo para o futuro concreto, ou imediato. Eu estava surpreso, tanto por sua insistência como pela reação de meu pai. Lembrava-me daquele dia em que quase me expulsou de um restaurante por eu tentar lhe perguntar sobre o passado ("Quero comer tranqüilo e no dia de hoje, não

no dia de quarenta anos atrás"), um passado menos antigo do que aquele sobre o qual Luisa estava lhe perguntando. Ranz voltou a me olhar, como se agora duvidasse de mim enquanto fonte de informação, ou não soubesse se na realidade eu a tinha. Não lhe fiz sinal algum. Recuperou seu tom habitual e respondeu com um gesto exagerado de sua mão com o cigarro:
— Antes? Antes é tão antigo que já não lembro.

Foi então que a campainha tocou e, enquanto Luisa se levantava para ir abrir, enquanto caminhava para a porta a fim de receber Custardoy o moço ("Deve ser Custardoy", disse meu pai enquanto ela se afastava pelo corredor, já fora de nossa vista), ainda teve tempo, ou têmpera, para lhe dizer: "Pois vá refrescando a memória, que vou lhe perguntar e o senhor vai me contar outro dia, um dia em que estivermos a sós."

Custardoy tomou sua cerveja e mostrou-se algo lacônico no curto instante em que permaneceu em casa, talvez como eu, talvez como um apaixonado. Quase não fizeram barulho seus sapatos de sola semimetálica, como os de "Bill" provavelmente, cujo som feminino eu ouvira no mármore da agência de correio mas não no asfalto da rua de Berta, ao sair e tomar o táxi, como se também os sapatos consentissem em guardar segredos.

Quantas coisas não se vão dizendo ao longo de uma vida ou história ou relato, às vezes sem querer ou sem se propor a fazê-lo. Eu não apenas havia calado o que já enumerei, mas sobretudo o mal-estar e os pressentimentos de desastre que me acompanham desde meu casamento, já faz quase um ano. Agora se atenuaram e talvez acabem desaparecendo, por um tempo. Eu os silenciara diante de Luisa, também diante de Berta e diante de meu pai, no trabalho é claro, diante de Custardoy nem é preciso dizer. Os apaixonados guardam silêncio com muita freqüência, inclusive os enrabichados. Guarda silêncio quem já tem algo ou pode perdê-lo, não quem já perdeu ou está a ponto de ganhar. Berta, por exemplo, tinha falado sem cessar de "Bill" e de "Jack" e de "Nick" enquanto para ela não tiveram corporeidade nem rosto nem os tinha ganho (fala-se das promessas, não do presente e sim do futuro, concreto e abstrato; também das perdas, se forem recentes). Mas depois calou, após minhas longas quatro horas de vagância e compras e apreensão e espera ainda a encontrei de pé e não em seu quarto, de penhoar. Já estava sozinha, mas continuava contendo a manqueira conforme vi logo, isto é, não deixava que ela se reinstalasse com a solidão regressada e acostumada, nem mesmo com a intimidade que tinha comigo, não tão facilmente, não tão depressa. Não acendi a luz que ela apagara minutos antes para me avisar e me dizer "Suba" porque não era necessário: estava recostada no sofá, diante da televisão cuja luz bastava para nos iluminar, com o breve vídeo de "Bill" passando outra vez, agora que podia completar a imagem com sua memória dele recém-nascida, agora que por fim sabia o que era contíguo ao triângulo do roupão azul-claro, acima e abaixo. Quando entrei e não acendi a luz, a voz de pregador ou cantor frágil, a voz de serra repetia em inglês na tela: "Para as mulheres é a cara que importa. Os olhos. É o que vocês dizem. Para os homens a cara com corpo. Ou o corpo com cara. É assim." Berta parou o vídeo ao me ver. Levantou-se e me deu um beijo. "Desculpe", disse, "teve de esperar muito." "Não tem importância", respondi. "Trouxe leite, tinha acabado, vou deixá-lo logo na geladeira." Fui até a geladeira e não apenas deixei o leite como tirei da sacola de plástico todas as outras coisas que tinha comprado, o livro japonês, o jornal, a música de *A vida privada de Sherlock Holmes*, sempre faço isso, também quando chego de viagem a primeira coisa que faço é desfazer a mala e guardar tudo em seu lugar e a própria mala em seu armário, para acelerar o esquecimento de que viajei, da viagem, para que tudo pareça em repouso. Joguei a sacola no lixo, para acelerar o esquecimento da compra e de meus passeios. Voltei à sala com meu pequeno butim na mão, Berta não estava, a televisão continuava ligada, um programa com risos mecânicos a que a supressão do vídeo dera lugar. Ouvi-a em seu quarto, devia estar arejando-o, fazendo a cama ou trocando os lençóis, eu não tinha lhe dado tempo para isso com minha chegada imediata. Mas não era isso, pelo menos não a última hipótese, pois quando saiu não trazia nos braços o monte de roupa suja, mas vinha de mãos nos bolsos do penhoar, um penhoar salmão de seda, debaixo dele creio que nada, talvez preferisse dormir com o cheiro de "Bill" nos lençóis, quando se quer conservar odores sempre parece que se dissipam depressa demais. Ela já não tinha cheiro de Trussardi, recendia a Guerlain ao passar junto de mim, vi o vidro (a caixa aberta) em cima da mesa em que costumávamos deixar a correspondência e na qual deixei meu jornal, meu livro, meu disco: o vidro a cuja compra eu assistira. Era o único rasto material de "Bill" no apartamento. "Como você está?", perguntei-lhe, já não podia deixar de fazê-lo, tudo estava mais ou menos em ordem, embora sempre se encontrem coisas a fazer nas casas. "Bem, e você? O que fez este tempo todo? Deve estar morto de sono, coitado." Contei-lhe por alto minhas vagâncias, não minhas apreensões, mostrei-lhe minhas compras, não lhe falei de minha espera. Não sabia se lhe perguntava mais, ela parecia ter repentinamente o pudor que não tivera durante as semanas precedentes, naquela mesma tarde, em que tinha me pedido preservativos (eu os vira no lixo, dois, ao jogar a sacola fora, ficaram tapados por ela, já não seriam visíveis na próxima visita à lata de lixo, a aceleração do esquecimento, às vezes não é necessário acelerá-lo, umas coisas vão tapando as outras exatamente como no lixo, os minutos que vão chegando não substituem apenas, mas negam os que se foram). Como estava longe meu jantar com seus amigos e amigas, com Julia, ela não lembrava, não me perguntou por eles, eu não me sentia inclinado a evocá-los para a breve conversa que podia e se costuma ter antes de ir deitar, por mais tarde que seja. Era tarde demais embora fosse sábado, tínhamos de nos deitar, dormir, esquecer no sono, ou Berta conservar a lembrança. Mas eu queria saber um pouco pelo menos, aquela história também era minha e ao mesmo tempo não era (logo podia querer saber e estava a salvo). Perambulara horas sob o céu invisível nas avenidas e avermelhado nas ruas, esperara de pé três vezes sobre o mármore de Kenmore Station, caminhara atrás de seus passos metálicos até o Hotel Plaza, deixara-me ver, passara um vídeo, merecia talvez saber algo sem esperar que o tempo passasse. "Então, conte", falei. "Não, não há nada que contar", disse ela. Estava descalça mas não mancava, tinha o olhar um pouco sonhador, ou era apenas sonolento. Parecia tranqüila, como quem está meditando sem pressa e sem que a meditação oprima. Tinha um sorriso pausado, bobo, o sorriso de quem recorda com vaguidão e complacência. "Mas é espanhol, não é?", indaguei. "Sim, é espanhol", respondeu, "já sabíamos." "Como se chama? A que se dedica?" "Chama-se Bill, este nome lhe vai bem, e não me disse a que se dedica. Não falamos nisso." "Conte mais, que tal ele é? Gostou dele? Decepcionou-se? Teve medo dele? No vídeo era odioso", e apontei para o programa com gargalhadas mecânicas, que continuavam a ser ouvidas com o som baixo. "Ainda não sei", respondeu Berta, "isso vai depender do que acontecer a partir de agora." "Ficaram de se ver de novo?" "Sim, suponho que sim. Temos as caixas postais, e ele pode me telefonar, dei o número." Berta mostrava-se lacônica como uma apaixonada que não compartilha, que oculta e retém; não podia estar, era ridículo, talvez enrabichada, ou talvez não quisesse falar justo agora, quando ele acabava de sair após quatro longas horas de companhia, na realidade quatro mais quatro, tinham se encontrado às oito e meia. É possível que desejasse pensar a sós no que acontecera, consolidar a lembrança que desde a saída de "Bill" pela porta teria iniciado o lento processo de sua esfumação, seguramente por isso tinha posto o vídeo cuja visão eu interrompera. "Talvez amanhã", pensei, "talvez amanhã esteja mais disposta a falar e me contar, não é que me importe tanto, também é certo, na realidade minha missão terminou, eu tinha de levar a sério o que ela levava a sério, ajudá-la a chegar a quem queria chegar e quem sabe conquistá-lo. Só isso. Minha permanência aqui também está quase acabada, vou embora daqui a uma semana e não voltarei provavelmente antes de um ano, e será então que ela me contará tudo como uma coisa pertencente ao passado, algo venial e ingênuo que nos provocará sorrisos e que sentiremos um pouco como se não tivéssemos sido nós que tivéssemos participado dela ou que a tivéssemos feito, uma coisa que talvez possa ser contada por inteiro, desde seu início até sua conclusão, não como agora, quando está acontecendo e não se sabe." Mas eu sabia que não podia ir para a cama sem lhe perguntar duas coisas mais, pelo menos duas. "Ele tinha preservativos?", perguntei-lhe. Na penumbra pareceu-me que Berta corava, olhava-me com o rubor que lhe faltara quando os pedira a mim, também – creio eu, só vi através da câmara – quando a filmara. "Não sei", falou. "Não lhe dei tempo, antes que pudesse pegar eu peguei os meus, os que você tinha me dado. Obrigada." E o "obrigada" sem dúvida foi ruborizado. "E Miriam? Pôde lhe perguntar por Miriam?" Aquilo já não interessava a Berta, tinha esquecido, fez um gesto como que dizendo "Isso faz tantos anos", o nome de Miriam devia ter se perdido no começo da noitada e não teria trazido nenhuma novidade. "Sim," respondeu, "mencionei esse nome, como o de uma amiga da Espanha. Mas me pareceu não significar nada, e não insisti, você me disse para não insistir." Agora já não me perguntou de que se tratava nem do que eu suspeitava ou sabia (não me disse "Desembuche", ou "Explique", ou "Conte"), horas demais tinham apagado minha suspeita ou idéia. Tornara a se recostar no sofá, devia estar cansada da longa noite de conhecimento e de conter a manqueira descalça. Vi seus pés elevados sobre o sofá, dedos compridos, pés bonitos, limpos para "Bill" – não tinham pisado o asfalto –, dava vontade de tocá-los. Eu os tinha tocado fazia muitíssimo tempo (se tivesse lembrado, teria feito o mesmo gesto: "Isso faz tanto tempo"), continuavam sendo os mesmos pés, mesmo depois do acidente, quantos passos teriam dado, quantas vezes teriam sido tocados no transcurso de quinze anos. Talvez "Bill" os tivesse tocado muito pouco antes, talvez distraidamente enquanto conversavam depois de me expulsarem para a rua, do que, não tinham falado da arena visível, do que então, talvez de mim, talvez Berta tenha lhe contado toda a minha história para falar de alguma coisa, no travesseiro traem-se e denigrem-se os outros, revelam-se seus maiores segredos e se dá a única opinião que agrada a quem escuta e que é a desestima do resto: tudo o que é alheio a esse território se transforma em prescindível e secundário se não em desdenhável, é lá que mais se abjuram as amizades e os amores passados e também os presentes, como Luisa teria negado e minimizado a mim se tivesse compartilhado com Custardoy o travesseiro, eu estava longe, em outro país além do oceano, a lembrança de mim esfumada, minha cabeça ausente, sem deixar aquela marca durante oito semanas, ela ter-se-ia acostumado a dormir na diagonal, atravessada na cama, ali onde não havia ninguém fazia tempo, e não é difícil reduzir a importância de quem não está, pelo menos verbalmente, com o comentário, do mesmo modo que para Guillermo não era difícil falar com tanto desafeto de sua mulher doente em outro continente, quando se crê que ninguém ouve, do quarto de um hotel de Havana sob a carnuda lua e com a sacada entreaberta, falar de matá-la ou pelo menos de deixá-la morrer: "Estou deixando-a morrer", dissera. "Não estou fazendo nada para ajudá-la. Estou empurrando-a." E mais adiante: "Tiro-lhe a pouca vontade de viver que lhe sobra. Não acha suficiente?" Mas Miriam não achava suficiente, estava esperando tempo demais e a espera é o que mais desespera e faz desvairar e corrói e faz dizer: "Vou te pegar" ou "Você é meu" ou "Vai comigo para o inferno" ou "Eu te mato", é como um imenso tecido sem nenhuma costura nem enfeite nem prega, como um céu invisível ou avermelhado sem ângulos que o recortem, um todo indiferenciado e imóvel no qual não se distinguem as tramas e só há repetição, mas não a repetição ao cabo do tempo, que não apenas é tolerável mas prazenteira, não apenas tolerável mas necessária (não se pode aceitar que certas coisas não se repitam), mas a repetição contínua e sem pausa, um silvo interminável ou nivelamento constante do que vai chegando. Nada é bastante quando se espera, alguma coisa deve se rasgar com o gume afiado ou alguma coisa deve se queimar com a brasa ou a chama, nada é bastante depois da desestima e da abjuração e do desdém, somente depois se pode admitir o seguinte e conseqüente passo, a supressão, o cancelamento, a morte de quem foi expulso do território que o travesseiro delimita. A carnuda lua, a sacada entreaberta, o sutiã que repuxa, a toalha molhada, o choro às escondidas no banheiro, o cabelo ou a ruga na testa, a mulher adormecida e a mulher a ponto de adormecer, o cantarolar de quem continua esperando: "Você tem de matá-la", dissera Miriam. E Guillermo respondera, abjurando sua mulher doente além do oceano e farto como uma mãe que responde qualquer coisa, sem pensar, é fácil condenar verbalmente, não acontece nada, todo o mundo sabe que não é responsável pelo que diz ainda que a lei às vezes o castigue, a língua no ouvido, a língua não mata, não comete o ato, não pode: "Está bem, está

bem, vou matar, agora continue me acariciando." E ela havia insistido mais tarde, em tom neutro, se não desmaiado: "Se você não a matar me mato eu. Vai ter uma morta, ou ela ou eu."
"Não lhe contou que eu o segui, não é?", perguntei ainda a Berta. "Não, isso não, talvez mais tarde, se você não se importar. Mas falei-lhe de você, de nossas conjecturas e suposições." "E o que ele dizia?" "Nada, ria." "Falaram de mim, então." "Bem, contei-lhe um pouco, afinal de contas tínhamos posto você na rua para que ele subisse, era lógico que sentisse curiosidade pela pessoa a quem causava tanto incômodo." A resposta de Berta me pareceu levemente escusatória quando não havia motivo para isso. A menos que minha pergunta tivesse soado levemente acusatória por culpa daquele "então" com que eu a tinha encerrado, transformando-a em afirmação de fato. Berta não queria falar, continuava respondendo sem vontade para não ser descortês, ou para me compensar um pouco por minhas caminhadas noturnas. O penhoar tinha se entreaberto, vi os seios parcialmente pela abertura e inteiros através da seda, os mesmos seios que não quis fitar ao filmá-los eu estava gostando de ver agora, um desejo extemporâneo. Estava vestida de maneira provocante. Era uma amiga. Não insisti.

– Bom, vou me deitar, é tardíssimo – falei.

– É, eu também vou logo mais – replicou. – Ainda quero guardar umas coisas.

Mentiu como eu mentiria mais tarde a Luisa além do oceano, quando ainda não queria me deitar para observar Custardoy da janela. Não havia nada que guardar, a não ser o vidro de Eau de Guerlain na mesa, com a caixa aberta. Peguei meu livro, meu disco, o jornal, a fim de levá-los para meu quarto. Ainda estava com a gabardine posta.

– Boa noite – disse-lhe. – Até amanhã.

– Até amanhã – respondeu Berta.

Ficou ali onde estava, recostada no sofá diante das risadas mecânicas, cansada, com os pés para cima e o penhoar entreaberto, talvez com seus pensamentos no novo futuro concreto que naquela noite ainda não a podia decepcionar. Ou talvez não pensasse: passei um momento no banheiro e, enquanto escovava os dentes e a água da torneira amortecia os outros sons, pareceu-me que cantarolava um pouco distraidamente, com as interrupções próprias de quem na realidade cantarola sem perceber que o faz, enquanto se lava com parcimônia ou acaricia quem está a seu lado, muito embora Berta não se lavasse (talvez quisesse conservar um cheiro) e a seu lado já não houvesse ninguém. E o que cantarolou foi em inglês, foi isto: "In dreams I walk with you. In dreams I talk to you", o começo de uma canção conhecida e antiga, de uns quinze anos atrás talvez. Não passei mais pela sala naquela noite, fui diretamente do banheiro para meu quarto. Despi-me, meti-me na cama sem cheiro nenhum, sabia que não poderia conciliar o sono até que houvesse passado muito mais tempo, preparei-me para a insônia. Tinha deixado a porta entreaberta como sempre, para que entrasse ar (a janela obrigatoriamente fechada em Nova York nas ruas, nos andares baixos). E então, quando estava mais acordado do que em nenhum outro momento da noite inteira e já não havia nenhum som, voltei a ouvir bem baixinho, como através de uma parede, a voz de "Bill" ou a voz de Guillermo, a voz vibrada de cantor de gôndola, a voz de serra que repetia suas frases cortantes em inglês na televisão. O efeito era sombrio. "É assim. Se seus peitos e sua boceta e sua perna me convencerem de que vale a pena correr o risco. Se ainda continuar lhe interessando. Talvez você já não queira continuar com isso. Vai achar que sou muito direto. Brutal. Cruel. Não sou cruel. Não posso perder muito tempo. Não posso perder muito tempo."

Oito semanas não é muito tempo, mas é mais do que parece se se somam a outras oito das que por sua vez as separam apenas outras onze ou doze. Minha viagem seguinte foi a Genebra em fevereiro, e foi a última. Eu gostaria que continuasse sendo por uma longa temporada, não tem sentido Luisa e eu nos termos casado para ficarmos tão separados, para que eu não possa assistir a suas mudanças matrimoniais nem me acostumar com elas, e ter suspeitas que logo descarto. Pergunto-me se eu também estou mudando, não percebo, suponho que sim, pois Luisa muda o superficial (ombreiras, penteado, luvas, batom), muda a casa cuja inauguração tão artificiosa já vai ficando um pouco distante, muda o trabalho, o meu aumentou e o dela diminuiu ou quase se anulou (está procurando alguma coisa em Madri, permanente): desde que fui para Nova York até que voltei de Genebra, isto é, entre meados de setembro e quase fim de março, ela só fez uma viagem a trabalho, e não foi de semanas, mas de dias, a Londres para substituir o tradutor oficial de nossa conhecida alta autoridade, inconvenientemente contagiado de varicela pelos filhos (agora a autoridade tem intérprete oficial a seu serviço exclusivo, conseguiu o posto um intrigante de nome incerto – tradutor genial, isso sim –, já que desde que o obteve se faz chamar por seus dois sobrenomes, De la Cuesta e de la Casa), que fazia uma viagem relâmpago (a alta autoridade, não o intérprete varicélico, cuja entrada fora proibida por causa do contágio) para dar os pêsames a sua colega recém-destituída e de passagem conversar com seus sucessores sobre o que nossos representantes dizem que sempre conversam com os britânicos, Gibraltar e o IRA e a ETA. Luisa não conta histórias pouco críveis – mas eu não necessito isso dela – e contou pouco da entrevista, quero dizer para mim, já que se supõe que os intérpretes, juramentados ou não (porém mais os consecutivos do que os simultâneos, é uma raridade que eu seja ambas as coisas, embora a primeira apenas muito ocasionalmente, os consecutivos odeiam os simultâneos e os simultâneos os consecutivos), silenciam fora tudo o que transmitem dentro de uma sala, é gente provada que não trai segredos. Mas a mim ela podia contar. "Foi insossa", disse-me, referindo-se à conversa, que ainda acontecera na residência que a autoridade britânica se preparava para abandonar num prazo de dias: havia caixas de embalar quase cheias à sua volta. "Como se ele a encontrasse já exclusivamente como uma velha amiga sem responsabilidades nem incumbências, e ela estivesse triste demais para prestar atenção nos problemas prementes dele, deviam dar-lhe saudades antecipadas." Só houvera um momento de reminiscências da conversa pessoal para a qual eu os fizera descambar no dia em que conheci Luisa. Ao que parece, a alta autoridade inglesa voltara a citar seu Shakespeare, de novo *Macbeth*, que ela devia ler ou ver representado continuamente:

"O senhor se lembra", dissera-lhe, "do que Macbeth diz ter ouvido ao assassinar Duncan? É muito famoso." "Parece-me que neste instante não estou bem lembrado, mas se a senhora me refrescar a memória...", desculpara-se nosso representante: "Macbeth acredita ter ouvido uma voz que gritava: 'Macbeth does murder Sleep, the inocent Sleep'" (que Luisa traduzira para nosso alto dirigente como "Macbeth assassine o Sono, o inocente Sono"). "Pois é", acrescentou a senhora, "com minha destituição imprevista senti-me assassinada enquanto dormia, eu era o inocente Sono certo de descansar cercado de amigos, de gente que me velava, e foram esses mesmos amigos que, como Macbeth, Glamis, Cawdor, apunhalaram-me enquanto dormia. Os piores inimigos são os amigos, meu amigo", avisara desnecessariamente a nosso dirigente, que ia deixando seu caminho semeado de amigos extintos; "não confie nunca nos que lhe estiverem mais próximos, naqueles que parecia não ser necessário obrigar a gostarem do senhor. E não durma, os anos de segurança nos convidam a isso, acostumamonos a nos sentir a salvo. Adormeci segura um instante e está vendo o que aconteceu comigo." E a ex-alta dirigente apontou com um gesto expressivo para as caixas abertas à sua volta, como se fossem a manifestação do opróbrio ou as gotas de sangue derramadas em seu assassinato. Pouco depois seu ex-colega espanhol a deixou para ir se encontrar com seu sucessor, ou, o que dá no mesmo, com seu Macbeth, Glamis, Cawdor.

Esse foi o único trabalho de Luisa ao longo de tanto tempo, embora sem dúvida não se tenha mostrado inativa: a casa era cada vez mais casa e ela cada vez mais uma verdadeira nora, embora eu também não necessitasse isso dela.

Em Genebra não tenho nenhum amigo nem amiga que more lá normalmente num apartamento, de modo que minhas semanas de interpretação na Comissão de Direitos Humanos do ECOSOC (sigla que numa das línguas que falo soa como se fosse a tradução de uma coisa absurda, "a meia do eco") transcorreram num minúsculo apartamento mobiliado e alugado e sem outras distrações além de dar passeios pela cidade vazia ao entardecer, ir ao cinema legendado em três línguas, a algum jantar com colegas ou velhos amigos de meu pai (que deve ter conhecido gente em todas as suas viagens) e ver televisão, sempre ver televisão em todos os lugares, é a única coisa que nunca falta. Se as oito semanas de Nova York haviam sido toleráveis e até agradáveis e tensas pela proximidade e pelas histórias de Berta (de quem, como já disse, sempre sinto vaga saudade e para quem guardo notícias durante meses), as de Genebra revelaram-se das mais desanimadas. Não é que o trabalho nunca tenha me interessado muito, mas naquela cidade, e no inverno, era-me insuportável, já que o que mais tortura num trabalho não é este em si mesmo, mas o que sabemos que ao sair dele nos espera ou não espera, embora se reduza a enfiar a mão numa caixa postal. Ali não me esperava nada nem ninguém, uma conversa telefônica breve com Luisa, cujas frases mais ou menos amorosas só me serviam para não sofrer de insônia por horas demais, apenas durante um par delas. Depois, um jantar improvisado o mais das vezes em meu próprio apartamento, que acabava cheirando ao que eu tinha comido, nada complicado, nada fedorento, mas ainda assim cheirava, a cozinha no mesmo espaço da cama. Aos vinte e aos trinta e cinco dias de permanência Luisa veio me ver em fins de semana prolongados (cada vez quatro noites), na realidade não tinha sentido que esperasse isso nem que ficasse tão pouco, pois não estava sujeita a nenhuma tarefa que não pudesse ser adiada, nem a nenhum horário. Mas era como se previsse que eu também logo largaria esse trabalho de temporário que nos faz viajar e passar fora de nossos países tempo demais, e ela devia achar mais importante – mais importante do que me acompanhar no condenado a cessar, no já efêmero – preparar e cuidar o terreno do permanente, ao qual eu acabaria voltando para ficar. Era como se ela tivesse passado plenamente a seu novo estado enterrando o precedente e eu continuasse, por minha vez, vinculado à minha vida de solteiro numa prolongação anômala e inoportuna e indesejada; como se ela tivesse se casado e eu ainda não, como se o que ela esperasse fosse a volta do marido errante e eu, em compensação, a data do meu casamento, Luisa instalada e sua vida mudada, a minha – quando estava fora – ainda idêntica a de meus anos passados.

Numa de suas visitas saímos para jantar com um amigo de meu pai, mais jovem que ele e mais velho que eu (terá uns quinze anos mais do que eu), que estava em Genebra uma noite de passagem, a caminho de Lausanne ou Lucerna ou Lugano, e suponho que nas quatro cidades tinha negócios obscuros ou sujos a fazer, um homem influente, um homem na sombra como meu pai foi enquanto exerceu sua função no Museu do Prado, já que o professor Villalobos (este o seu nome) é conhecido principalmente (para um público muito letrado) por seus estudos sobre pintura e arquitetura espanholas do século XVIII, bem como por seu infantilismo. Para um círculo ainda mais reduzido porém menos letrado, trata-se também de um dos maiores intrigantes acadêmicos e políticos das cidades de Barcelona, Madri, Sevilha, Roma, Milão, Estrasburgo e até Bruxelas (de Genebra nem é preciso dizer; para sua irritação, ainda não tem poder na Alemanha nem na Inglaterra). Como é de se esperar de alguém tão enaltecido e frenético, com o passar dos anos foi tocando campos de estudo um tanto alheios, e Ranz apreciou muito, tradicionalmente, seu breve e luminoso trabalho (diz ele) sobre a Casa do Príncipe no Escorial, que não li nem nunca lerei, temo. Esse professor vive na Catalunha, pretexto suficiente para que quando vem a Madri não visite meu pai, tantas são suas ocupações na capital do reino. Mas os dois trocam bilhetes com bastante freqüência, os do professor Villalobos (os que Ranz me deu uma ou outra vez para ler, divertido) com uma prosa deliberadamente antiquada e ornamentada que por ocasiões também traslada seu verbo, ou melhor, sua lábia; é um homem que, por exemplo, nunca dirá "Estamos bem-arranjados" ante uma contrariedade ou um revés, mas sim "Em belas filistrias nos metemos". Eu quase não o tinha visto em toda a minha vida, mas uma tarde de segunda-feira (os intrigantes nunca viajam nos fins de semana) me telefonou por indicação de meu pai (como havia feito em Nova York aquele alto funcionário espanhol de esposa dançadeira e adulterada) com o objetivo de não languescer sozinho em seu quarto de hotel naquela noite de passagem (os intrigantes locais voltam para descansar em casa depois das intrigas do dia, abandonando à sua sorte o intrigante estrangeiro ao cair da tarde). Embora não me agradasse a idéia de desperdiçar uma de minhas noites com Luisa, o caso é que por isso mesmo não tínhamos outro compromisso além do tácito entre nós, e estes são fáceis de descumprir no casamento sem que o descumprimento se mostre grave.

Villalobos quis não apenas nos convidar, mas nos impressionar, talvez mais a Luisa, ou impressioná-la de outro modo. Esteve impertinente, como ao que parece é seu costume, criticando a profissão que eu tinha escolhido ou para a qual havia escorregado. "Aonde você vai com isso?", perguntou-me com um ricto de superioridade em seus lábios carnudos e úmidos (úmidos em si mesmos, mas tomou muito vinho) e como se fosse um pai (os amigos dos pais crêem herdar destes a relação com os filhos). Já Luisa ele não censurou por trilhar um caminho errado, talvez porque já não trabalhasse apenas como tradutora ou porque considerasse no fundo que ela não tinha por que seguir nenhum caminho.

Era simpático, displicente, formalmente sábio, vaidoso, pedante e ameno, gostava de não ficar surpreso com nada, de conhecer segredos intransmissíveis e de estar a par do que havia acontecido no mundo, ontem ou fazia quatro séculos. De repente, à sobremesa, caiu durante alguns minutos no mutismo, como se houvesse sobrevindo o cansaço de tanto frenesi e enaltecimento ou tivesse mergulhado em pensamentos tenebrosos, talvez fosse infeliz e tivesse se lembrado repentinamente disso. Em todo caso, aquele homem tinha de ter talento, para passar tão de repente de uma expressão suficiente a outra de abatimento sem parecer fingido nem insincero. Era como se dissesse: "Que importância tem tudo isso?" A conversa volatilizou-se (ele a tinha sustentado, por iniciativa própria) enquanto seu olhar se ausentava, na mão a colherzinha erguida com a qual estava comendo uma torta de framboesa.

– Aconteceu alguma coisa? – perguntou-lhe Luisa, e apoiou os dedos no braço dele.

O professor Villalobos baixou a colher e com ela cortou um pedaço da sobremesa antes de responder, como se necessitasse de um movimento para sair de seu assombro interior.

– Nada. Nada. O que poderia acontecer comigo? Diga, querida. – E fingiu que seu ensimesmamento havia sido fingido. Depois se recuperou inteiramente e acrescentou com um gesto oratório feito com a colher: – É que seu sogro não exagerou nada ao falar de você. Diga-me o que quer e a satisfarei no mesmo instante.

Bebera muito. Luisa riu com uma só gargalhada mecânica e lhe perguntou:

– Desde quando você o conhece?

– Ranz? Antes mesmo do filho dele, seu marido aqui presente. – Eu não sabia disso com exatidão, não costumamos nos interessar pelo que aconteceu antes de nosso nascimento, por como se configuram as amizades que nos precedem. O professor, que em qualquer assunto ou

notícia presumia ser mais bem-informado do que ninguém, acrescentou dirigindo-se a mim: — Inclusive conheci sua mãe e sua tia Teresa antes dele as conhecer, imagine só. Meu pai, que era médico, visitava seu avô quando ia a Madri. Eu o acompanhei algumas vezes e conhecia todos um pouco, seu pai quase só de vista, esta é a verdade. Não sabe de que seu avô morreu?
— De um ataque cardíaco, creio — sugeri, hesitante. — Para dizer a verdade não sei direito, morreu pouco antes de eu nascer e é uma dessas coisas pelas quais a gente não se interessa.
— Faz mal — disse o professor —, tudo interessa, com essa apatia não se vai a lugar nenhum. Clinicamente morreu de infarto, sim, mas artisticamente, que é como se morre de fato e o que importa, morreu de preocupação, de apreensão e de medo, por culpa de seu pai. Toda doença é causada por algo que não é uma doença. — Além dos segredos intransmissíveis, o professor Villalobos gostava dos pequenos golpes de efeito ao contar uma coisa, secreta ou não secreta.
— Por culpa de meu pai? Por que de meu pai?
— Tinha um medo pânico absoluto de seu pai desde a morte de sua tia Teresa pouco depois de se casar com ele. Temia-o como se fosse o diabo, com superstição, você sabe o que aconteceu, não?
O professor não fazia rodeios, como Custardoy fizera. Ia direto ao assunto, para ele não havia dúvida de que se devia saber tudo, ou de que o conhecimento nunca faz mal, ou, se faz, é preciso agüentar. Pensei então — foi um relâmpago — que ia tocar-me saber, como se as histórias que durante longos anos estão em repouso tivessem sua hora de despertar e nada se pudesse fazer contra sua chegada, talvez apenas retardá-la um pouco, um pouco mais, à toa. "Não acredito que passe o tempo de nada", dissera-me Luisa na cama justo antes que meu braço roçasse seu peito, "tudo está aí, esperando que alguém o faça voltar." Dissera bem,

creio. Talvez chegue um momento em que as coisas queiram ser contadas, elas mesmas, talvez para descansar, ou para se fazerem por fim fictícias.
– Sim, eu sei, sei que se matou com um tiro. – E reconheci saber algo sobre o que na realidade não tinha segurança nem certeza, era apenas um rumor recente, passado de Custardoy a mim, de mim a Luisa.
O professor Villalobos continuava bebendo vinho e comia agora em grande velocidade sua torta, manejando a colher como se fosse um escalpelo de seu pai médico. Depois de cada bocado ou gole passava o guardanapo na boca molhada, que continuava molhada depois de secá-la. Também desse assunto ou notícia tinha mais informação do que eu.
– Meus pais estavam presentes quando aconteceu, disso talvez vocês não saibam, convidados para o almoço. – Tinha dito "vocês não saibam", tinha empregado o plural como se faz com os casais. – Voltaram a Barcelona espantados e ouvi-os contar a história muitas vezes. Sua tia se levantou da mesa, pegou a pistola de seu avô, carregou-a, foi ao banheiro e ali disparou contra o peito. Meus pais a viram morta, e toda a família, menos sua avó, que estava passando uns dias fora de Madri, em casa de uma irmã que vivia em Segovia, ou no Escorial.
– Em Segovia – disse eu. Disso eu tinha informação.
– Foi uma sorte para ela, ou talvez sua tia tenha levado isso em conta, não é provável. Já seu avô nunca se recuperou da vista de sua filha ensangüentada no banheiro, com um seio destroçado. Ela estivera mais ou menos normal durante o almoço, bem, em silêncio e quase sem comer nem contar nada, como se fosse infeliz quando não lhe cabia, acabava de voltar da viagem de lua-de-mel uma semana antes ou algo assim. Mas isso foi reconstruído depois por meus pais, enquanto comiam ninguém podia imaginar o que ia acontecer. – Então Villalobos continuou contando o que eu não quis

saber, mas soube. Contou durante uns minutos. Contou em detalhe. Contou. Contou. Eu só poderia não o ter ouvido se tivesse ido embora. E antes de se interromper acrescentou: – Todo o mundo disse que Ranz tivera muito azar, pois enviuvava pela segunda vez. – Em seguida fez uma pausa e acabou a torta, cuja ingestão havia suspendido (a colher de sobremesa de novo retórica) enquanto relatava o detalhe e mencionava outra torta, uma torta de sorvete que derreteu. Mas nem Luisa nem eu dissemos palavra ainda, de modo que depositou o instrumento no prato e voltou ao início, professor que era. – Você pode imaginar que, quando mais tarde Ranz se casou com sua mãe, seu avô passou a viver em permanente estado de pânico. Parece que empalidecia e levava as mãos à cabeça cada vez que via seu pai. Sua avó suportava melhor, além do mais não tinha visto a filha morta, apenas enterrada. Seu avô viveu desde então, é bem verdade que não muito tempo, como um condenado à morte que não sabe a data de sua execução e se levanta cada dia temendo que a data seja aquela. A comparação não é totalmente boa, temia pelo falecimento de sua filha, a que lhe sobrava. Nem dormia. Sobressaltava-se cada vez que tocava o telefone ou a campainha ou que chegava uma carta ou um telegrama, e olhe que seus pais não fizeram viagem de lua-de-mel, a coisa não estava para essas alegrias, mal se ausentaram de Madri enquanto ele viveu. Segundo contava meu pai, nunca tinha visto um caso de morte por pavor tão claro como o de seu avô. O infarto foi apenas a expressão, o meio, podia ter sido outro, dizia. Quando seu avô morreu, a relação entre nossas famílias tornou-se pouco freqüente. Eu a reatei com Ranz por outros canais, anos mais tarde. O que acha? – Em sua última frase havia satisfação, todo o mundo gosta de se exibir e vir com novidades. O professor chamou um garçom e, estranhamente, depois de ter comido a torta, pediu uma tábua de queijos e mais vinho para acompa-

nhá-los. – Estou faminto, hoje não almocei – desculpou-se.
Luisa e eu já tomávamos café. Havia duas perguntas a fazer, duas perguntas principais difíceis de não fazer quando além do mais éramos dois os que podiam formulá-las. Na realidade ambas eram perguntas para nosso pai, mas ele estava longe e com ele não se falava do passado remoto. Ou talvez já se falasse, ocorreu-me de repente a possibilidade improvável de que Ranz tivesse enviado Custardoy meses atrás e Villalobos agora para ir me avisando, ir me preparando para uma história de que desejava pôr-me a par, agora, talvez por eu ter me casado pela primeira vez, ele o fizera em três ocasiões e em duas delas as coisas correram mal, ou, como todo o mundo disse na época e o professor acabava de repetir, tivera muito azar. Mas ele também é que tinha me enviado o alto fucionário espanhol casado com a mulher frivolíssima e recheada, e este não me contara nada. Luisa e eu falamos quase ao mesmo tempo:
– Mas por que se matou? – perguntou ela, adiantando-se meio segundo.
– Quem era a primeira mulher? – perguntei eu, atrasado.
O professor Villalobos serviu-se de queijo de Brie e camembert, bem cremoso. Passou um pouco do primeiro no pão torrado que ao ser levado à boca despedaçou-se. Ficou nela um pedaço grande demais para caber de uma só vez, manchou sua lapela e manchou a toalha.
– Por que se matou não se sabe – respondeu com a boca ainda não desimpedida mas em sua devida ordem, como se estivesse diante de um motim de dúvidas em classe. Bebeu bastante vinho para ajudar-se a engolir. – Nem seu pai soube, segundo disse, foi o que disse. Sua surpresa quando chegou à casa do sogro na hora da sobremesa foi tão grande quanto a de qualquer outro dos presentes ou dos que chegaram depois, sua

dor ainda maior. Disse que tudo ia perfeitamente, que não havia acontecido nada entre eles, eram felizes e tudo o mais. Não o explicava nem pôde explicar. Tinham se separado de manhã sem que ele notasse nada estranho, tinham se despedido com frases mais ou menos amorosas, como num dia qualquer, convencionais, como as que vocês poderão se dizer esta noite ou amanhã. Se isso for verdade, deve ter se atormentado bastante ao longo destas décadas. Sua mãe teve de ajudá-lo muito. Talvez Ranz tenha precisado investigar também se sua tia Teresa levava uma vida dupla cuja metade suicida ele desconhecia, essas coisas acontecem. Se averiguou alguma coisa, suponho que a tenha calado. Eu não sei. – O professor secou a boca, agora com mais motivo, para limpar as comissuras de duras migalhas de torrada e moles restos de Brie.

– A lapela – indicou-lhe Luisa.

O professor olhou-se com desagrado e surpresa. Era uma lapela de Gigli, caríssima. Limpou-se mal, desajeitadamente, Luisa molhou a ponta do guardanapo na água e ajudou-o, molhou a ponta como eu tinha molhado a de uma toalha no banheiro do hotel de Havana para refrescar seu rosto, o pescoço, a nuca (seu cabelo comprido e em desalinho tinha se grudado, e alguns fios soltos lhe atravessavam a testa como se fossem finas rugas vindas do futuro para ensombrecê-la um instante).

– Acha que isto deixa mancha? – perguntou-lhe o professor. Era um homem vaidoso, distinto também apesar de sua cara larga.

– Não sei.

– Então ficaremos sabendo – disse o professor e com o dedo médio esticado fez um gesto desdenhoso para a cara lapela suja de Romeo Gigli. Passou camembert (não na lapela, em outra torrada, misturava todos os sabores), bebeu vinho e continuou, sem perder o fio: – Quanto à primeira mulher, não sei muito a respeito dela, exceto que era cubana, como sua avó. Ranz vi-

veu em Havana uma temporada, como vocês sabem, um ano ou dois, por volta de 1950, não é? um cargo oficial na embaixada, não é? Adido cultural? Você sabe? Bah, conhecendo-o, sempre pensei que devia ser alguma coisa como assessor artístico de Batista, não lhe contou nada sobre isso? O professor esperava de mim alguma precisão como a de Segovia. Mas eu não sabia nem mesmo que meu pai tinha vivido em Cuba. Um ano ou dois.
– Quem é Batista? – perguntou Luisa. É jovem e distraída e não tem muito boa memória, exceto para traduzir.
– Não sei – disse eu, respondendo a Villalobos, não a ela. – Ignorava que tivesse vivido em Cuba.
– Ah, isso também não lhe interessou – fez o professor com impertinência. – Bom, tem todo o direito. Casou-se lá com aquela mulher e creio que foi lá que conheceu sua mãe e sua tia, que na época passaram em Havana alguns meses acompanhando sua avó numa viagem que teve de fazer por alguma questão de herança ou porque não queria ficar velha demais sem voltar a ver os lugares de sua infância, não sei bem, entendam que isso tudo são retalhos de conversas ouvidas de meus pais faz muito tempo, e não se dirigiam a mim. – O professor Villalobos se desculpava, já não contava com tanto gosto, aborrecia-lhe hesitar em seus dados, detestava o incompleto e a inexatidão, nunca poderia ter escrito outra coisa além de estudos de obras, não-biográficos, as biografias não se acabam. Meteu na boca uma trufa que tinha sido trazida com os cafés. Mas o movimento foi tão rápido que não estou certo (meteu-a como uma pílula): não terminara com o queijo, pareceu-me mistura demais. Em todo caso, houve no prato uma trufa a menos. – Seja como for, levou as meninas naquela temporada, para que a acompanhassem, três meses, algo assim. Seu pai só as conheceu muito pouco lá, o noivado com sua tia começou bem depois, é claro, quando já era viúvo e havia re-

gressado a Madri. Pelo visto era bem-posto, bem, ainda dá para ver que é, um viúvo triste e ao mesmo tempo piadista, isso é irresistível, usava então um bigodinho, ao que parece raspou-o para seu terceiro casamento e não o deixou mais crescer, talvez uma superstição. Mas não sei quase nada da primeira mulher. – O professor parecia aborrecido por não ter previsto essa conversa e não se ter informado melhor antes. Talvez não fosse possível informar-se melhor. – Vocês sabem o que acontece, costuma-se falar pouco ou nada dos mortos substituídos com os que os substituem, diante de sua família ou diante de conhecidos não era para ficar rememorando a três por dois uma estranha que, considerando retrospectivamente, tinha ocupado o lugar de sua tia Teresa. As coisas, não é mesmo, podem ser vistas para a frente ou para trás, e mudam bastante conforme se escolher. Bom, voltando ao assunto, suponho que todos sabiam dela mas ninguém se dava ao incômodo de recordá-la, há gente que é melhor não ter existido; embora não tenha havido outro remédio quando sua tia se matou, recordaram-na brevemente, o inevitável, por causa da segunda viuvez. Ela não teria a mesma sorte ao ser substituída por sua mãe, não se esquece uma irmã por mais inconveniente que seja o lugar que ocupe, uma desconhecida estrangeira sim. Eram outros tempos. – O professor quase suspirou.

– Sempre houve um retrato da minha tia em casa de meus pais – observei, creio que para sossegar Villalobos: se não tinha todos os dados, pelo menos lhe agradaria ter razão em suas conjeturas.

– Pois é – falou como se não desse importância a seu acerto (mas encantara-lhe acertar). Afastou com o antebraço a tábua de queijos, já devia estar farto. Mas não, dedicou-se mais à trufa e pediu um café para ele. Ao afastar o prato manchou um pouquinho a manga Gigli com a beirada suja. Agora estava com os braços cruzados sobre a mesa, também assim parecia elegante.

– E de que morreu? – perguntou Luisa.
– Quem? – respondeu o professor.
  – A primeira mulher – disse eu, e creio que ao dizê-lo Luisa se deu conta de que eu também estava dizendo outra coisa, algo como "Está bem", ou "Vamos em frente", ou "Você ganhou", ou "Agora sim". Mas isso, se eu dizia, dizia a ela, não a Villalobos.
  – Crianças, perdoem-me se também isso não sei direito. – O professor se enraivecia e tomava vinho, supus que estivesse a ponto de mudar de assunto, não estava acostumado a dizer tantas vezes "Não sei". Tornou a se desculpar: – Tenho com seu pai uma relação digamos mais douta do que pessoal, embora nos apreciemos muito pessoalmente também. Todas essas coisas eu sei através de meu pai, que morreu já faz anos, mas nunca falei delas com Ranz.
  – Ah, não lhe interessaram – fiz eu. Não pude evitar de lhe devolver uma impertinência: era injusta, mas afinal de contas ele me havia dedicado nada menos que três.
  O professor olhou-me com desgosto e comiseração através de suas lentes, mas era um desgosto paternalista, como tudo o mais. Bem, a comiseração era professoral.
  – Mais que a você, seu pateta. Mais que a você. – Seu insulto fora antiquado, venial e didático, quase me fez rir, percebi que a Luisa também. – Mas sei quais são os limites em toda relação. Eu com seu pai falo de Villanueva e de Villalpando – disse Villalobos –, que você não deve saber nem quem são.
  – Eu não sei quem são – disse Luisa.
  – Já vai saber – afirmou o professor como se ela fosse uma aluna impaciente que se deixa para depois da aula. – Voltando ao que dizia, essa primeira mulher não sei direito de que morreu. Nem como se chamava. Que foi em Cuba, isso sim. Logo, não me levem a sério, porque não estou certo nem mesmo de ter ouvido isso,

mas tenho idéia de que foi num incêndio. Claro que é uma idéia muito vaga que talvez venha de algum filme que possa ter visto na época, quando era menino e ouvi falar mais de seu pai e de sua dupla viuvez. Com vocês, que são mais jovens, isso ainda não deve acontecer, mas chega um momento em que a gente confunde o que viu com o que contaram, o que presenciou com o que sabe, o que lhe aconteceu com o que leu, na realidade é milagroso que o normal seja distinguirmos, distinguimos bastante afinal de contas, e é estranho, todas as histórias que ao longo de uma vida se ouvem e se vêem, com o cinema, a televisão, o teatro, os jornais, os romances, vão se acumulando todas e são confundíveis. Já é assombroso que a maioria das pessoas ainda saibam o que de fato lhes aconteceu. O importante é distinguir o que aconteceu com os outros e que eles nos contam do que se nos apresenta fictício ou real mas distante, o real que diz respeito a pessoas que não conhecemos ou do passado. Digamos que, fora casos extremos, a memória própria ainda se mantém bastante a salvo, bastante incólume, a gente se lembra do que viu e ouviu pessoalmente de uma maneira distinta de como se lembra dos livros ou dos filmes, mas a coisa já não varia tanto quando se trata do que *outros* viram e ouviram e presenciaram e souberam e depois nos contaram. E há o que se inventa.

O professor Villalobos já não se desculpava, mas perorava. Estava mudando de assunto, fartara-se do anterior. Mexia o café com a nova colherzinha, pusera sacarina depois de ter comido tanto. Não era um homem gordo, tampouco magro. A um garçom que passava pediu um charuto. "Um charuto", disse, embora tenha dito em francês e eu traduza aqui.

— Eu confundo todos os discursos que traduzi na minha vida. Não me lembro de nada – disse para agradar-lhe e compensar um pouco minha impertinência injusta.

— Que tipo de incêndio? — Luisa ainda não o deixava mudar de assunto.

— Não sei — respondeu o professor, —, nem mesmo sei se houve incêndio. Naquela época, quando sua tia morreu e se falou mais do assunto, fiquei com medo de que minha casa pegasse fogo durante a noite e tinha pesadelos, é um medo normal na infância ou era no meu tempo, mas eu o associo a ter visto ou ouvido alguém que ardeu na cama enquanto dormia. Tenho essa imagem vagamente associada por sua vez à morte daquela primeira mulher de seu pai, mas a verdade é que não sei por quê, não lembro que ninguém tenha dito nada a esse respeito, nada de concreto sobre aquela morte, que ao contrário da morte de sua tia já estava muito distante de nós. Talvez tenha visto essa cena num filme que passava nos trópicos, ela me impressionou e eu associei as duas idéias, Cuba e o fogo, o fogo e a mulher cubana. No meu tempo havia muitas fitas cuja ação transcorria nos trópicos, era moda, depois da Segunda Guerra Mundial suponho que as pessoas gostavam de ver e imaginar lugares que tivessem ficado distantes da contenda, lugares como o Caribe, o Amazonas.

O professor Villalobos mudava definitivamente de assunto, não sem esforço, pensei que estivesse cansado de nossa companhia. Já não devia ter medo de fogo, porque o garçom lhe trouxe uma caixa de charutos, pegou um sem hesitar (conhecia as marcas), não o cheirou (era um homem educado, também não usava anéis), levou-o à boca — a boca molhada que está sempre cheia e é a abundância — e permitiu que lhe aproximasse bastante do rosto uma chama imensa com a qual o acendeu. Cheirava mal aquele charuto, mas eu não os fumo. O professor deu umas baforadas e, enquanto o fazia, seus olhos tornaram a se ausentar ou sua cabeça a se enterrar em pensamentos obscuros. Tampouco agora parecia insincero: quando ficava abatido e calado, parecia um pouco aquele ator inglês que se suicidou faz anos em Barcelona, onde Villalobos vivia, George Sanders seu nome, grande intérprete. Talvez tenha voltado a se lembrar de que era infeliz e de que isso não era coisa que lhe tivessem contado, nem que tivesse lido, nem que tivesse inventado, nem que fizesse parte de alguma intriga.

— O Amazonas — disse com o charuto na mão. Brilhava a brasa.

Naquela noite Luisa e eu conversamos ao chegar ao apartamento, embora muito brevemente e só depois de nos deitarmos, após dois trajetos de táxi em silêncio. Mas já não tem sentido falar daquela noite, e sim de uma que veio não muito depois ou, o que dá no mesmo, faz pouco, exatamente no dia de meu retorno da cidade de Genebra, consumadas – ou quase – minhas oito semanas de permanência e trabalho, três depois daquela noite de que não tem sentido eu continuar falando. Ou talvez sim, já que foi então que se produziu a decisão. Ou talvez não, já que o que aconteceu três semanas depois foi uma mistura de decisão e acaso, de acaso e decisão, de um talvez e um quem sabe.

Adiantei meu regresso vinte e quatro horas. É verdade que eu tinha calculado mal a princípio, sem contar com um feriado na Suíça graças ao qual meus compromissos terminavam quinta-feira e não na sexta da oitava semana. Mas só me dei conta disso naquela segunda-feira, e nesse mesmo dia mudei a passagem de sábado para sexta. Falei por telefone com Luisa naquela noite, e também na de terça e na de quarta, não na de quinta, nenhuma noite disse nada acerca da minha mudança de datas, suponho que queria lhe fazer uma pequena surpresa, suponho também que queria ver como era minha casa quando eu não era esperado, o que ela fazia, como era sem mim, onde estava, a que horas voltava, com quem, se voltasse com alguém, ou quem recebia. Quem estava na esquina. Queria dissipar totalmente a suspeita, a gente não quer ter suspeitas mas elas voltam às vezes embora as descartemos, cada vez com menos força enquanto vivemos com alguém, tanto se perguntamos e se ouvimos dizer "Não fui eu" como se guardamos silêncio, trata-se sempre de atenuá-las. Foi esse o acaso.

A decisão foi que pareceu chegada a hora de saber o que já estava se insinuando fazia nove meses, desde nosso casamento e não antes, não desde que nos conhecemos. Somando tudo, fora meu próprio pai quem tinha insinuado a coisa no dia mesmo de meu casamento, poucas horas depois no Cassino da Calle de Alcalá, 15, quando me reteve à parte e me perguntou o que eu tinha me perguntado durante toda a noite anterior quase insone e talvez tenha começado a afastar na cerimônia. Não, ali não, não pude, tampouco depois, e o mal-estar foi crescendo na viagem de lua-de-mel, em Miami e em Nova Orleans e no México, e sobretudo em Havana, talvez se Luisa não tivesse passado mal os pressentimentos de desastre tivessem desaparecido como a artificiosidade da casa, que cada dia que passa vai me parecendo mais natural, e vou esquecendo a que tinha antes só para mim. Não faz nem mesmo um ano. A decisão se produziu naquela noite da qual não devo continuar falando, mas mesmo assim direi alguma coisa. Ao voltar a meu apartamento depois de deixar o professor Villalobos na porta de seu hotel de viajantes (não era bastante rico nem hábil para querer ir depois dançar agarradinho, ou então se lembrava já sem descanso de sua desdita), Luisa disse-me no escuro (disse-me com a cabeça no travesseiro, era uma cama com edredom e de solteiro, mas larga o bastante para que coubessem dois que não rejeitam roçar-se): "Ainda não quer saber? Ainda não quer que pergunte a seu pai?" Temo ter respondido com a expressão de outra suspeita: "Você ainda não lhe perguntou? Vêem-se bastante." Luisa não se zangou, todos compreendemos a existência das suspeitas. "Não, claro que não", disse sem que sua voz soasse ofendida. "Nem vou perguntar, se você não quiser. É meu sogro, e sobretudo já tenho por ele grande afeição, mas é seu pai. Diga o que você quer." Houve um silêncio, não me apressou. Esperou. Eu esperava. Não nos víamos. Não havia lençóis. Nós nos roçávamos. O que ela via claro é que tinha de ser ela, não eu, quem perguntaria a Ranz, não tanto na certeza de que ele lhe contaria quanto na de que não o faria a mim. "A mim ele contaria", dissera no entanto uma vez, com luz e em nossa cama, com confiança. "Quem sabe não está estes anos todos esperando que apareça em sua vida alguém como eu, alguém que possa lhe servir de intermediário com você, os pais e os filhos são muito desastrados entre si." E ainda havia acrescentado, com razão e soberba: "Talvez ele nunca lhe tenha contado sua história por não saber como fazê-lo ou por você não ter perguntado direito. Eu saberei fazer com que me conte." E ainda dissera mais, dissera com ingenuidade e otimismo: "Tudo é contável. É só começar, palavra puxa palavra."

Tudo é contável, até o que você não quer saber e não pergunta, e no entanto dizem e você escuta.

Falei sem vê-la: "Sim, talvez seja melhor você perguntar." Notei que ela notava um resto de indecisão na minha voz, e seguramente por isso disse: "Você quer estar presente, ou quer que depois eu lhe conte?" "Não sei", respondi, "talvez ele não queira falar se eu estiver presente." Luisa me tocou o ombro, sem tatear, como se pudesse me ver (conhece meus ombros, conhece meu corpo). Respondeu: "Se estiver disposto a contar, não creio que deixe de fazê-lo por isso. Será como você quiser, Juan." Chamou-me por meu nome, embora não me insultasse nem estivesse zangada nem parecesse que fosse me abandonar. Mas talvez antecipasse que, se me contasse o que Ranz lhe contasse, teria de me dar uma má notícia. Da minha boca não saíram palavras inequívocas, como "Está bem", "Em frente", ou "Você ganhou", ou "Agora sim", mas disse: "Não sei, não há pressa, terei de pensar." "Depois você me diz", falou ela e tirou a mão do meu ombro para dormir. Tínhamos literalmente um só travesseiro, e naquela noite não dissemos mais nenhuma outra coisa.

Há dois travesseiros em nossa cama, como é normal nas de um casal, e essa cama estava feita quando cheguei de Genebra, um dia antes do previsto por Luisa, no meio da tarde. Cheguei cansado como se chega dos aeroportos, abri a porta e imediatamente, antes de verificar se havia alguém em casa, pus as chaves no bolso do paletó, como Berta as punha na bolsa para não as esquecer quando saísse de novo. Chamei por Luisa da entrada e não havia ninguém, deixei ali a mala e a sacola um momento e fui até o quarto, onde vi feita essa cama, depois ao banheiro, a porta estava aberta e tudo em ordem, só que o chuveiro de mão estava caído e não pendurado e só se viam as toalhas e o roupão de Luisa, todo azul-escuro; os meus, que são azul-claros como o roupão de "Bill" que na realidade era do Hotel Plaza, ainda não tinham sido tirados do armário, onde teriam repousado desde minha partida. Dei-me conta de que não sabia com exatidão qual era esse armário, ainda não conhecia totalmente minha casa, que fora mudando durante minhas ausências, se bem que agora espero não haja nenhuma em muito tempo. Fui à cozinha e vi-a limpa, a geladeira pela metade, Luisa é limpa, também organizada, não havia leite, eu não desceria para buscar. Na sala havia um móvel novo que eu desconhecia, uma poltrona cinzenta agradável que fizera mudar de lugar a otomana e a cadeira de balanço que fora de minha avó e mais tarde cenário das poses originais de Ranz quando recebia visitas. A poltrona era cômoda, experimentei-a um instante. No quarto em que Luisa trabalha quando trabalha em algo não havia nada que denotasse que tivesse trabalhado em alguma coisa nos últimos tempos. (Talvez seja um dia o quarto de um filho.) No quarto em que eu trabalho não havia mudanças, vi a pilha da correspondência que me aguardava em minha mesa em forma de U, correspondência demais para que me pusesse a abri-la. Já ia voltar à entrada quando notei algo novo: numa das paredes estava um desenho que eu vira outras vezes e cujo título deve ser, se tiver um, *Cabeça de mulher de olhos fechados*. Pensei: "Meu pai nos deu outro presente, ou deu a Luisa, e ela pôs no meu quarto." Voltei por fim à entrada e, como sempre faço quando chego em casa ou ao meu destino, pus-me a desfazer as malas e a arrumar tudo em seu lugar, diligentemente, com urgência, como se essa operação ainda fizesse parte da viagem e a viagem devesse ser concluída. Pus a roupa suja na lavadora, onde vi que havia umas roupas de Luisa, tinham de ser de Luisa, não reparei, apenas abri a portinhola e joguei a minha, sem pô-la em funcionamento, não havia pressa e ela podia querer programá-la. Ao cabo de poucos minutos minhas malas estavam vazias e já guardadas no armário que lhes correspondia, que, estes sim, eu conhecia (em cima do armário dos sobretudos, no corredor) por tê-las tirado dali ao empreender minhas viagens depois de casado. Estava muito cansado, consultei o relógio, Luisa podia chegar a qualquer momento ou demorar horas, era apenas o meio da tarde, hora em que ninguém em Madri está em casa, ninguém suporta essas horas, as pessoas saem para o que for, histéricas e desesperadas embora não o confessem, para fazer compras nas butiques, nas lojas de departamentos abarrotadas, nas farmácias, para tomar providências inúteis, olhar as vitrines, comprar cigarros, buscar as crianças que saem da escola, tomar alguma coisa sem ter sede e sem ter fome no milhão de bares e cafés e lanchonetes, a cidade inteira está na rua ou no trabalho, um banho de multidão, ninguém em casa, ao contrário de Nova York, onde quase todo o mundo volta às cinco e meia, às seis, às seis e meia se tiveram de passar para enfiar a mão numa caixa postal de Kenmore ou de Old Chelsea Station. Saí ao terraço e não vi ninguém parado na esquina, embora houvesse centenas de carros e muitíssima gente andando, todos indo de um lado para o outro e se estorvando. Entrei no banheiro, urinei, escovei os dentes. Voltei ao quarto, abri nosso armário, pendurei nele o paletó que trajava, vi os vestidos de Luisa do seu lado, no mesmo instante vi dois novos, ou três, ou cinco, com meus lábios femininos beijei-os e rocei-os instintivamente, esfreguei meu rosto contra os tecidos cheirosos e inertes, e um pouco de barba (preciso refazê-la de noite, quando saio) impediu que deslizassem suavemente contra minhas faces. Vi como a tarde começava a cair (era sexta-feira, era março). Deitei-me na cama, sem intenção de dormir, só de descansar, pois não a desfiz (talvez os lençóis não fossem novos, Luisa devia ter pensado em trocá-los amanhã, justo antes da minha chegada) nem tirei os sapatos, deitei-me em diagonal, e assim os mantive no ar, sem perigo de sujar a colcha.

Quando acordei já não havia luz vinda de fora, quero dizer que era luz noturna, luz de néon e de rua e não de tarde. Ia ver as horas mas não podia fazê-lo se não acendesse uma lâmpada. Ia acender o abajur do criado-mudo mas ouvi vozes. Vinham de casa, da sala, achava eu, ainda estava confuso mas logo deixei de estar, meus olhos se acostumaram à escuridão, a porta do quarto estava fechada, eu devia tê-la deixado assim, o costume noturno, embora fizesse oito semanas que o tinha suspendido, naquele quarto. Uma das vozes era de Luisa, era ela que falava naquele momento, mas não podia distinguir o que dizia. O tom era pausado, de confiança, de persuasão até. Tinha voltado. Procurei o isqueiro no bolso da calça e acendi-o para ver as horas em meu pulso, oito e vinte, tinham passado quase três desde a minha chegada. "Luisa deve ter me visto dormindo e não quis me acordar", pensei, "deixou-me sossegado até que acordasse sozinho." Mas era possível também que não se tivesse dado conta da minha presença em casa. Ela não costumava entrar no quarto ao chegar da rua, a menos que precisasse trocar-se imediatamente. Se tivesse vindo com alguém teria ido para a sala, talvez ao banheiro um momento, talvez à cozinha para servir um drinque e pegar umas azeitonas (eu tinha visto azeitonas ao abrir a geladeira). Eu não havia feito de propósito, creio (eu não sabia que ia adormecer, logo é certeza), mas me dava conta de que em casa não havia nenhum indício de minha chegada, eu tinha guardado tudo em seu lugar como faço sempre, também a mala e a sacola; bem debaixo delas tinha pendurado meu sobretudo no armário dos sobretudos, acende-se uma luz ao abrir a porta; tampouco tinha pegado meu roupão nem minhas toalhas, continuavam não estando no banheiro, tinha enxugado as mãos com uma de Luisa; os presentes estavam comigo, no quarto; só havia uma coisa, meu *nécessaire*, eu o tinha tirado de minha sacola e deixado num banquinho do banheiro, seu conteúdo era a única coisa que não pusera em seus velhos e diversos lugares; eu o abrira, sim, mas só havia tirado a escova de dentes, nem mesmo a pasta, tinha utilizado a que estava em nossa pia, isto é, a de Luisa, o tubo pela metade. Podia ser que nem ela nem seu acompanhante ainda soubessem que eu estava ali, espião involuntário (involuntário até então) de minha própria casa. Agora soava outra voz, mas falava muito baixo, mais que Luisa, dessa voz não distinguia nem seu tom e isso me aborreceu, como tinha acontecido no quarto do hotel de Havana que ao que parece foi outrora o Sevilla-Biltmore, não sei, numa ilha. De repente tive pressa. Sabia que acabaria sabendo quem estava na sala com Luisa, ainda que fosse embora naquele mesmo instante bastaria eu abrir a porta e sair para vê-lo, antes que saísse, chamando o elevador para ir embora. Mas a pressa vinha porque eu tinha consciência de que o que não ouvisse agora não iria ouvir mais; não ia haver repetição, como quando você ouve uma fita cassete ou assiste a um vídeo e pode retroceder, mas cada sussurro não captado nem compreendido se perderia para sempre. É o que há de ruim no que nos acontece e não é gravado, ou, pior ainda, nem mesmo sabido nem visto nem ouvido, porque depois não há forma de recuperá-lo. Abri com cautela a porta do quarto, sem fazer o menor ruído, entrou um pouco de luz distante pela fresta ainda mínima e tornei a me deitar na cama, e então identifiquei a voz que falava, graças a essa fresta, identifiquei-a ao mesmo tempo com temor e alívio, a voz de Ranz, a voz de meu pai, mais com alívio, menos com temor.

Tenho a tendência de querer compreender *tudo* o que se diz e que chega a meus ouvidos, ainda que à distância, ainda que num dos inúmeros idiomas que desconheço, ainda que em murmúrios indistinguíveis ou em sussurros imperceptíveis, ainda que seja melhor eu não compreender e o que se diz não seja dito para que eu ouça, ou mesmo seja dito justamente para que eu não capte. E uma vez entreaberta a porta de meu quarto o murmúrio era distinguível ou perceptível o sussurro, e ambos eram num idioma que conheço bem, é o meu, no que escrevo e penso, embora conviva com outros em que também penso às vezes, sempre mais no meu; e o que a voz dizia talvez fosse melhor que eu compreendesse, talvez dissesse justamente para que eu ouvisse, justamente para que eu captasse. Ou não exatamente assim: pensei que Luisa não podia ter deixado de perceber minha presença em casa (o *nécessaire*, a escova em seu lugar, o sobretudo pendurado, alguma coisa teria visto), mas Ranz sim, Ranz podia não saber (se tinha entrado no banheiro não lhe teriam chamado a atenção nem o *nécessaire* nem a escova de dentes). Talvez Luisa tivesse decidido falar por fim com meu pai e perguntar-lhe sobre suas mulheres mortas, sobre Barba-Azul, Barba-Azul, e deixar ao acaso que eu despertasse e ouvisse tudo diretamente ou que continuasse dormindo após o cansaço da viagem de Genebra e só viesse a saber indiretamente e mais tarde, através dela e com outras palavras (com tradução e talvez com censura), ou não ficasse sabendo nunca, se assim se decidisse. Talvez não tivesse a intenção de fazê-lo, não naquela noite ou tarde, até chegar em casa e ver meu *nécessaire*, minha escova, meu sobretudo e depois, talvez, minha figura adormecida em nossa cama. Talvez tivesse vindo ao quarto e fosse ela, não eu, quem tivesse fechado a porta. Então, ao pensá-lo, compreendi que devia ter sido assim, porque foi apenas naquele instante que me dei conta de que a cama já não estava tão feita como eu a tinha encontrado. Alguém tinha levantado o lençol, o cobertor e a colcha por um dos lados e tinha tentado cobrir-me com eles virados, grosseiramente, de suas extremidades laterais até onde o peso e o limite de meu corpo permitia. Podia ter sido eu mesmo em meu sono, pensei, mas não era provável, descartei-o de imediato e perguntei-me de imediato quando aquilo teria acontecido, o cobrir-me, quando Luisa teria aberto a porta e teria me visto deitado, adormecido, talvez com os cabelos em desalinho, alguns fios soltos me atravessando a testa como se fossem finas rugas vindas do futuro para me ensombrecer um instante. (Não tinha tirado os sapatos, continuava com eles e agora pisavam na colcha.) E perguntei-me também há quanto tempo Luisa e Ranz estariam em casa, e como ela teria conduzido a conversa que estavam tendo para que no momento em que eu entreabrisse minha porta e voltasse à cama e ouvisse nitidamente as primeiras frases de Ranz (embora à distância), essas frases fossem as seguintes:

"Ela se matou por causa de uma coisa que lhe contei. Por uma coisa que eu tinha lhe contado em nossa viagem de lua-de-mel."

A voz de meu pai era fraca, mas não de velho, nunca teve nada de velho. Era uma voz vacilante, como se estivesse falando sem estar convencido de querer falar, como se se desse conta de que as coisas se dizem muito facilmente (basta começar, palavra puxa palavra) mas uma vez ouvidas não se esquecem mais, se sabem. Como se aquilo fosse recordado.

"Não quer me contar", ouvi que Luisa dizia. Sua voz era cuidadosa mas natural, não exagerava a nota da persuasão nem da delicadeza nem do afeto. Falava com prudência, apenas com prudência.

"Não é que eu não queira, a esta altura, se você quiser saber", respondeu Ranz, "embora a verdade seja que nunca contei a ninguém, guardei bem para mim. Faz quarenta anos disso tudo, já é um pouco como se não tivesse acontecido ou tivesse acontecido com outras pessoas, não comigo, nem com Teresa, nem com a outra mulher, como você a chamou. Elas não existem faz muito, o que aconteceu com elas também, só eu sei, só eu estou aqui para recordar, e o que aconteceu se apresenta a mim como figuras apagadas, como se a memória, tal qual a vista, se cansasse com a idade e já não tivesse forças para ver claramente. Não há óculos para a memória cansada, minha querida."

Ergui-me, sentei-me no pé da cama, de onde podia abrir mais a porta ou fechá-la apenas estendendo a mão. Instintivamente arrumei a cama, isto é, voltei o lençol, o cobertor e a colcha à sua posição primeira, até enfiei o lençol e também o cobertor sob o colchão. Tudo estava em ordem, um pouco de luz, a fresta, a luz da noite lá fora.

"Por que contou, então?", indagou Luisa. "Não imaginou o que podia acontecer."

"Quase ninguém imagina nada, pelo menos quando se é jovem, e se é jovem durante mais tempo do que se pensa. A vida inteira parece de mentira, quando se é jovem. O que acontece com os outros, as desgraças, as calamidades, os crimes, tudo isso nos é alheio, como se não existisse. Inclusive o que acontece conosco parece-nos alheio uma vez que já aconteceu. Há quem seja assim toda a vida, eternamente jovem, uma desgraça. Você conta, fala, diz, as palavras são gratuitas e saem às vezes aos borbotões, sem restrições. Continuam saindo em toda ocasião, quando estamos bêbados, quando estamos furiosos, quando estamos abatidos, quando estamos fartos, quando estamos entusiasmados, quando nos sentimos apaixonados, quando é inconveniente que as digamos ou não podemos medi-las. Quando machucamos. É impossível não se enganar. O estranho é que as palavras não tenham mais conseqüências nefastas do que as que normalmente têm. Ou talvez não o saibamos suficientemente, acreditamos que não têm tantas e tudo é um desastre perpétuo devido ao que dizemos. O mundo inteiro fala sem parar, a cada momento há milhões de conversas, de narrativas, de declarações, de comentários, de mexericos, de confissões, são ditos e ouvidos e ninguém pode controlá-los. Ninguém pode prever o efeito explosivo que causam, nem mesmo segui-lo. Porque apesar de as palavras serem tantas e tão baratas, tão insignificantes, poucos são capazes de não as levar em conta. A gente dá importância a elas. Ou não, mas ouviu-as. Você não sabe quantas vezes ao longo de tantos anos pensei naquelas palavras que disse a Teresa num arroubo amoroso descontrolado, suponho, estávamos em nossa viagem de núpcias, já quase no fim. Pude calar e calar para sempre, mas a gente acredita que gosta mais porque conta segredos, contar parece tantas vezes um favor, o maior favor que se pode fazer, a maior lealdade, a maior prova de amor e entrega. E fazer-se merecer contando. De repente não basta a uma pessoa tão-somente dizer ardentes palavras que se gastam de repente ou se tornam repetitivas. Tampouco basta a quem as escuta. O que fala é insaciável e é insaciável o que escuta, o que fala quer manter a atenção do outro infinitamente, quer penetrar com sua língua até o fundo ("A língua como gota de chuva, a língua no ouvido", pensei), e o que escuta quer ser distraído infinitamente, quer ouvir e saber mais e mais, embora sejam coisas inventadas ou falsas. Teresa talvez não quisesse saber ou, melhor dizendo, não tivesse querido. Mas eu lhe disse algo de repente, não me controlei o bastante, e então já não pude continuar sem querer, quis saber, teve de escutar." Ranz fez uma pausa muito breve, agora falava já sem hesitação e sua voz era mais forte, quase declamatória, não um murmúrio nem um sussurro, teria chegado até mim com a porta fechada. Mas mantive-a entreaberta. "Não suportou. Naquela época não havia divórcio, e ela não se teria prestado a tentar uma anulação, não tinha cinismo, e nosso casamento foi consumado, creio sim que foi consumado, muito antes de ser casamento. Mas um divórcio ou uma anulação também não teriam bastado, se fossem possíveis. Não era só que depois de saber já não pudesse me suportar, nem continuar comigo, nem um dia mais, nem um minuto mais, como disse, embora ainda tenha ficado comigo alguns dias sem saber o que fazer. O caso era que ela também tinha dito, tinha dito uma coisa certa vez, muito antes, e o que tinha dito teve sua conseqüência. Não me suportava nem suportava a si mesma por ter falado irrefletidamente uma vez, sem se dar conta de que ela não tinha nenhuma culpa, não podia ter, pelo que eu tinha ouvido, nem eu de ouvir ("Uma instigação nada mais é que palavras", pensei, "traduzíveis palavras sem dono"). Passou uns dias de angústia extrema desde que contei, e crescente, nunca vi ninguém tão angustiado, mal dormia, comia e tinha náuseas, tentava vomitar, não conseguia, não falava comigo, não olhava para mim, quase não falou com ninguém, enfiava a cabeça no travesseiro, dissimulou como pôde com os outros. Chorava, chorou sem cessar durante aqueles dias, foram poucos. Chorava enquanto dormia quando dormia um pouco, uns minutos, chorava em sonhos, depois acordava suada e sobressaltada e me fitava com estranheza da cama, depois com horror ("Com os olhos muito fixos em mim mas sem ainda me conhecer nem reconhecer onde estava, aqueles olhos febris do doente que acorda assustado e sem ter recebido aviso prévio de seu despertar no sono"), tapava o rosto com o travesseiro, como se não quisesse ver, nem ouvir. Eu tentava acalmá-la, mas ela tinha medo de mim, enchera-se de medo ou pavor de mim. Alguém que não quer nem ver nem ouvir não pode continuar a viver, não tinha aonde ir a menos que contasse a história, na realidade não me espanta que se tenha suicidado, não previ isso, devia ter previsto. Não se pode viver assim, se se é impaciente, se não se pode esperar que o tempo passe ("Era como se houvesse sido perdido e não existisse o futuro abstrato," pensei, "que é o que importa, porque o presente não o pode tingir nem assimilar"). Tudo se evapora, mas isso vocês, jovens, não sabem. Ela era muito jovem."

Meu pai se interrompeu, possivelmente para tomar fôlego ou para medir o que tinha contado até então, talvez tenha visto que era demais para deter-se. As vozes não me permitiam supor onde estava cada um, talvez meu pai recostado na otomana e Luisa no sofá, ou Luisa na otomana e Ranz na nova poltrona agradável que eu tinha experimentado um segundo. Talvez um dos dois na cadeira de balanço, eu não acreditava, pelo menos não Ranz, que só gostava daquele móvel para adotar posturas originais em sociedade. Por sua maneira de falar pouco festiva não o imaginava agora numa dessas poses, tampouco estava em sociedade, imaginava-o antes sentado à beira de onde estivesse sentado, inclinado para a frente, um pouco, com os pés no chão, sem nem sequer se atrever a cruzar as pernas. Olharia para Luisa com seus olhos devotos que lisonjeavam o que contemplavam. Recenderia a água-de-colônia e a tabaco e a menta, um pouco a licor e a couro, como se fosse alguém chegado das colônias. Talvez fumasse.

"Mas o que foi que lhe contou?", perguntou Luisa.

"Se eu lhe contar agora", disse Ranz, "não sei se estarei fazendo a mesma coisa que então, querida menina."

"Não se preocupe", respondeu Luisa com coragem e humor (coragem para dizê-lo e humor para tê-lo pensado), "não vou me matar por uma coisa sucedida faz quarenta anos, seja o que for."

Ranz teve a mesma coragem e o mesmo humor para rir um pouco. Depois replicou:

"Eu sei, eu sei, ninguém se mata por causa do passado. Mais ainda, não creio que você se matasse por causa do que quer que fosse, ainda que ficasse sabendo hoje mesmo que Juan acabava de fazer algo como o que eu fiz e contei a Teresa. Você é diferente, os tempos são diferentes, mais leves, ou mais duros, suporta-se tudo. Mas não sei se contar tudo para você não é de minha parte uma prova deliberada de afeto, de novo uma prova de afeto, fazer-me merecer para que você continue me escutando e querendo minha companhia. E talvez o resultado fosse o inverso. Sem dúvida você não se mataria, mas talvez não quisesse tornar a me ver. Temo mais por mim do que por você."

Luisa deve ter-lhe posto a mão no braço se estava perto, ou quem sabe no ombro se se levantou um instante ("A mão no ombro", pensei, "e o incompreensível sussurro que nos persuade"), ou assim eu teria imaginado numa representação, tinha de imaginar, não via, apenas escutava por uma fresta, não através de uma parede nem de sacadas abertas.

"O que o senhor fez ou disse há quarenta anos pouco me importa e não vai alterar meu afeto. É o senhor de agora que conheço e isso nada pode mudar. Não conheço o de então."

"O de então", disse Ranz. "O de então", repetiu Ranz, e devia estar tocando seus cabelos polares, roçando-os com a ponta dos dedos sem querer nem se dar conta. "O de então ainda sou eu, ou se eu não sou ele sou seu prolongamento, ou sua sombra, ou seu herdeiro, ou seu usurpador. Não há nenhum outro que se pareça tanto com ele. Se não fosse eu, coisa em que às vezes chego a acreditar, então ele não seria ninguém e não teria acontecido o que aconteceu. Sou o mais parecido com ele que sobrou, em todo caso, e a alguém devem pertencer essas lembranças. A quem não se mata impõe-se ir em frente, mas há quem decida parar e ficar ali onde outros ficaram, olhando para o passado, fazendo com que continue a ser fictício presente o que o mundo diz que é passado. Assim, o que aconteceu se transforma em imaginário. Não para ele, mas para o mundo. Só para o mundo, que o abandona. Pensei muito nisso. Não sei se entende."

"O senhor não parece ter ficado parado em nenhum lugar", disse-lhe Luisa.

"Suponho que não, e ao mesmo tempo sim", replicou Ranz. A voz tornara a ficar fraca, agora falava um pouco para dentro, não com hesitação mas meditativamente, as palavras saíam uma a uma, cada uma pensada, como quando os políticos fazem uma declaração que querem ver traduzida e levada ao pé da letra. Era como se estivesse ditando. (Mas agora reproduzo de memória, quer dizer, com minhas próprias palavras embora originalmente sejam as suas.) "Eu fui em frente, continuei levando minha vida com a maior ligeireza possível, e até voltei a me casar pela terceira vez, com a mãe de Juan, com Juana, que nunca soube nada disso tudo e teve a generosidade de nunca me acossar com perguntas sobre a morte de sua irmã que ela viu, tão inexplicável para todos, e eu não podia explicá-la. Talvez ela soubesse que era melhor não saber, se havia algo a saber e eu não tinha contado. Gostei muito de Juana, mas não como de Teresa. Gostei dela com mais cautela, com mais atenção, não com tanta insistência, mais contemplativamente se se pode dizer, mais passivamente. Mas ao mesmo tempo que fui em frente sei que também fiquei parado naquele dia em que Teresa se matou. Nesse dia, e não no outro anterior, é curioso como importam mais as coisas que acontecem com o outro sem nossa intervenção direta, mais do que as que fazemos ou cometemos. Bom, nem sempre é assim, só às vezes. Conforme as coisas, suponho."

Acendi um cigarro e procurei um cinzeiro na mesinha-de-cabeceira. Estava ali, no lado de Luisa, por sorte ela também continuava fumando, os dois fumávamos na cama, enquanto conversávamos ou líamos ou depois de nos deitarmos um com o outro, antes de dormirmos. Antes de dormirmos de verdade abríamos a janela ainda que estivesse frio, para arejar o quarto, uns minutos. Estávamos de acordo nisso, em nossa casa compartilhada a qual eu espionava agora com seu provável consentimento. Talvez ao abrir a janela pudéssemos ser percebidos da esquina por alguém que olhava para cima, lá embaixo.

"Que outro dia?", perguntou Luisa.

Ranz se calou durante segundos demais para que a pausa fosse natural. Imaginei que teria as mãos ocupadas com um cigarro do qual não tragaria a fumaça ou bem enlaçadas e ociosas, as mãos grandes com rugas mas sem manchas, e estaria fitando Luisa de frente, com seus olhos como grossas gotas de licor ou vinagre, olhando com pena e com medo, essas duas sensações tão parecidas segundo Clark ou Lewis, ou talvez com o sorriso bobo e os olhos imóveis de quem alça a vista e ergue o pescoço como um animal ao ouvir o som de um realejo ou o assobio agudo dos amoladores, e pensa por um momento se as facas que há em casa cortam como devem ou se é preciso descer correndo à rua com elas, e faz uma pausa em seus afazeres ou em sua indolência para recordar e pensar em gumes, ou talvez absorvendo-se repentinamente em seus segredos, os segredos guardados e os sofridos, os que conhece e os que não conhece. E então, ao levantar a cabeça para prestar atenção na mecânica música ou num assobio que se repete e vem avançando pela rua inteira, sua vista cai melancolizada sobre os retratos dos ausentes.

"Não me conte se não quiser", ouvi que Luisa dizia.

"O outro dia", disse Ranz, "o outro dia foi o dia em que matei minha primeira mulher para poder estar com Teresa."

"Não me conte se não quiser. Não me conte se não quiser", ouvi que Luisa repetia e repetia, e repetir e repetir isso quando já estava contado era a forma civilizada de exprimir seu susto, também o meu, talvez seu arrependimento por ter perguntado. Pensei se não devia fechar a porta, cerrar a fresta para que tudo voltasse a ser murmúrio indistinguível ou imperceptível sussurro, mas já era tarde demais, para mim também, eu tinha ouvido, tínhamos ouvido a mesma coisa que Teresa Aguilera teria ouvido em sua viagem de núpcias, no fim da viagem, quarenta anos atrás, ou talvez não fossem tantos. Luisa dizia agora "Não me conte, não me conte", talvez por minha causa, tarde demais, as mulheres sentem curiosidade sem mescla e não imaginam ou não antecipam a índole do que ignoram, do que pode vir a ser averiguado e do que pode vir a ser feito, não sabem que os atos se cometem sozinhos ou que uma só palavra os põe em marcha, basta começar, palavra puxa palavra. "Ranz disse 'minha primeira mulher' ", pensei, "em vez de dizer seu nome, e o fez em consideração a Luisa, que se tivesse escutado esse nome (Gloria, ou talvez Miriam, ou talvez Nieves, ou talvez Berta) não teria sabido de quem se tratava, pelo menos não com certeza, tampouco eu, embora tivéssemos suposto, suponho. Isso quer dizer que Ranz está contando de verdade, ainda não falando para si mesmo, como pode acontecer dentro de um instante se continuar rememorando e contando. Mas o que disse até agora disse levando em conta que dizia a alguém, não se esquecendo do destinatário mas levando em conta que estava contando e sendo escutado."

"Sim, agora tem de me deixar contar", ouvi que meu pai dizia, "como tive de contar a Teresa. Não foi como agora, mas tampouco tão diferente, eu disse uma frase e com ela a pus a par e tive de contar o resto, contar mais para remediar uma só frase, é absurdo, não se preocupe, não entrarei muito em detalhe. Agora disse e pus você a par, disse a frio, daquela vez foi a quente, você sabe, a gente diz coisas inflamadas e vai se esquentando, a gente ama tanto e se sente tão amado que às vezes não sabe o que mais fazer. Em algumas circunstâncias, em algumas noites a gente se transforma num exaltado, num selvagem, diz barbaridades à pessoa que ama. Depois são esquecidas, são como um jogo, mas, claro, um fato não se pode esquecer. Estávamos em Toulouse, fizemos nossa viagem de núpcias a Paris, depois ao Sul da França. Estávamos num hotel na penúltima noite da viagem, na cama, e eu disse muitas coisas a Teresa, a gente diz tudo nessas ocasiões porque não se sente ameaçado por nada, e quando já não sabia o que mais lhe dizer, mas tinha necessidade de lhe dizer mais, disse-lhe o que tantos amantes disseram sem conseqüência: 'Gosto tanto de você que mataria por você', disse. Ela riu, respondeu: 'Logo gostará menos.' Mas naqueles momentos eu não podia rir, era um desses momentos em que se ama com toda a seriedade do mundo, não há gracejo que valha. Então não pensei mais e disse-lhe a frase: 'Já o fiz', disse. 'Já o fiz.'" ("I have done the deed", pensei, ou talvez tenha pensado "Fui eu", ou pensado na minha língua "Fiz o fato e fiz a façanha e cometi o ato, o ato é um fato e é uma façanha e por isso se conta mais cedo ou mais tarde, matei por você e essa é minha façanha e contá-la agora a você é meu favor, e você gostará mais de mim ainda ao saber o que fiz, embora sabê-lo manche seu coração tão branco.")

Ranz calou-se de novo, e agora pareceu-me que a pausa era inequivocamente retórica, como se uma vez que tinha começado a contar o incontável estivesse com disposição e desejo de controlar seu conto.

"Maldita seriedade", acrescentou seriamente ao cabo de uns segundos. "Nunca mais na vida tornei a ser sério, ou assim tentei."

Apaguei o cigarro e acendi outro, olhei o relógio sem entender a hora. Tinha viajado e tinha dormido e estava ouvindo, como tinha ouvido Guillermo e Miriam também sentado no pé de uma cama, ou antes como Luisa os tinha ouvido deitada, dissimulando, sem que eu soubesse que estava ouvindo. Agora era ela que não saberia se eu estava escutando, nem se estava deitado e dormindo.

"Quem era ela?", perguntou a meu pai. Ela também, depois de seu susto e de seu arrependimento mecânico, estava disposta a saber tudo, mais ou menos, uma vez que sabia e tinha ouvido a frase irremediavelmente ("Escutar é o mais perigoso", pensei, "é saber, é ser inteirado e estar a par, os ouvidos não têm pálpebras que se possam fechar instintivamente ao que é dito, não se podem resguardar do que se pressente que se vai escutar, sempre é tarde demais. Agora já sabemos, e pode ser que isso manche nossos corações tão brancos, ou talvez sejam pálidos e temerosos, ou acovardados.").

"Era uma moça cubana, de lá, de Havana", disse Ranz, "onde estive a serviço por dois anos vadiando, Villalobos tem melhor memória do que crê ("Falaram do professor", pensei, "logo meu pai sabe que eu já sei o que Villalobos sabe"). Mas eu não queria falar muito dela, se você me faz esse favor, consegui esquecer como era, um pouco, sua figura está borrada como tudo aquilo, não ficamos casados muito tempo, apenas um ano, e minha memória está cansada. Casei-me com ela quando já não a amava, se é que a amei, a gente faz essas coisas por senso de responsabilidade, de dever, por fraqueza momentânea, alguns casamentos são pactuados, combinados, anunciados e se tornam lógicos e irremediáveis, e é por isso que costumam acabar sendo celebrados. Ela me obrigou a gostar dela a princípio, depois quis se casar e eu não me opus, sua mãe, as mães querem que as filhas se casem, ou queriam então ("Todo o mundo obriga todo o mundo", pensei, "se não o mundo pararia, tudo permaneceria flutuando numa hesitação global e contínua, indefinidamente. As pessoas só querem dormir, os arrependimentos antecipados nos paralisariam"). O casamento foi na capela da embaixada, na qual eu estava lotado, um casamento espanhol em vez de cubano. Mau negócio, ela e sua mãe o quiseram talvez de propósito, se tivesse sido cubano poderíamos ter nos divorciado quando conheci Teresa, lá havia divórcio, embora não creia que Teresa o tivesse aceitado, nem sobretudo sua mãe, que era muito religiosa." Ranz limitou-se agora a tomar fôlego e acrescentou com sua voz zombeteira de sempre, a mais conhecida: "As religiosas mães das classes médias, as religiosas sogras são as que mais estabelecem vínculos. Suponho que me casei para não ficar sozinho, não me eximo de culpa, não sabia quanto tempo mais ia permanecer em Havana, pensava então em fazer alguma coisa na diplomacia, embora ainda não tivesse feito estudos para isso. Depois abandonei essa idéia, nunca os fiz e voltei a meus estudos de arte, tinha sido posto naquela embaixada por influências de minha família, para ver se eu gostava, fui uma bala perdida até conhecer Teresa ou, antes, até me casar com Juana." Dissera "bala perdida", e tive certeza de que naquele momento, apesar da seriedade com que falava, tinha achado divertido soltar essa expressão em desuso, como tinha achado divertido chamar-me de "beija-flor" no dia do meu casamento, durante a festa, enquanto Luisa falava com um ex-namorado que me é antipático e outras pessoas – talvez Custardoy, talvez Custardoy, mal o vi no Cassino, só de longe olhando avidamente – e eu me via afastado dela durante uns minutos por meu pai que me retinha numa saleta para me dizer isto: "E agora?", e ao cabo de um instante me dizer o que na verdade queria: "Quando tiver segredos ou se já tiver, não os conte." Agora ele estava contando o dele, contando-o precisamente para ela, talvez para evitar que eu lhe contasse os meus (que segredos tenho, talvez o de Berta, que na realidade não é meu, talvez o das minhas suspeitas, talvez o de Nieves, meu amor antigo da papelaria) ou que Luisa me contasse os dela (que segredos tem, não posso saber, se soubesse não seriam segredos). "Talvez Ranz conte agora seu segredo guardado durante tantos anos para que nós nos contemos os nossos", pensei, "os passados e os presentes e os futuros, ou para que procuremos não ter de tê-los. No entanto hoje eu vim à minha casa em segredo, sem avisar ou fazendo crer que chegaria amanhã, e Luisa guarda ante Ranz o segredo de que estou aqui, deitado ou sentado no pé da cama, talvez ouvindo, deve ter me visto, senão não se explicam a colcha e o cobertor e o lençol virados para me cobrir um pouco."

"Sirva-me um pouco mais de uísque, por favor", ouvi meu pai dizer agora. Quer dizer que Ranz estava bebendo uísque, que é uma bebida de cor parecida com a cor de seus olhos quando a luz não incide sobre eles, estariam na penumbra agora. Ouvi o ruído do gelo caindo num copo e mais outro, também o do uísque, depois o da água. Com água misturada a cor já não se parecia tanto. Talvez as azeitonas da geladeira estivessem na mesinha de centro de nossa sala, era um dos primeiros móveis que tínhamos comprado, juntos, e um dos poucos que não tinham sido mudados de lugar em todo esse tempo, desde nosso casamento, ainda não fazia nem faz um ano. Senti fome de repente, com prazer teria comido umas azeitonas, melhor se recheadas. Meu pai acrescentou: "Depois vamos jantar, não é?, conte o que lhe contar, como estava previsto. Bem, já contei quase tudo."

"Claro que iremos jantar", respondeu Luisa. "Não falto a meus compromissos." Era verdade, não faltava nem falta a seus compromissos. Pode hesitar muito, mas quando se decide não falha, é uma mulher agradável nisso. "E aí?", perguntou, e essa é a pergunta que fazem as crianças, inclusive quando a história já acabou.

Agora ouvi claramente o ruído do isqueiro de Ranz (o ouvido vai se acostumando a captar tudo de onde escuta), logo antes disso devia estar com as mãos enlaçadas ou ociosas.

"Aí eu conheci Teresa, e Juana, e a mãe cubana delas que estava uma vida inteira na Espanha. Foram a Havana uma temporada por uma questão de remotas heranças e vendas, uma tia da mãe que havia morrido, não imaginava que Villalobos se lembrasse de tanto ("Luisa deve ter lhe dito", pensei: "'Villalobos nos contou isto e isto, o que há de verdadeiro?'"). Nós nos apaixonamos logo, eu já era casado, encontramo-nos algumas vezes clandestinamente, mas era triste, ela se entristecia, não via possibilidade alguma, e que ela não visse entristecia a mim, mais isso do que o fato certo de não haver. Não foram muitas vezes, as suficientes, sempre de tarde, as duas irmãs saíam para passear juntas e depois se separavam, não sei o que Juana fazia nem

Juana sabia o que Teresa fazia, Teresa vinha se encontrar comigo num quarto de hotel aquelas tardes, e depois, caindo a noite de repente (a noite nos avisava), reunia-se de novo a Juana e as duas voltavam para jantar com a mãe. A última tarde que nos encontramos pareceu a despedida de quem não poderá se ver de novo, era absurdo, éramos jovens, não estávamos doentes nem havia nenhuma guerra. Ela voltava para a Espanha no dia seguinte, depois de uma estada de três meses na casa da tia-avó morta em Havana. Disse-lhe que eu não ia ficar ali para sempre, que voltaria logo a Madri, que tínhamos de continuar nos encontrando. Ela não queria, preferia aproveitar a separação forçosa para se esquecer daquilo tudo, de mim, de minha primeira mulher, que teve o azar de conhecer um pouco. Simpatizou com ela, lembro que simpatizou. Eu insisti, falei-lhe em separar-me. 'Não poderíamos nos casar', disse-me, 'é impossível.' Era convencional como eram os tempos, faz só quarenta anos, houve mil histórias como esta, só que as pessoas dizem e não fazem nada. Bem, alguns fazem ("O pior de tudo é que não vai fazer nada", pensei, era o que Luisa tinha me dito de Guillermo certa noite, mal-humorada, com seu decote umedecido, brilhava um pouco, os dois na cama.). Então ela disse a frase que eu escutei e que fez com que depois ela não se suportasse ("Traduzíveis palavras sem dono que se repetem de voz em voz e de língua em língua e de século em século, as mesmas de sempre, instigando aos mesmos atos desde que no mundo não havia ninguém nem havia línguas tampouco ouvidos para escutá-las. Mas quem as diz não se suporta, se as vê consumadas"). Lembro que estávamos os dois vestidos, deitados na cama alugada, com os sapatos calçados ("Talvez de pés sujos", pensei, "pois ninguém ia vê-los"), não nos despimos naquela tarde, não podíamos ter vontade. 'Nossa única possibilidade é que um dia ela morra', disse-me, 'e com isso não se pode contar.' Lembro que, ao dizê-lo, me pôs a mão no ombro e aproximou sua boca do meu ouvido. Não sussurrou, não foi uma insinuação, sua mão em meu ombro e seus lábios próximos foram um modo de me consolar e de me acalmar, tenho certeza, pensei muito sobre como foi dita essa frase, embora tenha havido um tempo em que a tomei por outra coisa. Era uma frase de renúncia e não de indução, era a frase de quem se retira e se dá por vencido. Depois de dizer isso me deu um beijo, um beijo muito breve. Batia em retirada." ("A língua no ouvido também é o beijo que mais convence", pensei, "a língua que indaga e desarma, a língua que sussurra e beija, a língua que quase obriga.") Ranz parou mais uma vez, sua voz tinha perdido agora até o último resto de ironia ou mofa, era quase irreconhecível, embora não como uma serra. "Depois, quando lhe contei o que tinha feito e lhe falei dessa frase, ela a princípio nem lembrava, tinha dito sem pensar, irrefletidamente segundo ela, quando lembrou e compreendeu, havia sido apenas a expressão de um pensamento que estava em nossas cabeças, algo óbvio, um mero enunciado sem intenções, como se você me dissesse agora: 'É hora de irmos pensando no jantar.' Também não reparei muito então em suas palavras, não sei se as remoí até mais tarde, eu as remoí quando Teresa já tinha ido embora e sentia tanta saudade dela até não suportar mais, nossa única possibilidade é que um dia ela morra, e com isso não se pode contar. Foi meu condenado cérebro que quis entender de outro modo ("Não pense nas coisas, pai", pensei, "não pense nelas com cérebro tão doentio. Os adormecidos e os mortos são como pinturas, pai. Não se deve pensar dessa maneira nesses fatos; isso nos deixará loucos"). Ela só se lembrou da sua frase quando eu a fiz lembrar, e isso lhe causou mais tormento. Oxalá não lhe tivesse contado nada ("Ela ouve a confissão desse ato ou fato ou façanha, e o que a torna verdadeira cúmplice não é tê-lo instigado, mas saber desse ato e de sua consumação. Ela sabe, ela está a par e esse é seu erro, mas não cometeu o crime por mais que o lamente ou garanta lamentá-lo, manchar as mãos com o sangue do morto é um jogo, um fingimento, um falso entendimento seu com o que mata, porque não se pode matar duas vezes e nunca há dúvida de quem é 'eu', e já está feito o fato. Só se é culpado de ouvi-las, o que não é evitável e, ainda que a lei não isente de culpa quem falou, quem fala, este sabe que na realidade não fez nada, mesmo que tenha obrigado com sua língua no ouvido, com seu peito às costas, com a respiração agitada, com sua mão no ombro e o incompreensível sussurro que nos persuade."). Nada."

"Que foi que fez? Contou tudo a ela", disse-lhe Luisa. Luisa só perguntava o mais necessário.

"Sim, contei tudo", disse Ranz, "mas a você não vou contar, não o que fiz exatamente, não os detalhes, como a matei, isso não se esquece e prefiro que você não tenha de recordá-lo, nem que o lembre a mim de agora em diante, e isso é o que aconteceria se eu lhe contasse."

"Mas qual foi a explicação da morte dela? Ninguém soube a verdadeira, isso sim o senhor pode me contar", disse Luisa. De repente fiquei com um pouco de medo, só perguntava o necessário, e assim faria comigo se um dia tivesse de me perguntar.

Ouvi de novo o ruído do gelo, desta vez agitado no copo. Ranz devia estar pensando com seu cérebro doentio, ou já não o era desde havia decênios. Talvez estivesse arrumando, quase sem os tocar, seus cabelos tão brancos de pós de talco. Talvez tivesse, como um dia eu havia visto, um aspecto de momentâneo desvalimento. Esse dia começava a estar distante.

"Sim, posso contar, e também nisso Villalobos não está enganado", disse por fim. "Deve ser dos poucos vivos que se lembra de alguma coisa daquilo. Também, é claro, devem se lembrar os irmãos de Teresa e Juana, se estiverem vivos, como sabiam e se lembravam a própria Juana e sua mãe. Mas meus dois cunhados, meus duplos cunhados, faz muitos anos que não falo com eles, desde a morte de Teresa não quiseram saber mais de mim nem muito de Juana, embora não tenham dito isso abertamente. Juan, por exemplo, quase não os conheceu. Da família, só a mãe, a avó de Juan, quis continuar a falar comigo, creio que mais para proteger a filha do que qualquer outra coisa, para velar por Juana e não a abandonar a seu casamento. Seu perigoso casamento comigo, pensava, suponho eu. Não os censuro por isso, todos suspeitaram que eu teria alguma culpa e que escondia algo quando Teresa se matou; em compensação ninguém suspeitou na época da outra morte. Como você está vendo, nossa vida não depende de nossos feitos, do que fazemos, mas do que se sabe de nós, do que se sabe que fizemos. Desde então levei uma vida normal e até agradável, pode-se continuar vivendo depois de qualquer coisa, nós que podemos: fiz dinheiro, tive um filho com o qual estou satisfeito, amei Juana e não a tornei infeliz, trabalhei no que mais me atraía, tive amigos e bons quadros. Diverti-me. Tudo isso foi possível porque ninguém soube de nada, só Teresa. O que fiz foi feito, mas a grande diferença em relação ao que vem depois não é ter ou não ter feito, e sim que aquilo fosse ignorado por todos. Que fosse um segredo. Que vida eu teria tido se tivessem sabido? Talvez nem mesmo tivesse tido vida, depois daquilo."

"Qual foi a explicação? Um incêndio?", insistiu Luisa, que não deixava meu pai divagar em excesso. Acendi outro cigarro, desta vez com a brasa do anterior, estava com sede, gostaria de escovar os dentes, não podia atravessar para o banheiro apesar de estar em minha casa, estava ali clandestinamente, sentia a boca como que anestesiada, talvez pelo sono, talvez pela tensão da viagem, talvez porque tivesse as mandíbulas apertadas havia um instante.

"Sim, foi o incêndio", disse lentamente. "Morávamos num pequeno chalé de dois andares, numa zona residencial um tanto distante do centro, ela tinha o costume de fumar na cama antes de dormir, eu também, para dizer a verdade. Saí para jantar com uns empresários espanhóis que eu devia entreter, isto é, levar para a gandaia. Ela deve ter fumado na cama e adormeceu, talvez tenha bebido um pouco para pegar no sono, costumava fazê-lo nos últimos tempos, possivelmente bebeu demais naquela noite. A brasa queimou os lençóis, deve ter sido lento a princípio, mas ela não acordou ou acordou tarde demais, depois não quisemos saber se tinha se asfixiado antes de se queimar inteira, em Havana dorme-se muito com as janelas fechadas. Que importância tinha? O incêndio não destruiu a casa completamente, os vizinhos intervieram a tempo, eu só voltei quando me localizaram e me avisaram, muito mais tarde, tinha me embebedado com os empresários. Mas o fogo teve tempo de consumir nosso quarto, todas as suas roupas, as minhas, as que eu tinha lhe dado. Não houve investigação nem autópsia, foi um acidente. Ela estava queimada. A ninguém importava muito averiguar mais, se não importava a mim. Sua mãe, minha sogra, estava abatida demais para pensar em outras possibilidades." Agora tinha falado rapidamente, como se tivesse pressa de acabar com o relato, ou com aquela parte. "Também não eram gente influente", acrescentou, "apenas classe média, com pouco dinheiro, uma viúva e sua filha. Já eu tinha bons contatos, se tivesse precisado para suspender uma investigação ou dissipar uma suspeita. Mas não houve nada disso. Corri algum risco, foi fácil. Esta foi a explicação, azar", disse Ranz. "Azar", repetiu, "só estávamos casados há um ano."

"E a verdade qual era?", perguntou Luisa.

"A verdade é que já estava morta quando saí para aquela gandaia", respondeu meu pai. Sua voz voltou a ser muito fraca quando disse essa frase, tanto que tive de me esforçar de novo como se minha porta estivesse fechada, estava entreaberta, e eu aproximei o ouvido da fresta para não perder suas palavras. "Discutimos ao cair da tarde", disse, "quando voltei para casa depois de tratar na cidade de várias coisas que me ocuparam o dia inteiro, aqueles empresários. Voltei de mau humor, o dela estava pior, tinha bebido, fazia dois meses que não nos tocávamos, ou eu nela. Eu estava retraído e distante desde que conheci Teresa, mas sobretudo desde que ela foi embora, eu ia perdendo a possível pena e aumentava meu rancor por ela, por ela ("Evita pronunciar seu nome", pensei, "porque agora já não pode querer insultá-la, nem pode se irritar nem abandonar uma morta que para mais ninguém existiu, só para sua mãe, mamãezinha mamãezinha, que não soube montar guarda ou velar por ela, mentira minha sogra"). Tinha aquela irritação que não se controla quando se deixa de gostar de alguém e esse alguém continua gostando da gente a todo custo e não se rende, gostaríamos que tudo sempre acabasse quando déssemos por concluído. Quanto mais distante eu me sentia, mais pegajosa ela se mostrava, mais me enchia, mais me exigia ("Você não vai se livrar de mim", pensei, "ou venha cá, ou você é meu, ou está em débito, ou vai comigo para o inferno, talvez com o gesto preênsil, garra de leão, uma pata de fera"). Estava farto e estava impaciente, queria romper aquele vínculo e voltar à Espanha, mas voltar sozinho ("Não tenho confiança em você", pensei, "ou tem de me tirar daqui, ou não estive na Espanha, ou você é um filho da puta, ou vou te pegar, ou eu te mato"). Discutimos um pouco, mais que uma discussão em regra quatro frases desabridas, insulto e resposta, insulto e resposta, e ela se meteu no quarto, jogou-se na cama com a luz apagada e chorou, não fechou a porta para que eu pudesse vê-la ou ouvi-la, chorava para que eu a ouvisse. Ouvi-a soluçar da sala durante um instante, enquanto eu esperava para sair e encontrar-me de novo com os empresários, tinha ficado de levá-los para a gandaia. Depois parou e ouvi-a cantarolar um pouco distraidamente ("Prelúdio do sono e expressão do cansaço", pensei, "o canto mais intermitente e disperso que à noite pode-se continuar ouvindo nos quartos das mulheres afortunadas, ainda não avós nem viúvas nem já solteironas, mais tranqüilo e mais doce ou mais vencido"), depois ficou em silêncio, e quando estava na hora entrei em nosso quarto para me trocar e a vi adormecida, tinha adormecido depois do desgosto e do pranto, fingido ou não, nada cansa tanto quanto a dor. A sacada estava aberta, ouvia ao longe as vozes dos vizinhos e de suas crianças antes do jantar, ao cair da tarde. Abri o armário e troquei de camisa, atirei a suja numa cadeira e ainda estava com a limpa desabotoada quando pensei aquilo. Tinha pensado mais vezes, mas então pensei para então, entende, para aquele momento. É estranho como um pensamento às vezes nos vem com tanta nitidez e força que nada mais pode mediar entre ele e sua consumação. Pensa-se numa possibilidade e no mesmo instante ela deixa de sê-lo, faz-se o que se pensa e isso se transforma em algo executado, sem transição, sem mediação, sem formalidades, sem mais remoer, sem saber em absoluto se se quer fazer, os atos se cometem por si mesmos então ("Os mesmos atos que ninguém nunca sabe se quer ver cometidos", pensei, "os atos todos involuntários, os atos que já não dependem das palavras quando são levados a efeito, mas apagam-nas e ficam isolados do depois e do antes, são eles os únicos e irreversíveis, enquanto há reiteração e retratação, repetição e retificação para as palavras, podem ser desmentidas e nos desdizemos, pode haver deformação e esquecimento")." Ranz devia estar olhando para Luisa com seus fervorosos olhos, olhos de líquido, ou talvez tivesse a vista baixa. "Ali estava ela com roupa de baixo, de sutiã e calcinha, havia tirado o vestido e se metido na cama como uma doente, os lençóis apenas até a cintura, tinha bebido sozinha e tinha gritado comigo, chorado e cantarolado e adormecido. Não era muito diferente de uma morta, não era muito diferente de um quadro, só que na manhã seguinte ela acordaria e viraria o rosto que agora tinha contra o travesseiro ("Viraria o rosto e já não mostraria sua bonita nuca", pensei, "talvez como a de Nieves, a única coisa inalterada nela depois do tempo passado; viraria o rosto ao contrário da jovem criada que oferecia a Sofonisba veneno ou a Artemisa cinzas, e porque essa criada nunca viraria nem sua ama pegaria a taça nem nunca a levaria aos lábios, o vigia Mateu teria queimado ambas com seu isqueiro e também a cabeça indistinta da velha ao fundo, um fogo, uma mãe, uma sogra, um incêndio"). Com seu rosto virado não me deixaria ir embora em busca de Teresa, da qual ela não sabia e nunca chegou a saber, não soube por que morria, nem sequer que estava morrendo. Lembro-me de que vi que o sutiã repuxava sua pele por causa da posição em que ficara, e por um momento pensei em soltá-lo para que não deixasse marca. Ia fazê-lo quando pensei aquilo e não fiz. Pensei rapidamente, pensei sem imaginá-lo e por isso fiz ("Imaginar evita muitas desgraças", pensei, "quem antecipa sua morte raras vezes se mata, quem antecipa a dos outros raras vezes assassina, é preferível assassinar e matar-se com o pensamento, não deixa seqüelas nem pistas, nem mesmo com o gesto distante do braço que agarra, é tudo questão de distância e tempo, se se está um pouco longe a faca golpeia o ar em vez de golpear o peito, não penetra na carne morena ou branca mas percorre o espaço e não acontece nada, seu percurso não é computado nem registrado, é ignorado, não se castigam as intenções, as tentativas fracassadas tantas vezes são silenciadas e até negadas pelos que as sofrem porque tudo continua sendo igual depois delas, o ar é o mesmo e não se abre a pele nem a carne muda e nada se rasga, é inofensivo o travesseiro apertado debaixo do qual não há nenhum rosto, e depois tudo é igual a antes porque a acumulação e o golpe sem destinatário e a asfixia sem boca não são suficientes para variar as coisas nem as relações, não o é a repetição, nem a insistência, nem a execução frustrada nem a ameaça"). Matei-a adormecida, enquanto me dava as costas ("Ranz assassinou o Sono", pensei, "o inocente Sono, e no entanto é o peito de outra pessoa o que nos respalda, só nos sentimos respaldados de verdade quando há alguém atrás, alguém que talvez não vejamos e que nos cobre as costas com seu peito que está a ponto de nos roçar e acaba sempre nos roçando; e no meio da noite, ao despertarmos sobressaltados por um pesadelo ou sermos incapazes de conciliar o sono, ao padecermos de uma febre ou nos crermos sozinhos e abandonados no escuro, basta virar-nos e ver então, de frente, o rosto do que nos protege, que se deixará beijar o que no rosto é beijável (nariz, olhos e boca; queixo, testa e faces, é todo o rosto) ou talvez, meio adormecido, nos porá uma mão no ombro para nos tranqüilizar, ou para nos sujeitar, ou para agarrar-se eventualmente"). Não lhe contarei como, deixe que isso eu não lhe conte ("Vá embora", pensei, "ou vou te pegar, ou eu te mato, meu pai pensa um instante e ao mesmo tempo age, mas talvez vá parar um momento antes de pensar se as facas que há em casa cortam como devem e estão afiadas, olha para o sutiã que repuxa a pele e levanta a cabeça depois para recordar e pensar em gumes que desta vez não golpeiam o ar tampouco o peito, mas as costas, tudo é questão de distância e tempo, ou talvez seja sua grande mão que pousa na bonita nuca e aperta e a esmaga, e é certo que sob o travesseiro não há nenhum rosto, está em cima o rosto que nunca mais vai se virar; os pés se debatem sobre a cama, os pés descalços e talvez muito limpos porque está em sua casa ou pode chegar logo nosso encontro sempre, se estivermos casados, aquele que pode vê-los ou acariciá-los, aquele que ela tinha esperado tanto; talvez se vejam as axilas recém-raspadas para o marido que volta e já não a toca nunca, mas não há de se preocupar com nenhuma ruga na saia que lhe enfeie a bunda, porque está morrendo e porque tirou a saia que está na cadeira em que meu pai também deixou atirada sua camisa suja, veste a limpa ainda não abotoada, queimarão juntas, a camisa suja e a saia passada, e talvez Gloria, ou quem sabe Miriam, ou quem sabe Nieves, ou quem sabe Berta, ou Luisa, consegue se virar e girar o rosto num derradeiro esforço, um instante, e com seus olhos míopes e inofensivos vê o triângulo tão peludo do peito de Ranz, meu pai, peludo como o de Bill e o meu, o triângulo desse peito que nos protege e respalda, talvez os cabelos compridos de Gloria estivessem grudados pelo sono ou pelo medo e a dor, e alguns fios soltos lhe atravessassem a testa como se fossem finas rugas vindas do futuro para ensombrecê-la um instante, o último, porque esse futuro não seria futuro, não para ela, nem futuro concreto nem futuro abstrato. E em compensação, nesse último instante, a carne muda ou a pele se abre ou algo se rasga")."

"Não me conte se não quiser", disse Luisa. "Não me conte se não quiser", repetiu Luisa, e agora pareceu-me que quase implorava que não lhe contassem.

"Não, não vou contar, não quero contar. Depois abotoei a camisa e fui à sacada, não havia ninguém. Fechei as janelas, fui ao armário onde também estavam suas roupas cheirosas e inertes, pus a gravata e um paletó, estava atrasado. Acendi um cigarro, não compreendia o que tinha feito mas sabia que tinha feito, são coisas diferentes às vezes. Ainda agora não compreendo e sei, como naquele momento. Se não fui eu não foi ninguém e ela nunca existiu, passou muito tempo e a memória se cansa, como a vista. Sentei-me no pé da cama, estava suado e muito cansado, doíam-me os olhos como se não houvesse dormido várias noites, lembro-me disso, a dor dos olhos, então pensei e fiz, de novo pensei e ao mesmo tempo fiz. Deixei o cigarro aceso em cima do lençol e fiquei vendo como queimava, e decapitei a brasa sem com isso apagá-lo. Acendi outro, dei três ou quatro baforadas e deixei-o também no lençol. Fiz o mesmo com um terceiro, todos decapitados, as brasas dos cigarros ardendo e ardendo também as brasas soltas, três e três brasas, seis brasas, o lençol pegava fogo. Vi como começavam a fazer buracos orlados de lume ("fiquei olhando para ele durante uns segundos, observando como crescia e ia se alargando o círculo, uma mancha ao mesmo tempo preta e ardente que comia o lençol"), não sei." Meu pai parou súbito, como se não tivesse acabado de todo a última frase. Não se ouviu nada, apenas sua respiração agitada e forte durante um minuto, uma respiração de velho. Em seguida acrescentou: "Fechei a porta do quarto e saí e desci à rua, e antes de entrar no carro virei-me para ver a casa da esquina, tudo estava normal, já era noite, caíra de repente e ainda não saía fumaça ("E ninguém a veria saindo do alto", pensei, "da sacada ou da janela, mesmo que parasse em frente como Miriam quando esperava, ou um velho tocador de realejo e uma cigana com trança para fazer seu trabalho, ou como Bill primeiro e eu depois em frente da casa de Berta esperando ambos que o outro saísse, ou como Custardoy numa noite de chuva de prata debaixo da minha"). Mas isso foi há muito tempo", acrescentou Ranz com uma sombra da sua voz de sempre, da mais costumeira. Pareceu-me ouvir um isqueiro e um tilintar, talvez tivesse pegado uma azeitona e Luísa acendido um cigarro. "Além do mais, dessas coisas não se fala."

Ainda se fez um silêncio, Luísa agora não dizia nada, e pude imaginar que Ranz estaria esperando em suspenso, com as mãos ociosas e entrelaçadas, talvez sentado no sofá, ou reclinado na otomana, ou na pol-

trona cinzenta e nova tão agradável que ele provavelmente terá ajudado a escolher. Não na cadeira de balanço, eu achava que não, não na cadeira de balanço de minha avó havanesa que sem dúvida pensava em suas filhas, a viva e a morta, ambas casadas, e talvez na filha casada e morta de outra mãe cubana quando cantava para mim *"Mamita mamita, yen yen yen"* durante a infância para infundir-me um medo que me era pouco duradouro e risonho, um medo feminino tão-somente, de filhas e mães e esposas e sogras e avós e babás. Talvez Ranz temesse que Luisa, sua nora, lhe fizesse um gesto que significasse "Vá embora", ou "Caia fora". Mas o que Luisa disse por fim foi o seguinte:
"Está na hora de pensarmos em jantar, se está com fome."
A respiração agitada e forte de Ranz cessou e ouvi-o responder com o que julguei alívio:
"Não tenho muita certeza de estar com fome. Se quiser, podemos ir dando um passeio até o Alkalde e, lá chegando, entramos se nos der vontade, se não a acompanho de volta e vamos cada um para nossa casa. Espero que não percamos o sono esta noite."
Ouvi como se levantavam e Luisa recolhia um pouco as coisas que teria levado até a mesinha de centro, um dos poucos móveis que tínhamos comprado juntos. Ouvi seus passos até a cozinha e de volta e pensei: "Agora vai ter de entrar aqui, para mudar de roupa ou pegar alguma coisa. Tenho vontade de vê-la. Quando se forem poderei escovar os dentes e beber água, e talvez tenha sobrado alguma azeitona."
Meu pai, sem dúvida já com a gabardine vestida, ou antes jogada sobre os ombros, chegou até a entrada e abriu a porta da rua.
"Vamos?", perguntou a Luisa.
"Um instantinho", respondeu ela, "vou pegar um lenço."
Ouvi seus saltos se aproximando, conhecia bem seus passos, ressoavam na madeira muito mais discre-

tos do que os sapatos metálicos de "Bill" no mármore ou os de Custardoy em qualquer lugar e tempo. Aqueles passos não mancavam, nem quando estavam descalços. Não subiriam pesadamente os degraus de uma escada para procurar cargas desconhecidas de caneta-tinteiro. Também nunca se cravariam no chão como facas, não arrastariam o salto pontudo com celeridade e raiva, nunca seriam como espora e machadadas. Não se dependesse de mim, ou assim esperava, eram passos afortunados. Vi sua mão na maçaneta da minha porta pela fresta. Ia entrar, eu a veria, fazia três semanas que não a via, quase oito que não a via ali, em nossa casa e quarto e travesseiro. Mas antes de empurrar a porta disse a Ranz através do corredor, ele devia continuar na entrada, chamando o elevador com a gabardine nos ombros:

"Juan chega amanhã. O senhor quer que lhe conte ou que não diga nada?"

A resposta de Ranz foi rápida em chegar, mas as palavras saíram lentas e cansadas, com voz enferrujada e rouca, como através de um elmo:

"Eu lhe agradeceria muito", disse, "agradeceria muito que me poupasse ter de pensar nisso, não sei o que é melhor. Pense você por mim, se quiser."

"Não se preocupe", disse Luisa e empurrou a porta. Não acendeu a luz até fechá-la, deve ter notado no mesmo instante a muita fumaça de meus cigarros. Ainda não me levantei, não nos beijamos, ainda era como se não nos víssemos, eu ainda não tinha chegado. Olhou-me de soslaio, sorriu-me de soslaio, abriu nosso armário e pegou um lenço com animais de Hermès que eu tinha lhe trazido de uma viagem antiga, quando ainda não éramos casados. Tinha um cheiro gostoso, um perfume novo, não era o Trussardi que eu tinha lhe dado de presente. Estava com cara de sono, como se lhe doessem os olhos, os olhos de Ranz, estava bonita. Pôs o lenço no pescoço e me disse:

– É isso aí.

E me dei conta no ato de que esta era a frase que Berta tinha me dito quando apareceu de penhoar atrás de mim e a vi às minhas costas refletida no vidro escuro da televisão depois de eu ter acabado de ver o vídeo que ela já teria visto várias vezes e ainda continuaria vendo e talvez continue vendo ainda hoje. Por isso, suponho, também eu agora respondi o mesmo. Levantei-me. Pus a mão no ombro de Luisa.

– É isso aí – disse-lhe.

Agora meu mal-estar se aplacou e meus pressentimentos já não são tão desastrosos e, embora eu ainda não seja capaz de pensar como antes no futuro abstrato, volto a pensar vagamente, a errar com o pensamento posto no que há de vir ou pode vir, a me perguntar sem demasiada concretude nem interesse pelo que será de nós amanhã mesmo ou daqui a cinco ou quarenta anos, pelo que não prevemos. Sei, ou creio saber, que o que aconteceu ou vier a acontecer entre mim e Luisa só irei saber talvez dentro de muito tempo, ou quem sabe não caberá a mim sabê-lo mas a meus descendentes, se tivermos algum, ou a alguém desconhecido e alheio e que acaso também não se encontre ainda no cobiçado mundo, nascer depende de um movimento, de um gesto, de uma frase pronunciada no outro extremo deste mesmo mundo. Perguntar e calar, tudo é possível, calar como Juana Aguilera ou perguntar e obrigar como sua irmã Teresa, ou não fazer nem uma coisa nem outra, como aquela primeira mulher que batizei de Gloria e que parece não ter existido ou não ter existido muito, só para sua casamenteira mãe, uma sogra, que já terá morrido desolada em Cuba, viúva e sem filha, comeu-a a serpente, não há nas línguas que conheço palavra a opor a "órfão". Deixará de existir de todo logo logo, em todo caso, quando chegar a hora de Ranz, e Luisa e eu não formos capazes de recordar mais do que aquilo que aconteceu conosco e que fizemos, e não o que nos contaram ou aconteceu com outros ou outros fizeram (quando nossos corações não forem tão brancos). Às vezes tenho a sensação de que nada do que acontece acontece, de que tudo aconteceu e ao mesmo tempo não aconteceu, porque nada acontece sem interrupção, nada perdura nem persevera nem se recorda incessantemente, e até a mais monótona e rotineira das existências vai me anulando e negando a si mesma em sua aparente repetição até que nada é nada e ninguém é ninguém que foram antes, e a frágil roda do mundo é empurrada por desmemoriados que ouvem e vêem e sabem o que não se diz nem sucede nem é cognoscível nem comprovável. Às vezes tenho a sensação de que o que ocorre é idêntico ao que não ocorre, o que descartamos ou deixamos passar idêntico ao que pegamos e agarramos, o que experimentamos idêntico ao que não provamos, e no entanto vai-nos a vida e vai-se-nos a vida em escolher, rejeitar e selecionar, em traçar uma linha que separe essas coisas que são idênticas e faça de nossa história uma história única que recordemos e possa ser contada, e assim ser apagada ou esfumada, a anulação do que vamos sendo e vamos fazendo. Dirigimos toda a nossa inteligência, os nossos sentidos e o nosso afã à tarefa de discernir o que será nivelado, ou já está, e por isso estamos cheios de arrependimentos e de ocasiões perdidas, de confirmações e reafirmações e ocasiões aproveitadas, quando o certo é que nada se afirma e tudo se vai perdendo. Nunca há conjunto, ou

talvez o fato seja que nunca houve nada. Só que também é verdade que não passa o tempo de nada e tudo está aí, esperando que o façamos voltar, como disse Luisa.
Agora estou considerando novos trabalhos, assim como ela, parece que nós dois nos cansamos de fazer essas viagens de oito semanas e até menos, que cansam muito e nos afastam um pouco. Não vou ter problemas, sabendo minhas quatro línguas e um pouco de catalão, estou aprendendo para dominá-lo bem, uma das possibilidades me levaria a falar amiúde por telefone com Barcelona. E há muita gente que acredita que tenho importantes contatos em organismos internacionais e relações com altos funcionários. Não os vou desenganar, apesar de se equivocarem. No entanto também não me agrada muito a idéia de ficar em Madri o tempo todo, entrando e saindo com Luisa em vez de ir vê-la ou recebê-la, com cômodos e um elevador e um portão que pertencem a ambos, com um travesseiro comum (é maneira de dizer, sempre há dois) pelo qual às vezes nos vemos obrigados a brigar em sonhos e a partir do qual, como o doente, vamos nos acostumando a ver o mundo; sem que nossos pés hesitem sobre o calçamento molhado, nem deliberem, nem mudem de idéia, nem possam arrepender-se nem tampouco escolher: agora não há dúvida de que ao sair do cinema ou depois do jantar iremos para o mesmo lugar, pelas ruas semivazias e sempre molhadas, queiramos ou não esta noite, ou talvez tenha sido ontem que ela não quis. Foi o que me pareceu um momento, mas continuamos andando. Suponho, contudo, que ao encaminharmos para esse mesmo lugar nossos passos juntos (ressoando em destempo porque são quatro os pés que caminham), pensamos um no outro, principalmente, pelo menos assim faço. Creio que, contudo, não mudaríamos absolutamente no cobiçado mundo, ainda não nos exigimos a mútua abolição ou aniquilamento, daquele que cada

um era e pelo qual nos apaixonamos, apenas mudamos de estado, e isso não parece ser agora tão grave nem incalculável: posso dizer *fomos* ou *vamos comprar um piano* ou *vamos ter um filho* ou *temos um gato.*

Faz uns dias falei com Berta, ela telefonou, e quando telefona é que está um pouco triste ou sozinha demais. Já não será fácil eu passar temporadas em sua casa se abandonar meu trabalho de intérprete, terei de guardar durante muito mais tempo os fatos e histórias que sempre penso em lhe contar, dramáticos ou divertidos, ou lhe escrever cartas, raras vezes o fizemos. Perguntei-lhe por "Bill", levou uns segundos para se lembrar dele ou identificá-lo, já estava longe, tinha ido embora de Nova York, achava, e ainda não tinha voltado. "Isso me faz lembrar", disse, "que talvez apareça um dia destes." Entendi que não soubera mais dele desde que o vimos tomar um táxi, eu da rua, ela de sua janela. Mas é possível que reapareça, não lhe faltam motivos, se era Guillermo. Berta continua com seus contatos através de anúncios, ainda não se rendeu nem pendurou as chuteiras, disse-me que está interessada agora em dois indivíduos que ainda não conheceu, "J de H" e "Truman" suas respectivas iniciais e sobrenome. Animou-se a falar deles, soava carinhosa como são as mulheres quando têm uma ilusão e essa ilusão nós não provocamos nem nos diz respeito mas apenas nos é transmitida; mas enquanto conversávamos imaginei-a num desses momentos em que a meia-lua de sua face direita, sua cicatriz, escurecia até ficar azul ou roxa e fazer-me acreditar que tinha uma mancha. Talvez, pensei (e pensei para conjurar), chegasse um dia em que se renderia e penduraria as chuteiras e em que a meia-lua estaria de uma dessas cores permanentemente. Berta seu nome, "BSA" suas iniciais, sempre manchada.

Não voltei a ver Custardoy por enquanto, sei que continuarei me encontrando com ele de vez em quando, quase sempre, suponho, através de meu pai e quando meu pai já não estiver vivo, há presenças que nos acompanham intermitentemente desde a infância e nunca se vão. Continuará cobiçando o mundo, continuará se desdobrando e contando histórias pouco críveis que terá vivido. Mas prefiro não pensar nele, já penso às vezes sem querer pensar. Ainda não falei com Ranz do que ouvi naquela noite, faz pouco na realidade, embora aquela noite se vá distanciando muito rapidamente nestes tempos precipitados que, no entanto, como todos os outros tempos, sempre comportam a mesma coisa, uma só vida incompleta ou talvez já pela metade, a de cada um, minha própria vida ou a de Luisa. É provável que nunca falemos, Ranz também não deve saber que eu sei, nem sequer terá perguntado a Luisa se por fim me contou, sempre há alguém que não sabe algo ou não quer saber, e assim nos eternizamos. Pelo que vejo, a relação deles continua sendo a de antes ou muito parecida, como se aquela noite não tivesse existido ou não contasse. É melhor assim, estimam-se muito e ela gosta de ouvi-lo. A única novidade é que agora o acho mais velho e menos irônico, quase um velho, o que nunca foi. Anda um pouco mais titubeante, seus olhos estão menos móveis e cintilantes, menos fervorosos quando me fitam ou fitam, agradam menos a quem está diante deles; sua boca de mulher tão semelhante à minha está se desdesenhando por causa das rugas; suas sobrancelhas não têm força para arquear-se tanto; às vezes enfia os braços nas mangas da gabardine, estou certo de que no próximo inverno já os enfiará sempre nas do sobretudo. Vemo-nos com freqüência, agora que sei que vou estar mais sossegado em Madri e estou tirando umas férias. Saímos para almoçar muitos dias com ou sem Luisa, no La Trainera, no La Ancha, no La Dorada e no Alkalde, também no Nicolás, Rugantino, Fortuny e no El Café e no La Fonda, ele gosta de variar de restaurante. Continua me contando histórias já conhecidas ou desconhecidas, de seus anos ativos, de seus anos de viagens e no Museu do Prado, de suas relações com milionários e diretores de bancos que já o esqueceram, velho demais para lhes ser útil ou divertido ou poder tomar um avião para visitá-los, os homens muito ricos querem receber e não se mexem para ver um amigo. Pensei no que Ranz contou a Luisa e eu escutei às escondidas, fumando sentado no pé da minha cama. Embora vá esquecer, ainda não esqueço, e, quando agora olho para o retrato pequeno de minha impossível tia Teresa que Ranz conserva em sua casa, fito-o com mais atenção do que jamais prestei, durante minha infância e minha adolescência. Talvez eu olhe para ele como se vêem as fotografias dos que já não nos vêem nem vemos, por zanga ou ausência ou esgotamento, os retratos que acabam por usurpar suas feições que se esfumam, as fotografias sempre paradas num só dia de que ninguém se lembra, quando as tiraram; como olhavam minha avó e minha mãe às vezes com olhos imóveis ou sorriso bobo depois de interromper suas risadas, com a vista perdida, os olhos secos e sem pestanejar, como de alguém recém-despertado e que ainda não compreende, assim Gloria deve ter olhado no último instante, dela não há retrato, se pôde virar o rosto; seguramente sem refletir, sem nem mesmo recordar, sentindo dor ou retrospectivo medo, a dor e o medo não são fugazes, olhando para caras que viu crescer mas não envelhecer, caras com volume que se tornaram planas, caras em movimento que logo nos acostumamos a ver em repouso, não elas mas sua imagem que as substitui, como eu me preparo para olhar para meu pai, como se acostumará um dia Luisa a olhar para meu retrato quando já não tiver diante de si nem mesmo sua meia vida e a minha estiver acabada. Embora ninguém saiba a ordem dos mortos nem a dos vivos, a quem caberá primeiro a dor ou primeiro o medo. Pouco importa, tudo é passado e não aconteceu e além do mais não se sabe. O que ouvi naquela noite dos lábios de Ranz não me pareceu venial nem me pareceu ingênuo nem me provocou sorrisos, mas me pareceu passado. Tudo é passado, até o que está acontecendo.

Não creio que volte um dia a saber de Miriam, a menos que ela consiga que a tirem de Cuba ou essa nova Cuba, para a qual há tantos planos, seja próspera em breve, e o acaso ajude. Creio que a reconheceria em qualquer lugar, ainda que não vestisse mais sua blusa amarela de decote arredondado nem sua saia estreita nem seus saltos altos que se cravavam, nem leve sua enorme bolsa pendurada no braço e não no ombro, como é hoje o costume, sua irrenunciável bolsa que a desequilibrava. Eu a reconheceria ainda que caminhasse com graça agora e seus calcanhares não sobressaíssem de seus sapatos e não fizesse gestos que significassem "Venha cá" ou "Você é meu" ou "Eu te mato". Encontrar-me com Guillermo algum dia não seria difícil, em Madri, por desgraça, todo o mundo acaba se conhecendo mais cedo ou mais tarde, até os que vêm de fora e ficam. Mas ele eu não poderia reconhecer, nunca vi sua cara, e uma voz e uns braços não são o suficiente para reconhecer ninguém. Algumas noites, antes de dormir, ocorre-me pensar nos três, em Miriam e nele e em sua mulher doente, Miriam muito longe e eles dois quem sabe se na minha própria cidade, ou na minha rua, ou em nossa casa. É quase impossível não atribuir um rosto a alguém cuja voz se ouviu, e por isso às vezes atribuo-lhe o de "Bill", que usava bigode e é o mais provável porque talvez seja o seu, também a ele posso encontrar nesta cidade tão móvel; em outras ocasiões imagino-o como o ator Sean Connery, um herói da minha infância que usa bigode com freqüência no cinema, que grande intérprete; mas também se mistura a cara obscena e ossuda de Custardoy, que deixa e tira o bigode alternativamente, ou a do próprio Ranz, que o exibia em sua juventude, sem dúvida quando morou em Havana e mais tarde, quando se casou por fim com Teresa Aguilera e se foi com ela em sua viagem de lua-de-mel; ou também a minha, minha cara que não tem bigode nem nunca teve, mas pode ser que um dia eu o deixe crescer, quando for mais velho e a fim de evitar me parecer com meu pai como ele é agora, como é agora e principalmente o recordarei.

Muitas noites noto o peito de Luisa roçando minhas costas na cama, os dois acordados ou os dois sonhando, ela tende a se aproximar. Vai estar ali sempre, é o previsto e essa é a idéia, embora faltem tantos anos para consumar esse sempre que penso às vezes se tudo não pode mudar ao longo do tempo e ao longo do futuro abstrato, que é o que importa porque o presente não o pode tingir nem assimilar, e isso agora me parece uma desgraça. Quisera nesses momentos que nada nunca mudasse, mas não posso descartar que dentro de um tempo alguém, uma mulher que ainda não conheço, chegue a me ver uma tarde furiosa comigo, ou então aliviada por afinal me encontrar, e no entanto não me diga nada e apenas nos olhemos, ou nos abracemos de pé, calados, ou vamos até a cama para nos despir, ou talvez ela se limite a se descalçar, mostrando-me seus pés que teria lavado tão conscienciosamente antes de sair de casa porque eu poderia vê-los ou acariciá-los e agora estariam cansados e doloridos por ter me esperado tanto (a planta de um deles manchada pelo calçamento da rua). Pode ser que essa mulher vá ao banheiro e se tranque nele durante uns minutos sem dizer nada, para se olhar no espelho e se recompor e tentar apagar de seu rosto as expressões acumuladas de ira e cansaço e decepção e alívio, perguntando-se que outra seria mais adequada e benéfica para encarar finalmente o homem que a fez esperar tanto tempo e que agora espera que saia, me encarar. Talvez por isso ela me fizesse esperar muito mais da conta, a porta fechada do banheiro, ou talvez não fosse essa sua intenção, mas sim chorar às escondidas e contidamente sobre a tampa da privada ou sobre a borda da banheira com as lentes de contato tiradas, se é que as usava, enxugando-se e ocultando-se a seus próprios olhos com uma toalha até conseguir se acalmar, lavar o rosto, pintar-se e estar em condição de sair de novo dissimulando. Também não posso descartar que essa mulher seja um dia Luisa e eu não o homem desse dia, e que esse homem lhe exija uma morte e lhe diga: "Ou ele ou eu", e que "ele" seja eu então. Mas nesse caso eu me contentaria com que ela pelo menos saísse do banheiro, em vez de ficar estirada no chão frio com o seio e o coração tão brancos, e a saia amarrotada e também as faces molhadas pela mescla de lágrimas e suor e água, já que o jorro da torneira teria estado ricocheteando contra a louça e teriam caído gotas sobre o corpo caído, gotas como a gota de chuva que vai caindo do beiral do telhado depois da tormenta, sempre no mesmo ponto cuja terra ou cuja pele ou carne vai amolecendo até ser penetrada e tornar-se buraco ou talvez conduto, não como a gota da torneira que desaparece pelo ralo sem deixar na louça nenhuma marca nem como a gota de sangue que é imediatamente estancada com o que se tiver à mão, um pano ou uma atadura ou uma toalha ou às vezes água, ou à mão só a própria mão de quem perde o sangue se ainda está consciente e não feriu a si mesmo, a mão que vai ao estômago ou ao peito tapar o buraco. Quem feriu a si mesmo, em compensação, não tem mão e necessita de outro que o respalde. Eu a respaldo.

 Luisa às vezes cantarola no banheiro, enquanto eu a vejo se arrumar apoiado na moldura de uma porta que não é a do nosso quarto, como um menino preguiçoso ou doente que vê o mundo a partir de seu travesseiro ou sem cruzar o umbral, e dali escuto esse canto feminino entre os dentes que não se canta para ser escutado, menos ainda interpretado nem traduzido, esse trautear insignificante sem vontade nem destinatário que se ouve e se aprende e não se esquece mais. Esse canto apesar dos pesares emitido e que não se cala nem se dilui depois de cantado, quando lhe segue o silêncio da vida adulta, ou talvez masculina.

Outubro de 1991

Impressão
Gráfica Palas Athena